LA BONAPARTIDE,

ou

LE NOUVEL ATTILA.

DE L'IMPRIMERIE D'ABEL LANOE.

LA BONAPARTIDE,

OU

LE NOUVEL ATTILA;

TABLEAU
HISTORIQUE ET NATIONAL,

EN DOUZE LIVRES, EN VERS, AVEC DES NOTES A LA FIN,
ET PUBLIÉ PAR SOUSCRIPTION;

PAR J.-F.-I. COURTOIS.

> Je cherche à rallier des frères égarés,
> Par l'esprit de parti trop long-tems séparés :
> Mais des guerriers français je proclame la gloire,
> C'est le seul merveilleux qui convient à l'Histoire.
>
> LIVRE I, *page* 4, vers 17 et suivans.

PARIS.

Chez HENRION, Libraire-Éditeur, Quai des augustins, n.° 27;

ET SE TROUVE AUSSI

CHEZ { PÉLISSIER, Palais-Royal, Galeries de bois.
{ CHIMOT, Lib., Rue St.-Dominique, faub. St. G.main

1819.

NOTE DE L'ÉDITEUR.

Cet ouvrage doit être incessamment publié par souscription.

Plus historien que poète, comme il le dit très-modestement lui-même, l'auteur de *la Bonapartide* s'est attaché à décrire, avec autant de fidélité que d'impartialité, les principaux événemens arrivés en Europe, et surtout en France, depuis le renversement de la monarchie légitime, jusqu'à la première restauration, au retour de l'auguste dynastie des *Bourbons et de la paix*.

Tout ce qui s'est passé dans le cours d'une révolution qui a pesé sur nous un quart de siècle, est du domaine de l'histoire, et sera recueilli par l'impartiale postérité; il n'appartient peut-être à aucun écrivain du temps présent de le décrire avec succès, en vers surtout; honneur, cependant, à celui qui, marchant entre tous les partis, a eu le courage d'entreprendre cette noble et pénible tâche, dans l'intention de rapprocher les extrêmes et de rallier tout au Roi et à la Patrie, dont la cause est inséparable. Quelque chose que laisse à désirer un ouvrage écrit dans un si bon esprit, l'indulgence la plus complète doit être la récompense de l'auteur estimable qui a puisé son style dans son cœur, pour éveiller en nous de nobles sentimens; aussi, ce dernier a-t-il déjà trouvé la sienne dans les nombreux souscripteurs qu'il a recueillis, et qui ont daigné encourager libéralement le chantre impartial de l'histoire et l'apôtre de la légitimité, à propager une doctrine salutaire.

Nous invitons nos lecteurs à augmenter encore cette liste de notables, parmi lesquels il a l'honneur de compter des principaux chefs de l'autorité civile et militaire, des magistrats, des littérateurs distingués, qui, indulgens pour les intentions pures dont il fut animé, ont accueilli cet ouvrage éminemment français et concordant avec tous les principes moraux, politiques et religieux.

Prix de la Souscription.

Dix fr. pour les 12 livres avec les notes historiques à la fin, et qui seront fournis en deux livraisons de 5 fr. chacune. On ne tirera que le nombre des exemplaires souscrits. Ceux en papier vélin se payeront 18 fr.

On souscrit, à Paris, chez Hennion, éditeur, quai des Augustins, nº. 23; et chez les libraires désignés au frontispice de cet exemplaire.

Des exemplaires ayant été déposés à la Bibliothèque, je mets cette propriété sous la protection des lois, et je déclare que je poursuivrai devant les tribunaux, comme contrefacteur, tout éditeur, libraire ou colporteur, qui débiterait des exemplaires de cet Ouvrage, qui ne seraient pas revêtus de ma signature.

Courtois

EPITRE AU ROI.

Souverain des Français, Monarque désiré,
Frère d'un roi martyr si justement pleuré!..
Victime, ainsi que lui, d'une secte rebelle,
Tes fidèles sujets à la voix paternelle
Se sont tous ralliés pour la seconde fois.
Ils t'ont rendu sur eux ton empire et tes droits;
Ta bonté, ta sagesse et ton expérience
Réparent, chaque jour, les malheurs de la France:
Tu viens d'y rétablir le règne des Vertus.
Les crimes d'Attila feront chérir, Titus.
La haine des tyrans m'a dicté cet ouvrage,
Et mon premier devoir est d'en offrir l'hommage
Au fils de Saint-Louis, au prince généreux
Dont l'unique désir est de nous rendre heureux.
Le maintien de ta Charte auguste et libérale,
Nous prouve que pour tous ta tendresse est égale;
Par elle, les emplois et les titres d'honneur
Sont le prix du mérite, et non de la faveur.
La Discorde se tait; les ligues mutinées
Sous ton sceptre déjà se courbent enchaînées.
Tout renait à l'espoir, quel Français en ce jour
Pourrait te refuser son légitime amour?

   Protecteur né des Arts, si tu daignes me lire,
Si du lis radieux tu parfumes ma lyre,
Fier de voir accueillir mes timides accords,
Mon cœur va se livrer aux plus nobles transports.
D'une Muse pudique agrée au moins le zèle,
Et le profond respect d'un serviteur fidèle
Qui prit pour sa devise et sa suprême loi:
Dieu, la *Vertu*, l'*Honneur*, la *Patrie* et son *Roi*.

AVANT-PROPOS.

Cet Ouvrage est le premier qui soit sorti de ma plume, et le dernier qui en sortira probablement; car je débute un peu tard sur la lyre.

Plus historien que poëte, j'ai écrit avec mon cœur, et ma Muse encore vierge à la première restauration, mêla sa faible voix au concert de la Patrie, au chorus universel, pour célébrer la chute du Tyran, et le retour de l'auguste famille des Bourbons, qui ramenait la paix.

Accueilli, encouragé dans mes premiers essais par des Français qui partageaient mes sentimens d'amour pour nos princes légitimes, et ma haine pour l'Usurpateur, j'entrepris la *Bonapartide*; et si je me suis élevé quelquefois, et par accès, au style de la poésie, nouveau *Francaleu*, je pourrai m'écrier aussi :

« Dans ma tête, un beau jour ce talent se trouva,
» Et j'avais cinquante ans quand cela m'arriva. »
Piron, *Métromanie*.

Mais que dis-je? Ce faible opuscule, enfant de mes loisirs, est moins un poëme qu'un tableau historique, une espèce de panorama moral et politique, qui retrace avec autant de fidélité que d'impartialité les principaux événemens arrivés sur le continent d'Europe, depuis l'époque où Bonaparte entra dans la carrière révolutionnaire, et se couvrit d'un masque populaire pour enchaîner tous les partis et s'emparer du trône de St.-Louis, jusqu'au moment où il fut forcé d'abdiquer ce trône usurpé, pour restituer au souverain légitime, à l'auguste frère du Roi martyr, le noble et antique héritage de ses aïeux.

1.° Mon sujet, et le principal personnage qui en fait la base, ne sont rien moins qu'épiques; car, dans ce genre de poésie, non-seulement l'action doit être une et entière, mais le héros doit paraître favorisé du ciel, ou de l'enfer, pour l'accomplissement de quelque grand dessein, soit propice ou fatal : tels qu'Énée, ou Satan, dans le Paradis perdu de Milton; l'un sauve ses Dieux pénates, et l'autre perd l'espèce humaine.

2.° Le géant éphémère qui rêva la conquête du Monde, loin de parvenir à son but, égaré par l'ambition, éprouva le sort d'Icare; et l'Univers retentit encore du bruit de sa chute.

Il ne laisse à ma Muse, purement historique,

que des maux à déplorer, des erreurs à décrire, et des crimes à signaler. Cependant, à l'aspect du mot *Bonapartide*, le lecteur bénévole est porté à croire qu'à l'exemple d'Homère, de Virgile, nos maîtres et nos modèles dans l'art poétique, l'auteur va fièrement emboucher la trompette de la Renommée, pour chanter la frivole gloire du prétendu héros qui ne dut ses nombreux succès qu'à la valeur française, sur laquelle il fonda son courage, et qui servit si long-tems de marche-pied à son ambition.

C'est ce qui m'a fait ajouter à cet ouvrage un second titre qui répare ce que le premier a d'inconvenant et d'irrégulier; et celui de *Nouvel Attila*, m'a paru désigner, et caractériser mieux que tout autre, le farouche Conquérant qui fut si long-tems le fléau de la France, et l'effroi des nations.

Faible émule de Lucain, en ne retraçant que des faits connus de mes contemporains qui, la plupart ont été témoins, acteurs ou victimes de ces scènes désastreuses, je n'ai pas l'orgueil de prétendre à la postérité. Comme le chantre de la Pharsale, privé de l'intervention des Dieux du paganisme et de la fiction, je marche modestement, ou plutôt je me traîne dans le sentier étroit de la Vérité, et à la lueur de son céleste flambeau. En effet, pourquoi recourir à la Fable, quand les annales de notre Histoire fourmillent de traits héroïques, et de faits merveilleux qui tiennent du prodige ? quand le seul passage du mont St.-Bernard, franchi par les armées françaises, surpasse de beaucoup les douze travaux d'Hercule, si vantés dans la Mythologie.

Voltaire reproche à Lucain, éminemment poëte, de n'avoir fait de sa Pharsale qu'une gazette ampoulée, aussi loin du génie de ce grand maître, que Bonaparte est loin de posséder les grandes qualités de *César*, de *Pompée* ou de *Thémistocle*, auquel il osait orgueilleusement se comparer à sa 2e abdication ; je ne crois pas mériter l'honneur d'un tel reproche : mais je crains en revanche d'être tombé dans un défaut tout contraire, et de n'avoir fait qu'un bulletin national en vers prosaïques ; mais Lucain n'avait qu'une bataille à décrire, et pour suivre mon héros dont la carrière est toute militaire, j'ai eu à parcourir les champs de *Bellone*, depuis Arcole et Marengo juqu'à la déroute de *Leïpsick* : aussi n'ai-je pas qualifié mon ouvrage du titre de poème ; père de cet enfant nouveau né, je n'ai pas le droit d'en être le *parrain* encore moins l'apologiste ; c'est au public, juge né des ouvrages de littérature, à donner à celui-ci le nom qui lui conviendra le mieux ; je me trouverai heureux, s'il daigne l'adopter malgré ses défauts, et l'accueillir avec indulgence, car je n'ai que du zèle; mais quand j'unirais au génie d'Homère, la grâce éloquente du chantre de Mantoue, forcé d'abandonner souvent la lyre, pour saisir le pinceau de *Clio*, simple narrateur des faits, je me bornerais encore à les décrire, mon but est d'être utile, et toujours en regard à toutes les classes de lecteurs.

D'ailleurs, en déclarant la guerre à l'ambition, j'ai dû me garantir de ses funestes atteintes, dans la crainte de partager le sort de mon héros éphémère.

> Sa conduite me sert de règle,
> Et comme lui je risquerais,
> En débutant par un vol d'aigle,
> D'aller tomber dans un marais.

Si je tombe, en me traînant sur des faits si récens, faible escargot du Parnasse, du moins ne tomberai-je pas de bien haut; inconnu dans la docte carrière, je tomberai de même ignoré, et sans être froissé de ma chute; car je me suis frayé un chemin à travers les épines, pour éviter d'être écrasé dans les sentiers battus. Puissè-je arriver modestement à mon but, en semant quelques idées utiles! Mais dût cette production, fruit de quelques années de travail, avoir le sort de mille autres que la France voit naître et mourir chaque jour, il me restera du moins l'honneur d'avoir donné l'éveil à des athlètes plus vigoureux, qui dorment d'un sommeil léthargique, et pourront planer majestueusement dans l'espace ou je ne fais que ramper. J'aurai reçu le prix de mon zèle et de mes nobles efforts, si l'on daigne au moins apprécier les intentions pures qui m'ont dirigé; car, tout en signalant des crimes et des erreurs inséparables des grandes révolutions, ma muse impartiale n'a cessé de rendre justice aux héros, aux législateurs, aux magistrats qui, par leur courage, leur génie, leurs talens et leurs vertus, ont le plus contribué à la prospérité de la gloire nationale, gloire que le meilleur des monarques revendique aujourd'hui, et qui, sous le drapeau de la légitimité, doit être la seule durable; enfin, je n'ai déploré les maux causés par l'anarchie et l'usurpation, que pour mieux faire sentir aux esprits, divisés par vingt-cinq ans d'orages politiques, la nécessité de se rallier au Roi et à sa Charte auguste, qui, tous deux, doivent être le *palladium* et l'étoile polaire de tous les Français.

Mon but étant moral, instructif, je crois avoir des droits à la bienveillance de mes lecteurs, s'ils sont

Français. Ils sont mes compatriotes : comme moi, ils doivent aimer leur patrie, et l'amour de la partie est inséparable de celui que nous devons à ce roi libérateur qui vint, le testament d'un frère à la main, victime, comme lui, des factions qui troublèrent la France, à l'exemple de Henri, son illustre ancêtre, appliquer un beaume salutaire sur nos plaies encore saignantes, et cicatriser nos profondes blessures.

Voltaire, en composant la Henriade, le seul poëme épique que nous ayons dans notre langue, pouvait facilement s'élever à la hauteur de l'épopée ; non-seulement son style avait la majesté de ce genre de poésie, mais encore son sujet l'y portait naturellement ; il est à la fois noble, gracieux et sublime ; le mien est sec et aride : il marchait dans des routes fleuries, quand je me traîne sur la neige ou sur les rocs sourcilleux : son héros a toutes les qualités qui font admirer le grand homme et chérir le monarque. Henri, à l'âme la plus élevée, joignait un cœur sensible, un esprit droit, ferme, franc, brave et loyal ; grand capitaine, intrépide soldat, père de ses sujets, sa clémence seule égalait son courage, et sa valeur rivalisait sa bonté ; il savait conquérir les cœurs et désarmer ses plus grands ennemis par ses éminentes vertus ; elles étaient ses plus puissantes armes ; ami de la justice et de la tolérance; il enchaîna la discorde et la guerre civile, et se fit adorer d'un peuple qu'il appelait sa grande famille; il se complaisait à parcourir la chaumière du pauvre, à s'entendre bénir du cultivateur qu'il chérissait, il partageait son repas frugal, et l'image d'une joie naïve lui rappelait les souvenirs de son enfance.

> Nourri dans les travaux et dans l'adversité,
> Son cœur était pétri de sensibilité.

Quel doux rapport! Quelle similitude entre ce prince et ses vertueux descendans, à qui il semble avoir transmis, avec ses droits au trône, les principales qualités qui caractérisaient son âme vraiment royale! Mais ces illustres rejetons, dont j'ai deploré l'exil et les malheurs, ne paraissent qu'à la fin du poëme, que j'ai dû terminer à la première restauration, où la France, déjà, savourait les prémices d'une paix si ardemment désirée par l'Europe entière. Ce moment de bonheur, dont nous fûmes sitôt désenchantés, n'est pas le coin le moins intéressant du tableau; c'est le seul où j'aie pu semer quelques fleurs, que le souffle de la Discorde est venu flétrir; il n'a pas peu contribué à raviver mes pinceaux émoussés pour avoir esquissé tant de malheurs et de crimes.

Voltaire, dans la Henriade, a frondé le fanacisme religieux, et je fronde le fanatisme révolutionnaire. Puisse une plume, plus exercée que la mienne, donner à la France un poëme épique qui, par la moralité du sujet et le mérite du style, soit jugé digne de figurer auprès des auteurs classiques, et venger notre nation du préjugé injuste autant qu'injurieux, que les Français n'avaient pas la tête épique, quand, malgré la frivolité qui les caractérise, leur constant amour pour la gloire, leur a fait enfanter, depuis un quart de siècle, une foule de faits héroïques, réclamés par la muse de l'épopée, et qui éclipsent ce qu'ont pu offrir de plus merveilleux les héros de tous les lieux et de tous les âges !

SOMMAIRE DU LIVRE I.

Discours préliminaire. Bonaparte entre dans la carrière révolutionnaire. La France en deuil du plus juste des rois, en proie à l'anarchie, à la guerre civile, triomphe de l'Europe liguée, subjugue la Hollande, l'Italie. Le Vainqueur d'Arcole part pour l'Égypte. Revers de nos armées sous le ministère de Schérer. Mort de Championnet L'Italie est reconquise en partie par Suwarow, généralissime des armées russes. Retour de Bonaparte; il opère la Journée du 18 Brumaire, dissout les deux Conseils, renverse le Directoire, s'empare des rênes du gouvernement, et se fait nommer premier Consul de la République.

LA BONAPARTIDE,

ou

LE NOUVEL ATTILA.

LIVRE PREMIER.

La poésie épique est la langue des Dieux.
Pour chanter les héros favorisés des Cieux,
Au mortel inspiré par un noble délire
Apollon, sans regret, daigne prêter sa lyre;
Mais j'ai vu profaner ses augustes accens,
Brûler au Crime heureux un illicite encens...

Je décris les forfaits du tyran de la France,
D'un Attila nouveau, sans vertu, sans naissance,
Dont l'audace intrépide et les nombreux succès
Avaient conquis l'Europe et le cœur des Français,
Lorsque les délivrant de l'horrible Anarchie
Qui seule détrôna l'antique monarchie,

Il rétablit le Culte et le Code des Lois ;
Le Commerce et les Arts renaissans à sa voix ;
Mais dont l'Ambition, en crimes trop féconde,
Le rendit et l'opprobre et le fléau du Monde.
Tels dans un tube étroit deux verres adaptés (1)
Offrent le même objet à leurs extrémités,
Qui, selon le côté qu'on présente à la vue,
S'éloigne, se rapproche, augmente ou diminue ;
Le peintre et le poëte à leur gré bien souvent,
D'un géant font un nain, d'un nain font un géant ;
Maîtres de leurs tableaux, et de la perspective,
Pour froisser ou flatter notre vue attentive,
Loin du vrai point d'optique ils écartent l'objet,
Et l'offrent aux regards, odieux ou parfait.
Mais la perfection n'existe point dans l'homme ;
Tous les héros fameux qu'à bon droit l'on renomme;
Poëtes, orateurs, philosophes, guerriers,
Placés par Mnémosyne à l'ombre des lauriers ;
Alexandre, César, les Sages de la Grèce, (2)
Commirent quelque crime, eurent quelque faiblesse ;
Et leur apologiste, à flatter assidu,
En taisant leurs écarts, nous vante leur vertu.
Homère par ses chants immortalise Achille :
Que serait à nos yeux Auguste sans Virgile ?
Mécène à cet auteur payait les vers divins,
Dont il parait l'idole aux regards des Romains ; (3)
Il n'est plus de Virgile, et je cherche un Mécène.
Mais Pégase aujourd'hui, sans force et sans haleine,
Se promène à pas lents sur le sacré vallon,
Triste et portant le deuil des enfans d'Apollon. (4)

Trop faible imitateur des poëtes antiques
Qui cachent sous des fleurs des crimes politiques,
On ne me verra point encenser dans mes vers
Un Corse audacieux, l'effroi de l'univers ;
Mais à la vérité l'historien fidèle
Ne doit point altérer les traits de son modèle ;
Il met dans la balance, auteur impartial,
Et la somme du bien et la somme du mal ;
Dans l'âme des tyrans en horreur à la terre,
Chez le cruel Néron, le barbare Tibère,
Caligula, Commode, illustres scélérats,
S'il fut des qualités, pourquoi n'en parler pas ?
Les hommes en tout tems furent partout les mêmes,
Partout les passions embrassent les extrêmes ;
Et toujours on a vu chez le peuple Français,
Louer aveuglément, blâmer avec excès.
Que d'écrivains fameux, de Séjeans, de Narcisses,
Qui du tyran naguère ont encensé les vices !
Et rampant à ses pieds, en flattant ses travers,
Solennisaient l'opprobre, insultaient à nos fers !
On les voit aujourd'hui prêchant d'autres maximes,
Caresser sans pudeur nos Princes légitimes,
Et parés des bienfaits du despote abattu,
L'insulter lâchement, pour prouver leur vertu. (5)
En changeant de conduite, ils ont changé de style.
Mais peut-on estimer tout ce peuple reptile,
Ces vils caméléons, thermomètres de cour,
Sacrifiant sans cesse à l'idole du jour ?
Je n'imiterai pas, de peur d'être profane,
Ces auteurs partiaux que ma Muse comdamne ;

Du Héros, mes lecteurs sont les contemporains ;
Ainsi, pour les tromper, mes efforts seraient vains.
Fuyant des mots pompeux le stérile apanage,
L'auguste Vérité me prête son langage ;
Et trop souvent mon style, en cherchant sa clarté,
S'écarte de la grâce et de la majesté.
Mais lorsque je veux prendre un élan pyndarique,
Je me sens retenu par la Muse historique ;
Elle m'impose un frein, et docile à sa voix,
Crainte de m'égarer, je respecte ses lois.
Ne pouvant employer, au gré de mon envie,
L'aimable Fiction, l'heureuse Allégorie,
Je suis toujours mon guide, et dans un jour si beau,
Je marche à la lueur de son divin flambeau
Pour signaler l'erreur et dévoiler les crimes
Dont la France et ses rois ont été les victimes ;
Je cherche à rallier des frères égarés,
Par l'esprit de parti trop long-tems séparés.
Mais des guerriers français je proclame la gloire :
C'est le seul merveilleux qui convient à l'histoire.
Leurs exploits éclatans, à nos derniers neveux,
Autant que leurs revers, paraîtront fabuleux.
Pour le vrai, renonçons à d'aimables chimères ;
D'un Olympe oublié les scènes mensongères,
Au siècle qui m'entend ne peuvent convenir :
Je prétends éclairer, et non pas éblouir.
Telle on vit de Lucain la Muse triomphale,
Chanter César vainqueur aux plaines de Pharsale.
Trop près de ses héros, la Fable à ses discours
Refusa constamment de prêter ses secours ;

Et malgré son respect et son idolâtrie
Pour les dieux de Numa qu'adorait sa patrie,
Témoin de leur silence, au gré de son désir,
Il ne put, dans ses chants, les faire intervenir.
Il vit avec douleur l'ambition d'un homme,
Pour mieux la subjuguer, opposer Rome à Rome ;
Et jaloux de régner en dieu sur l'univers,
A la Reine du monde oser donner des fers !
La valeur de César, celle du grand Pompée,
La vertu de Caton, jusques à l'épopée
Élevèrent Lucain ; et j'espère, aujourd'hui,
Par Minerve conduit, arriver jusqu'à lui.
Cet auteur célébra, dans un style sublime,
La vertu succombant sous les efforts du crime.
Plus riche en mon sujet, je chante la vertu
Triomphante du crime à ses pieds abattu.
D'accord avec Clio, céleste Polymnie,
Répands sur mes récits ta brûlante harmonie,
Et quand ta chaste sœur me prête ses pinceaux,
Des plus vives couleurs enrichis mes tableaux !
Calliope, embouchant la trompette guerrière,
Dis comment Bonaparte entra dans la carrière ;
Comment il usurpa le suprême pouvoir,
Et sur le trône enfin il parvint à s'asseoir.
A son aurore, il vit notre état monarchique
S'éclipser à l'aspect de cette République
Qui s'abreuva des pleurs et du sang des Français,
Et dont il seconda les barbares excès. (6)
Des *Marat*, des *Danton*, la horde sanguinaire,
Prêche l'égalité, cette vaine chimère ;

Le peuple, sous le joug, rêvant la liberté,
Prend une fraction de souveraineté, (7)
De l'esprit de révolte arbore les bannières,
Fait la guerre aux châteaux, laisse en paix les chaumières,
Renverse les autels, les trônes, les palais,
S'appauvrit de vertus, s'enrichit de forfaits ;
Et portant sur la France une main parricide,
Sert les projets affreux d'un sénat régicide,
Qui du sang de son prince, après s'être gorgé,
Dans celui des Français à loisir s'est plongé.
De vils séditieux prétendent qu'on s'accorde
Sous le fatal brandon de l'horrible Discorde,
Agité dans leurs mains sur ce peuple égaré,
Sans mœurs, sans frein, sans lois, à sa fureur livré.
Mais bientôt on verra, dans son délire extrême,
Ce sénat de tyrans se détruire lui-même,
Et trois partis rivaux, dans son sein, chaque jour,
Lutter, à l'échafaud se pousser tour-à-tour. (8)
Ces membres gangrénés, de l'état qu'ils déchirent,
L'un de l'autre jaloux, contre eux-mêmes conspirent,
Et la plupart tombés en putréfaction,
Se divisent sans cesse en prêchant l'union.
En ce tems de malheurs et de guerres civiles
Où la faux de la mort planait sur nos asiles,
Un monstre furieux, dans le crime affermi,
Du peuple, en l'égorgeant, s'osait dire l'ami ; (9)
Ce tigre alimenté des publiques alarmes,
Se baignait chaque jour dans le sang et les larmes,
Et dans son antre affreux, entouré de soupçons,
Ne rêvait que complots, que noires trahisons ;

Agent de Robespierre, odieux publiciste,
Signalant l'innocence à la horde anarchiste,
Digne rival d'Hébert, ennemi du remord, (10)
Toujours de l'homme juste il demandait la mort. (11)
Ce scélérat, du meurtre exécrable ministre,
Faisait exécuter sa volonté sinistre;
Une Thémis vénale et soumise à sa voix,
Égorgeait la victime, au nom sacré des lois.
Toujours plus altéré de sang et de carnage,
Sur ses collègues même il exerçait sa rage,
Et dans la France épars, cent députés proscrits,
Cherchaient à dérober leur tête mise à prix.
Caen leur offre un refuge, et le Fédéralisme (11)
S'arme, mais vainement, contre le Vandalisme;
Lyon, surtout! Lyon, dans ces jours de terreur,
Lève contre Paris un front insurrecteur;
Cette cité superbe, et saintement rebelle,
Succombe en se couvrant d'une gloire immortelle.
Sous la hache homicide et les affreux poignards,
L'empire mutilé tombait de toutes parts;
Corday, cette héroïne, honneur de la Neustrie,
Gémissant en secret des maux de la patrie,
Soudain vole à Paris, s'arme d'un fer vengeur,
Se présente à Marat et lui perce le cœur.
Le monstre pousse un cri, son sang coule et ruisselle,
En redoublant ses coups cette Judith nouvelle,
Lui dit : « Vil assassin, je viens venger sur toi
L'humanité plaintive, et la France et mon Roi.
Meurs, expire tyran! que ton trépas expie
Tous les crimes commis par ta fureur impie;

Puissent les scélérats, dont tu fus l'instrument,
Éprouver avant peu le même châtiment ! »
Mais le tigre n'est plus, une foule égarée
Par ses rugissemens vers son antre attirée,
A son secours soudain s'empresse d'accourir ;
« Vous pourrez le venger, et non le secourir,
» Ajoute, de sang froid, cette illustre héroïne ;
» J'ai puni l'assassin de la France orpheline ;
» Il mêle dans cette onde à son sang corrompu,
» Le sang pur des Français, dont il s'était repu,
» Et vient de terminer son exécrable vie. »
A ces mots, quelle erreur ! et quelle idolâtrie !
Ce peuple par ses cris témoigne ses douleurs,
Et porte à son bourreau le tribut de ses pleurs.
Un sombre désespoir de tous les cœurs s'empare :
Corday lit sur les fronts le sort qu'on lui prépare.
Au désespoir succède un horrible courroux,
Tous les bras sont levés... « Je me livre à vos coups,
Dit-elle fièrement à la horde farouche,
Qui le fer à la main, et l'injure à la bouche,
Prétendait l'accabler..... « Je meurs avec orgueil,
» Si j'entraîne avec moi l'Anarchie au cercueil. »
On la charge de fers ; à la mort condamnée,
Le glaive des bourreaux tranche sa destinée.
Soudain son échafaud se change en un autel
D'où son âme s'élance au séjour éternel.
Dans son aveuglement, ce peuple qu'on opprime,
Immole la vertu, divinise le crime ;
Les restes de *Marat*, au Panthéon portés,
Dans la fange, avant peu, seront précipités :

Son nom avec horreur se lira dans l'histoire,
Tandis que, respecté des Filles de mémoire,
Celui de l'héroïne, avec orgueil cité,
Passera d'âge en âge à la postérité.
Jours d'opprobre où frappant tant d'illustres victimes,
Martyrs de leur amour pour nos rois légitimes,
Par mille factions au dedans agités,
Nous étions au dehors vainqueurs de tous côtés ;
Dispersés au milieu des tempêtes publiques,
Mais ralliés autour de nos dieux domestiques,
Divisés d'intérêt comme d'opinions,
Nous combattions alors toutes les nations ;
Et bravant la Discorde et sa vaine furie,
A la voix de l'honneur, au cri de la patrie,
On voyait, à l'envi, femmes, enfans, viellards,
D'un triple mur d'airain hérisser leurs remparts,
Savoir aux ennemis les rendre inaccessibles ;
Et partout triomphans, et partout invincibles,
La crainte de subir le joug de l'étranger,
Savait les réunir dans le commun danger.
Le seul mot d'esclavage excitait leurs alarmes,
Et pour la liberté tous demandaient des armes.
Tandis qu'aux champs de Mars, ils volaient en héros,
On livrait leurs parens au glaive des bourreaux ;
Un guerrier valeureux dont la mémoire est chère,
Moreau, sur l'échafaud a vu monter son père ; (12)
Tandis qu'il abaissait les remparts de Courtrai,
Carrier saccageait Nante : et *Lebon* dans Cambrai,
Dans Arras, dans Douai, s'alimentant de crimes,
Entassait, sans compter, ses nombreuses victimes;

Et la Loire et l'Escaut, dans leurs cours arrêtés,
Roulaient en mugissant des corps ensanglantés. (13)
Jetons un voile obscur sur les scènes tragiques
Qui souillèrent alors tant de faits héroïques.
Un jour plus pur enfin vient briller à nos yeux :
Les cris de l'innocence ont traversé les cieux,
Et du saint roi martyr la fervente prière
A d'un Dieu tout puissant désarmé la colère;
Signalant sa clémence autant que ses bienfaits,
Sa main va mettre un terme au règne des forfaits.
Pour arrêter les flots du sang français qui coule,
Soudain sur elle-même, à nos regards s'écroule
Cette montagne horrible en ses éruptions,
Qui vomissant la mort au sein des factions,
Ressemblait à l'Etna dont la lave brûlante
Répand au loin le deuil, l'horreur et l'épouvante.
Mais par ses propres feux le volcan consumé,
Sous son poids homicide est enfin abîmé. (14)
Sur ses débris fumans s'élève un Directoire,
Dont le nom salira les pages de l'histoire;
Le cratère qu'il couvre au neuf de Thermidor,
Se r'ouvre sur la France au dix-huit Fructidor. (15)
Cinq despotes rivaux, souverains d'une année,
Sous leur joug odieux la tiennent enchaînée ;
Et ces Républicains semblent autant de rois,
Présidés par Barras qui leur dicte des lois;
La toque sur son front tient lieu de diadème;
Il concentre en ses mains l'autorité suprême ;
Ses égaux, les Conseils n'agissent que par lui ;
Au Corse ambitieux il prête son appui,

Et le proclame chef de l'invincible armée,
Source de sa grandeur et de sa renommée ;
L'unit à Joséphine, et les bras de l'Hymen,
De la gloire, au héros, vont ouvrir le chemin.
Il subjugue en un an toute la Lombardie,
Le Piémont, la Sardaigne et la riche Italie ;
Ces climats, jusqu'alors le tombeau des Français,
Retentissent encor du bruit de ses succès ;
Nos drapeaux triomphans plantés au pont d'Arcole,
Sont transportés soudain aux murs du Capitole ;
Mais le vainqueur comptait parmi ses généraux
Moins d'émules déjà, que d'illustres rivaux.
Joubert et Masséna, chéris de la victoire,
Lanne, Augereau, Berthier, compagnons de sa gloire,
Au sein de l'Italie eurent part aux exploits
Dont le héros d'alors se couvrit tant de fois ;
Le modeste Moreau, véritable grand homme,
Était le Scipion de la nouvelle Rome,
Et pour la liberté qu'il embrassa d'abord,
Fut la digue opposée aux puissances du Nord,
Vainquit sous Pichegru, général non moins brave,
Qui soumit la Belgique et le peuple Batave.
Mais la digue se rompt, les flots de nos soldats
Inondent tout-à-coup ces fertiles climats ;
Nos ennemis nombreux refluant aux frontières,
Ont de la France au Rhin entraîné les barrières ;
Que de pays conquis par Moreau, Pichegru,
Et qu'en un jour depuis leur rival a perdu ! (16)
Quelle fut des héros, alors, la récompense ?
Un Directoire impie, et sans reconnaissance,

Dans un lâche repos qui ressemble à l'exil,
Laissa languir Moreau ; puis sur les bords du Nil,
Envoya le vainqueur d'Arcole, et son armée
Ramena la terreur dans la France alarmée,
Proscrivit les talens, le commerce, les arts,
Et sema la discorde au sein de nos remparts ;
Choisit des généraux sans valeur, sans génie,
Dont la rapacité, mais surtout l'ineptie,
Attirèrent sur nous mille dangers divers,
Et furent le signal des plus affreux revers.
Par les cinq Directeurs, accrue et secondée,
On vit se rallumer, aux champs de la Vendée,
Cette guerre civile, affreuse en ses excès,
Qui de nos ennemis secondait les projets.
Deux partis opposés, dans cette affreuse lutte,
Combattaient pour l'état, et préparaient sa chute.
Assiégée au dehors, assiégée au dedans,
Et déchirée alors par ses propres enfans,
Sur tous les points la France allait être envahie ;
Elle venait déjà de perdre l'Italie,
Dont le fier Suwarow s'était rendu vainqueur.
En vain, Championnet, ta stérile valeur
Voulut de tes soldats ranimer l'énergie,
Ces malheureux, en proie aux besoins de la vie,
Par la faim, la fatigue, épuisés, abattus,
Avant que de combattre étaient déjà vaincus.
Ralliant les débris d'une nombreuse armée
Jalouse de sa gloire et de sa renommée,
Tu lui donnas l'exemple, et sus, le fer en main,
De Naples vainement te r'ouvrir le chemin.

Où t'a conduit, hélas! ce frivole avantage?
Sous le nombre accablé succomba ton courage.
Les fautes, dont alors on accusa Schérer,
Malgré tous tes efforts n'ont pu se réparer.
La France, en se plaignant de ce mauvais ministre,
Pleura sur tes revers et sur ta fin sinistre."(17)
Victime des cinq rois, qu'on nommait Directeurs,
La France était livrée aux dilapidateurs.
C'est alors que partout le cri de la Patrie,
Réclamait Bonaparte, exaltait son génie. (18)
Un navire échappé des rives du Levant,
Le ramène soudain sur notre continent.
Au-devant de ses pas, tout vole, tout s'empresse;
Rien ne peut contenir la publique allégresse,
Chacun brigue à l'envi le plaisir de le voir :
Son aspect dans les cœurs fait renaître l'espoir.
Par ses fausses vertus usurpant notre hommage,
Il vit brûler l'encens aux pieds de son image.
On était loin de croire, en ces tems malheureux,
Qu'il devait être, un jour, pour nous si dangereux.
« Le voilà, disait-on, ce héros de la France,
» Le seul digne, en effet, de notre confiance,
» Ferme soutien du peuple, et père du soldat, (19)
» Lui seul pourra changer la face de l'État;
» Victime des complots de l'affreux Directoire,
» Jaloux de ses succès, ennemi de sa gloire,
» Dans les sables d'Égypte on le croyait perdu;
» Mais au vœu des Français il vient d'être rendu! »
Bientôt arrive enfin la fameuse journée
Qui devait de l'État changer la destinée,

En nous affranchissant du joug de cinq tyrans, (20)
D'un Directoire infâme et de ses vils agens ;
Ils savent que Paris contre eux trame en silence.
La sombre Politique, et la froide Prudence,
Au palais de Saint-Cloud transfèrent le Sénat,
Qui, dans un nouveau gouffre entraînait tout l'État.
Bonaparte y paraît : Lucien y préside.
Dans l'appui fraternel en ce moment réside
L'espérance du Corse. Il prononce un discours
Dont mille cris confus interrompent le cours.
« En quel état, dit-il, je retrouve la France ?
» Partout j'y vois le vol, le meurtre, la licence.
» Le peuple est malheureux, il a perdu ses droits ;
» L'ordre est interverti par le sommeil des lois.
» Perfides oppresseurs, bourreaux de ma patrie
» Que vous avez livrée au deuil, à l'anarchie,
» Répondez, où sont-ils les cent mille guerriers,
» Que j'ai laissés le front ceint de nobles lauriers,
» Et qui sous nos drapeaux enchaînant la Victoire,
» Étaient de cet État le soutien et la gloire ? (21)
» Ils sont morts ces héros vainqueurs de tant de rois ;
» Avec eux nous perdons les fruits de nos exploits.
» Vainement de la Seine, aux rivages du Tibre,
» J'aurai fait respecter les droits d'un peuple libre,
» Et planté de ma main ses vaillans étendards,
» Où régnaient le croissant et l'aigle des Césars; (22)
» Aujourd'hui l'ennemi menace la frontière :
» Je vous donnai la paix, je retrouve la guerre.
» Vous avez de l'armée épuisé le trésor
» Et bu le sang du peuple en dévorant son or.

» Sybarites nouveaux, votre affreux égoïsme
» Etouffe dans les cœurs les germes du civisme;
» Vos prodigalités, votre luxe insolent,
» Et des malheurs publics le tableau désolant
» Offrent à nos regards le triomphe du crime,
» Et le contraste affreux des vertus qu'on opprime.
» Le vaisseau de l'état est prêt à s'engloutir,
» Et c'est pour le sauver qu'on me voit accourir.
» La France est mon berceau, ma patrie adoptive :
» Sous votre joug de fer elle gémit captive ;
» Sa voix parle à mon cœur, et je viens, inhumains,
» Arracher le pouvoir de vos coupables mains,
» Vous accabler du poids de la haine publique,
» Du plus affreux péril sauver la République,
» Rendre au peuple ses droits lâchement compromis,
» Et lui montrer en vous ses plus grands ennemis. »
Il dit, et d'un bras ferme, en pilote intrépide
Qui connaît le danger et que rien n'intimide,
Il prend le gouvernail, ordonne aux matelots,
Dégage le navire et le remet à flots.
Tel on voit le soleil percer l'obscur nuage,
Et nous rendre le calme après un long orage.
Bonaparte bientôt, sur l'horizon français,
Doit ramener encor le bonheur et la paix.

FIN DU LIVRE PREMIER.

SOMMAIRE DU LIVRE II.

Bonaparte est nommé premier Consul de la République; il réorganise l'armée, la dirige vers la Suisse. Passage du Mont St-Bernard; bataille de Marengo gagnée par les Français sur les Autrichiens; fin héroïque du brave Desaix, tombé au champ d'honneur, au moment de son triomphe; ses dernières paroles. Victoire de Hoheulinden, remportée par le général Moreau. Paix continentale ratifiée à Lunéville en 1802. Traité d'Amiens. Trève avec l'Angleterre; désarmement de la Vendée. Expédition du général Le Clerc pour reconquérir le Cap français; il échoue dans son entreprise, mais il fait prisonnier Toussaint-Louverture, chef des noirs insurgés; translation de ce dernier en France; sa mort inopinée; vengeance cruelle exercée par Dessalines, son successeur, qui signale sa rage sur tous les blancs, et proclame l'indépendance de cette colonie; Le Clerc y succombe; défection totale de son armée, et de l'escadre française.

LA BONAPARTIDE,

OU

LE NOUVEL ATTILA.

LIVRE SECOND.

Cachant l'ambition dont son âme est remplie,
Le Corse est proclamé sauveur de la patrie.
Nommé premier consul à l'unanimité,
Il répare nos maux avec activité,
Des lois qu'on violait rétablit l'équilibre,
Et partout reconnu pour chef d'un peuple libre,
Législateur, guerrier, dans ses mains sont remis
Le fer sanglant de Mars et celui de Thémis.
Mais pour joindre au laurier l'olive pacifique
Dont il veut ombrager sa couronne civique,
Son bras doit de nouveau triompher du Germain,
Qui, de la France encor, menace le destin.
Des plaines de Dijon il vole en Helvétie,
Les Alpes, ce rempart qui couvre l'Italie,
Sans arrêter sa marche, arrêtent ses regards.
Il s'apprête à franchir ces hardis boulevards.

 Près des champs du Valais et des plaines fécondes
Que la Doire et la Drance arrosent de leurs ondes,

Existe un mont sacré, dont le front sourcilleux
En impose à la terre et se perd dans les cieux. (1)
Sur sa crête élevée au dessus des nuages,
L'homme voit à ses pieds se former les orages,
Et promène en tremblant un œil contemplateur,
Admire la nature, adore son auteur.
Là, le cœur palpitant, la paupière baissée,
Il élève vers Dieu son âme et sa pensée ;
Voit qu'il n'est qu'un atome enflé d'un vain orgueil,
Et s'humilie enfin à l'aspect du cercueil.
Au plus haut du passage il trouve un monastère, (2)
Où la religion, la piété sincère,
La modeste vertu, la tendre humanité,
Exercent les devoirs de l'hospitalité.
Là, des hommes l'ami, cet animal fidèle,
Qui d'amour et d'instinct offre un touchant modèle,
Qui précède son maître ou marche sur ses pas,
Et pour sauver ses jours affronte le trépas,
Le chien remplit l'auguste et sacré ministère (3)
De guider, jour et nuit, le pieux solitaire,
Chargé d'offrir l'asile et des soins généreux
Aux étrangers errans dans ces déserts affreux.
Dans ces lieux revêtus du deuil de la nature,
Où jamais le printems n'étala sa parure,
Ces bons religieux recueillent les débris
Des mortels malheureux qui s'y sont engloutis.
C'est là que Bonaparte a conduit son armée.
Devant ses étendards vole la Renommée.
« Fidèles compagnons, dit-il à ses soldats,
Il faut nous préparer à de nouveaux combats,

Reconquérir nos droits et notre indépendance,
Rendre à notre pays la paix et l'abondance,
Et triompher encor de ces fiers ennemis
Qu'avec moi, tant de fois, vos armes ont soumis.
De l'État ébranlé si j'ai saisi les rênes,
Ce fut pour vous venger, et pour briser vos chaînes;
Oui, soldats, je reviens partager vos dangers !
Nous sommes entourés d'odieux étrangers
Qui, marchant réunis sous diverses bannières,
Osent de ce côté menacer nos frontières.
Venise est subjuguée, et Rome est sans Romains;
L'Italie est en proie aux Russes, aux Germains.
Enflés de vains succès, accrus en mon absence,
Ils nourrissent l'espoir de subjuguer la France.
Deux peuples alliés, l'un de l'autre jaloux,
Semblaient n'en former qu'un pour marcher contre nous ;
Leurs chefs, que l'intérêt, la discorde, divisent,
Emoussent dans leurs mains tous les traits qu'ils aiguisent, (4)
Voici l'instant de mettre, aux yeux de l'Univers,
Un terme à leurs succès, un terme à nos revers.
Naguères Masséna sut réprimer l'audace
Du Russe dont l'orgueil encore nous menace.
Dans les champs de Zurick, le fameux Suwarow
De son fier lieutenant, le vaillant Korsakow,
N'a pu ni retarder, ni venger la défaite ;
Et lui-même forcé d'opérer sa retraite ;
S'enfuit cacher au loin sa honte et ses débris.
Affaiblis de moitié, nos cruels ennemis
Nous opposent en vain cette barrière immense
Qui sépara toujours l'Italie et la France.

Les Alpes sous nos pas vont bientôt s'aplanir
Et deux pays rivaux encor se réunir.
Le libre Helvétien, ce peuple juste et brave,
Fidèle à ses sermens et de l'honneur esclave, (5)
Qui, par tous les partis en tout temps respecté,
Pour éviter leur choc, en sa neutralité,
Aux vainqueurs, aux vaincus donne un libre passage,
Va des Français encore admirer le courage.
Ce colosse des monts, que l'on croit notre écueil,
De l'insolent Germain va foudroyer l'orgueil.
Prouvons, en gravissant sa cime inaccessible
Qu'à la valeur française il n'est rien d'impossible.
Nos lauriers, un moment, ont paru se flétrir ;
C'est sur la neige, amis, qu'il est beau d'en cueillir.
Derrière ces remparts est la terre promise ;
Marchons, et l'Italie, à nos armes soumise,
Une seconde fois va nous tendre les bras.
Malgré les vains efforts de mon rival Mélas, (6)
Faisons rouler sur lui le char de la victoire ;
Des guerriers tels que nous doivent chercher la gloire
Dans un sentier étroit, aux autres inconnu,
Où le seul Annibal soit encor parvenu. » (7)
Il dit, et dans l'instant ses troupes courageuses
Gravissent à l'envi les montagnes neigeuses.
Dans des arbres creusés, pour maîtriser le sort,
Il traînent après eux ces instrumens de mort,
Ces bronzes destructeurs, émules de la foudre,
Qui réduisent les camps et les cités en poudre.
Lannes et Macdonald, fameux en tant d'assauts,
Watrin et Gassendi dirigeaient ces travaux ; (8)

Et le génie et l'art, rivaux de la nature,
Semblent triompher d'elle en cette conjoncture.
Ce jour te rend célèbre, auguste Saint-Bernard,
Tu servis la valeur en cet heureux hasard !
Pour la première fois ton beau tapis d'albâtre
Des jeux sanglans de Mars devint l'amphithéâtre.
Sous le même soleil les siècles ont passé
Sans émousser ton front par les frimas glacé ;
Le libre voyageur te franchit avec peine.
Une force indicible et presque sur-humaine
Au faîte de ta cime amène des guerriers
Avides d'y cueillir d'honorables lauriers.
Ces guerriers sont Français : ce qu'autrefois Carthage
Entreprit contre Rome, excite leur courage.
Sur des sentiers neigeux suspendus dans les airs,
Ils volent à la gloire aux yeux de l'univers ;
Descendent dirigés par l'art et le génie,
Pour envahir plus tôt la superbe Ausonie,
Par un coup décisif en chasser les Germains
Aux regards étonnés des vulgaires humains.
Après avoir franchi ce terrible passage,
Bonaparte conçoit le plus heureux présage,
Une secrète voix semble dire à son cœur,
De l'Italie encor tu vas être vainqueur.
Comme un torrent fougueux, du haut de la montagne
Il fond, suivi des siens, sur la vaste campagne,
Et dirigeant l'essor des bataillons français,
Il se fraye un chemin à de nouveaux succès ;
La Fortune le suit, par elle protégée,
Il rentre dans Milan, quand Gêne est assiégée, (9)

Puis se porte soudain sur les rives du Pô,
Et rencontre Mélas aux champs de Marengo;
Qui voyant des Français les troupes valeureuses
Menacer dans son camp ses phalanges nombreuses,
A peine à concevoir par quels secrets chemins,
Ils ont pu prévenir et tromper ses desseins.
Muse, prends la trompette, abandonne la lyre !
Impitoyable Mars, seconde mon délire;
Prête-moi tes accens et ta mâle vigueur,
Pour chanter des Français l'héroïque valeur,
Et de deux camps rivaux la lutte sanguinaire !
Mille bouches à feu, rivales du tonnerre,
Sur nos vaillans héros vomissent le trépas,
La foudre est sur leur tête et mugit sous leurs pas.
La garde du Consul, cette garde intrépide,
Lance et reçoit de front une grêle homicide;
Le plomb vole au hasard, le faible atteint le fort;
Car l'homme a su donner des ailes à la mort.
La haine, la fureur, la discorde, la rage,
Planent sur les deux camps et pressent le carnage;
La Victoire incertaine erre de rang en rang;
L'acier croise l'acier, la terre boit le sang.
Mais ces remparts vivans, boulevards de la France,
Après une honorable et vaine résistance,
Sous des coups redoublés tombent de toutes parts,
Et leurs débris sanglans sont sur la terre épars. (10)
Tel un fleuve qui rompt la digue qui l'enchaîne
En flots tumultueux se répand dans la plaine,
Et tombe avec fracas dans le creux des vallons,
Détruit du laboureur les fertiles moissons.

L'ennemi, sans obstacle, avance sa conquête ;
Dans ses projets sanglans il n'est rien qui l'arrête ;
Le faisceau consulaire aussitôt abattu,
Le reste, en combattant, croit son espoir perdu.
Bonaparte, déjà, signalant sa retraite,
Allait cacher au loin sa honte et sa défaite,
Et de ses bataillons rassemblant les débris,
Voyait soudain sa gloire et ses lauriers flétris...
Quand tout-à-coup paraît un guerrier intrépide,
Qui brave les dangers et que rien n'intimide.
La Gloire l'accompagne, et ce vaillant héros
Aux fuyards qu'il rallie adresse enfin ces mots :
« Français, où courez-vous ? Quelle terreur panique
» Vous fait fuir à l'aspect de l'aigle Germanique ?
» C'est dans les grands dangers qu'un peuple valeureux
» Fait, pour en triompher, des efforts généreux.
» Si la patrie encore à votre cœur est chère,
» Écoutez, par ma voix, la voix de cette mère
» Qui vous crie : *arrêtez, vos frères égorgés*
» *Sont morts pour ma défense et ne sont pas vengés!*
» La gloire est devant vous, vous préférez la honte :
» Il n'est point de péril qu'un Français ne surmonte ;
» Si vous me secondez, soyez-en convaincus,
» Ces vainqueurs d'un moment seront bientôt vaincus. »
Soudain, donnant aux siens l'exemple du courage,
Dans les rangs ennemis il se fraie un passage.
L'Hector Autrichien, le terrible Mélas,
Sous les coups d'un rival voit tomber ses soldats,
Par le fer abattus ; comme au fort d'un orage,
Les chênes orgueilleux tombent sur le rivage ;

Ou comme, dans l'hiver, la neige par floccons
Tombe, en se détachant, de la cime des monts.
Mais quel est ce guerrier, brillant dans la tempête,
Qui brave tous les traits déchaînés sur sa tête,
Et se multipliant dans son dernier soldat,
Fait changer tout-à-coup la face du combat ?
Ses yeux sont enflammés d'une ardente colère,
Et son cœur possédé du démon de la guerre....
L'Histoire l'a nommé ; c'est le vaillant *Desaix*.
La France, de ce jour lui doit tout le succès.
Aux mains des ennemis il ravit la victoire,
Et le premier Consul en eut toute la gloire.
L'Achille des Français, la fleur de nos guerriers,
Fait au Corse jaloux envier ses lauriers.
En cueillant le dernier il trouve enfin sa perte.
Sous son char triomphal sa tombe est entr'ouverte ;
Kellermann en suivant la trace de ses pas,
Victor, Rivault, Boudet, vont venger son trépas ;
Des Bataillons entiers sont par eux mis en poudre,
Moissonnés par le glaive, ou détruits par la foudre,
Et ceux qui vaillamment résistent les derniers,
Succombent avec gloire, ou sont faits prisonniers.(11)
Aux cris victorieux de leurs fiers adversaires,
Succèdent tout à coup des accens funéraires,
Et les lauriers cueillis par les Français vainqueurs,
Téints du sang de *Desaix*, sont baignés de leurs pleurs.
Héros dont la valeur devançait les années,
Quelle fatale main trancha tes destinées ?
Après avoir bravé les plus sanglans hasards,
Du Germain désarmé vu fuir les étendards,

Tu péris au milieu de ta noble carrière,
Regretté de l'Armée et de la France entière,
Craignant d'avoir peu fait pour la postérité ; (12)
Mais le trépas t'enfante à l'immortalité.
Du joug de l'étranger tu sauves ta patrie
Et ta fin belliqueuse est digne de ta vie.
L'oiseau de Jupiter, l'aigle altier des Césars,
Qui du mont Apennin fondait sur nos remparts,
En faisant éclater une féroce joie,
Perd pour jamais l'espoir de dévorer sa proie,
Jette un cri de terreur, s'élève dans les airs
A travers la fumée et le feu des éclairs,
Et partage le sort de l'aigle de Russie
Dont Masséna venait d'affranchir l'Helvétie.
Immobile témoin de ces combats divers,
La Prusse sur la France avait les yeux ouverts,
Et voyant abaisser l'Autriche sa rivale,
Augmentait chaque jour sa force colossale,
Pour l'empêcher de nuire en cette extrémité
Notre or payait le prix de sa neutralité. (13)
Mais sa cupidité, son infâme avarice,
Doivent la mettre un jour au bord du précipice :
L'ennemi déclaré de tous les potentats,
Doit conduire à Berlin les flots de ses soldats,
Et fouler à ses pieds la superbe colonne
Dans les champs de Rosback érigée à Bellone,
Pour attester le jour où *Frédéric* vainqueur
Enchaîna du Français l'indomptable valeur.
Trophée ambitieux, bientôt ton front superbe,
Sera, par les Français, enseveli sous l'herbe.

Les timides agneaux, ainsi que les brebis,
Iront paître, en bêlant, sur tes pompeux débris.
En attendant ce jour, Moreau dont la vaillance
Egale la sagesse et l'active prudence,
Couronnant dans le Nord l'ouvrage de *Desaix*,
Au cœur de la Bavière obtenait des succès.
L'appareil imposant de sa nombreuse armée,
Du chef qui la conduit la juste renommée,
Inspirent à-la-fois la crainte, le respect;
Tout s'incline, tout tremble au formidable aspect
De ce nouveau Turenne; et ses braves cohortes
S'avancent vers Munich qui leur ouvre ses portes :
Leur sage discipline y soumet tous les cœurs ;
Et partout les vaincus bénissent les vainqueurs.
L'Archiduc Charle en proie à de justes alarmes
Veut en vain s'opposer au progrès de leurs armes,
Et l'Autriche tremblante au bruit de tant d'exploits,
Pour obtenir la paix fait entendre sa voix.
Mais Moreau, dans l'espoir de la rendre durable,
Et pour lui, pour la France encor plus honorable,
Par un dernier exploit prétend la conquérir :
Ses guerriers comme lui savent vaincre ou mourir,
Et de Hohenlinden la célèbre victoire,
Du jour de Marengo, vint compléter la gloire
Qui rejaillit encor sur le chef orgueilleux
Dont l'éclat éphémère éblouit tous les yeux.
Par un heureux traité, l'empire Germanique,
Une seconde fois renonce à la Belgique, (14)
Et l'on voit, de nouveau, la Victoire et la Paix
Etendre jusqu'au Rhin le continent Français.

Bonaparte à son joug voit l'Autriche soumise;
Il n'a plus d'ennemis qu'aux bords de la Tamise,
Et profitant du calme à lui-même rendu,
Sans cesse avec Minerve à veiller assidu,
Des mœurs, de la justice, il rétablit l'empire:
Le coupable frémit, l'innocence respire;
A l'aspect de Thémis, au sein de nos remparts,
Reparaissent soudain le Commerce et les Arts.
Ces enfans émigrés qu'a bannis la Discorde,
Ramenés parmi nous par la douce Concorde,
Font, du premier Consul qui comble nos souhaits,
Célébrer en tous lieux la gloire et les bienfaits.
La Vendée, à sa voix, se pacifie encore;
Ces peuples bénissant le jour qui vient d'éclore,
Se rangent sous les lois du puissant protecteur
Qui paraît à leurs yeux un Dieu libérateur,
Rentrent dans leurs foyers dévastés par la guerre;
Le père y cherche un fils, le fils y cherche un père;
La sœur y pleure un frère, et le frère un ami,
Pour son Dieu, pour son Roi, dans la tombe endormi.
Mais ils sont consolés par la douce espérance
De revoir les Bourbons au trône de la France;
Car leurs chefs n'ont traité que sous condition
Qu'on leur rendra leur prince et leur religion.
Ces deux points accordés, sans crainte, sans alarmes,
Dans les mains du Consul, ils déposent leurs armes,
Et le calme présent, garant de l'avenir,
De leurs malheurs passés, endort le souvenir.
O Mânes des Bonchamps, vous Charrette, L'Escure,
A Jacquelin uni d'une amitié si pure; (15)

Vendéens dont le sang a coulé pour vos Rois,
Apaisez-vous, Louis a reconquis ses droits.
Bonaparte paraît n'user de la puissance
Que pour forger un frein à l'aveugle licence,
Lui-même feint d'en mettre à son ambition,
Il calme le courroux de la fière Albion;
Et commentant d'Amiens le traité juste et sage,
Du bonheur à nos yeux il offre le présage,
Règle les droits du Code et et ceux du Concordat,
Relève les autels et sauve enfin l'État.
Du Corse jusqu'ici l'impatient génie
A sur le continent rétabli l'harmonie,
Tout renaît à l'espoir, et par ses soins actifs
Nos vaisseaux, dans nos ports, cessent d'être captifs;
On les revêt d'agrets, de mâts et de cordages,
Pour les faire cingler vers de lointaines plages;
Des ordres sont donnés, nos braves matelots
Vont avec eux soudain fendre le sein des flots.
Bonaparte a conçu le projet chimérique
De diriger leur course au sud de l'Amérique,
Et d'y faire adopter le code de ses loix
Par les noirs insurgés, pour défendre leurs droits.
Protégé d'Albion, des vents, et de Neptune,
Il prétend réparer la publique infortune,
Et cimenter sa gloire et ses nombreux succès,
En rendant Saint-Domingue à l'Empire Français.
Mais les fils d'Haïti, guidés par la vengeance,
Ont rompu pour jamais tout pacte avec la France;
De la part du Consul on leur propose en vain,
L'olive de la paix, les armes à la main;

Ils refusent la paix, ils acceptent la guerre,
Et pour se délivrer de l'agent consulaire,
Armés contre les blancs, ces hommes de couleur,
Opposent constamment la rage à la valeur.
Leurs bataillons guidés par Toussaint-L'ouverture,
Ont reconquis leurs droits et vengé la nature ;
Le général Le Clerc et ses vaillans soldats,
Succombent la plupart, sans livrer de combats.
Implacables colons, c'est votre barbarie,
Qui du nègre en ces lieux provoqua la furie ;
Il fallait envers lui, vous montrant plus humains,
Dans son sang avili, ne point tremper vos mains.
Dans ce climat, par vous nommé le Nouveau Monde,
En vous enrichissant de sa sueur féconde,
Par la verge ou les fers, mutilé, macéré,
A peine du nom d'homme il était honoré;
Courbé sous les travaux, rampant dans la poussière,
Au jour de la raison, il ouvrit la paupière,
Et levant contre vous un bras insurrecteur,
Il vous frappe partout d'un glaive destructeur.
En brisant brusquement les ignobles entraves
Qui sous un joug de plomb les retenaient esclaves, (16)
Ces hommes affranchis, ivres de liberté,
Passent de la licence à la férocité.
Ennemis des Anglais autant que de la France,
Proclamant hautement leur fière indépendance,
Polverel, Santhonax, agens de la Terreur, (17)
Du nègre chaque jour excitent la fureur,
Et l'Europe ferait des tentatives vaines,
Pour le courber encor sous de nouvelles chaînes.

Tel un lion superbe, alors qu'il rompt son frein,
Plus il était soumis, plus il est inhumain.
Bonaparte ne peut, malgré sa politique,
Gagner, ni ressaisir la colonie antique,
Source pour nous de gloire et de prospérité.
Voyant sur tous les points son plan déconcerté,
Il propose à Toussaint un traité d'alliance.
Jamais dans un grand cœur n'entra la défiance :
Ce chef des Insurgés, dans un piége attiré,
A son lâche adversaire est promptement livré.
En France, déplorant sa liberté ravie,
On croit que le poison a terminé sa vie; (18)
Mais ses concitoyens qui présageaient son sort,
D'avance sur Le Clerc avaient vengé sa mort,
Et pour leur général fait choix de *Dessaline*.
Ce féroce ennemi, sans réserve extermine
Tous les blancs que poursuit son aveugle fureur,
Et fait de son pays un théâtre d'horreur.
Sur les Français surtout il signale sa rage,
Et ne respecte en eux ni le sexe ni l'âge;
Le fer, le plomb, les feux et l'airain mugissant,
Rien ne peut subjuguer ce lion rugissant;
Rigaud par un miracle échappe à sa furie, (19)
Et rentre dans le sein de la mère patrie;
Mais la plupart des siens, dans ces tristes climats,
Armés pour les soumettre, y trouvent le trépas;
Et le nègre y découvre, en défrichant la terre,
Les ossemens français déposés par la guerre.

FIN DU LIVRE SECOND.

SOMMAIRE DU LIVRE III.

Situation politique de la France. Conduite de Bonaparte pendant le moment de paix dont elle jouit. Joséphine, son épouse, le dirige vers le bien. Il continue de protéger le Commerce et les Arts. Rappel des émigrés. Son machiavélisme pour enchaîner tous les partis. Explosion de la machine infernale. Proscription de Moreau ; meurtre de Pichegru ; supplice de Georges Cadoudal ; assassinat du duc d'Enghien.

LA BONAPARTIDE,

ou

LE NOUVEL ATTILA.

LIVRE TROISIÈME.

Bonaparte n'a pu, malgré tous ses efforts,
Du Cap jadis français, reconquérir les bords ;
Mais, idole du peuple, instrument de sa gloire,
Descendu radieux du char de la Victoire,
On le vit s'élancer dans celui de la Paix,
Signaler sa puissance autant que ses bienfaits.
De le favoriser, la Fortune jalouse,
Lui prête les conseils d'une estimable épouse
Qui réunit la grâce à l'amabilité,
Et de son caractère adoucit l'âpreté :
C'est Pallas qui le vient couvrir de son égide ; (1)
Au chemin de l'honneur tant que sa main le guide,
Il s'avance à grands pas vers la célébrité,
Et, vivant, il jouit de la postérité.
Joséphine à ses yeux semble une autre Égérie. (2)
Qui fait vivre en son cœur l'amour de la patrie ;
Quand son feu s'amortit, l'Hymen de son flambeau
Lui prête chaque jour un aliment nouveau.

Mars a perdu ses droits ; le vainqueur de la terre
Laisse encore de ce Dieu reposer le tonnerre,
Ravive le Commerce, encourage les Arts ;
Ces enfans de la Paix attirent ses regards.
Le Français enivré de joie et d'espérance,
Goûte déjà l'oubli d'une longue souffrance.
Banissant du passé le triste souvenir,
Du présent, Bonaparte enrichit l'avenir ;
Il éteint des partis les ligues meurtrières,
Rend le luxe aux cités, l'abondance aux chaumières ;
Le glaive, qu'aiguisaient la haine et la fureur,
Retourne armer le soc de l'actif laboureur.
Le pâtre satisfait, sous l'ombrage des hêtres
Enfle sa cornemuse et ses pipeaux champêtres,
Et ses concerts joyeux, ses rustiques chansons
Annoncent que Cérès protège les moissons.
Non loin de son troupeau, la bergère attendrie,
Foule, en cueillant des fleurs, l'émail de la prairie,
Danse avec son berger qui, depuis son retour,
Joint aux lauriers de Mars les myrtes de l'Amour.
Tandis que respirant sous les plus doux auspices,
Le peuple, de la Paix, savoure les prémices,
Le tyran seul paraît fatigué de repos,
Et de sa gloire en vain résonnent les échos.
Fier d'avoir abaissé l'orgueil du diadême,
Il n'a pu réussir à se vaincre lui-même ;
Et déjà sur son front ce farouche guerrier.
Est las d'unir l'olive à son noble laurier.
L'éclair sillonne au loin dans le sombre nuage,
Et ce calme trompeur est voisin de l'orage.

Le jour va s'obscurcir; à ce soleil qui luit,
Doit succéder l'horreur d'une profonde nuit.
Mais le jour disparaît, et déjà sur nos têtes,
J'entends gronder les vents précurseurs des tempêtes;
La tendre Philomèle a suspendu ses chants ;
Les pasteurs, les troupeaux, abandonnent les champs.
La foudre roule, éclate ; et glacé d'épouvante,
Le bœuf, en mugissant, suit la brebis tremblante
Qui, sur ses pas craintifs, entraînant son agneau,
Regagne promptement le paisible hameau.
Bellone, en rallumant le flambeau de la guerre,
Veut de son bras encor ensanglanter la terre ;
Mars menace Neptune, ou plutôt il prétend
Aux enfans d'Albion arracher son trident.
A de nouveaux combats déjà l'on se dispose,
Malte en est le prétexte, et les Bourbons la cause. (3)
On a cru jusqu'ici, qu'abdiquant le pouvoir,
Bonaparte, fidèle à la loi du devoir,
Fidèle à ses sermens, à l'honneur, à lui-même,
Allait rendre à Louis l'autorité suprême,
Ainsi qu'il le promit pour apaiser l'Anglais,
Dissoudre la Vendée, et ramener la paix.
Lorsque pour se frayer vers le trône une voie,
Son machiavélisme à nos yeux se déploie,
Divisant les partis pour mieux les affaiblir,
C'est le sien seul ici qu'il prétend affermir.
Aux Français dispersés sur la terre étrangère
Il offre tout-à-coup son appui tutélaire ;
Ceux qui, par la terreur, de leur toit exilés,
Ont perdu tous leurs biens, s'y trouvent rappelés, (4)

Et goûtent près de lui le calme après l'orage ;
Il leur rend les débris échappés du naufrage,
Les droits d'hérédité dont ils furent privés,
Et ceux de citoyens, qu'il leur a conservés ;
Leur offre des emplois, et dans toute la France
Il voit fumer l'encens de la reconnaissance.
Restaurateur des lois, de la religion,
Il règne sur les cœurs et sur l'opinion ;
Sa gloire est à son comble ; il n'a qu'un pas à faire
Pour mériter l'estime et l'amour de la terre,
En planant au-dessus même des plus grands rois,
Et c'est de rétablir les Bourbons dans leurs droits ;
Mais, loin de rappeler les princes légitimes,
Du feu des factions innocentes victimes,
Cet ennemi secret des fils de Saint-Louis,
Veut laisser dans l'exil ces illustres proscrits,
Et gouverner la France, encore République,
En exerçant sur elle un pouvoir monarchique.
Mais ce pouvoir suprême est pour lui limité :
Un lustre met un terme à son autorité.
Il veut la conserver. Par un calcul infâme,
Pour voiler le dessein qui germe dans son âme
Et doubler l'intérêt qu'il prétend inspirer,
Le Corse contre lui se plaît à conspirer,
Et trouve le moyen de grossir sa cabale
En dirigeant sur lui la machine infernale ; (5)
Mais d'avance au péril trop certain d'échapper,
C'est le peuple français qu'elle devait frapper.
Il en fait le premier degré de sa puissance.
On avait calculé l'instant et la distance

Où cette explosion, qui menaçait ses jours,
Pût soudain éclater sans en trancher le cours.
D'aveugles instrumens qui se vendent aux crimes,
Ou quelques passagers en furent les victimes ;
Mais le premier Consul au moins n'a point péri.
Plus il trompe le peuple, et plus il est chéri ;
Chacun rend grâce au ciel ; on voit la foule immense,
Guerriers et magistrats bénir la providence
D'avoir daigné sauver des jours si précieux ;
Et s'empressant soudain de couronner ses vœux,
Le Sénat au Tyran vient, selon son envie,
Décerner les honneurs du consulat à vie.
Il accepte soudain ce qu'il avait brigué,
Et ce peuple par lui va se voir subjugué.
Les deux chefs, ses adjoints, gênés par des entraves,
Sont de ses volontés les timides esclaves,
Et loin de balancer un moment son pouvoir,
Obéir en silence est leur premier devoir.
La crainte d'éprouver une prompte disgrâce,
Et de perdre, à la fois, leur fortune et leur place,
Les force à se ranger toujours de son avis,
Convaincus que les leurs ne seraient pas suivis.
Cambacérès, *Le Brun*, ses faibles acolites,
Sont, du corps de l'État, deux membres parasites,
Deux passifs instrumens, opinant par écho,
Toujours à l'unisson dans ce nouveau *trio*.
En vain sur tous les points la France glorieuse
N'attendait que son roi pour être plus heureuse :
Cet Attila nouveau, de l'Europe vainqueur,
N'a jamais prétendu faire notre bonheur,

Et le sien fut toujours d'intriguer et de nuire,
D'abattre, d'élever, de créer pour détruire,
De sécher dans ses mains l'olivier de la paix,
Et de s'alimenter du fruit de ses forfaits.
Jamais le sang français n'a coulé dans ses veines ;
C'est pour les reforger qu'il vient briser nos chaînes ;
En servant la patrie, il formait le dessein
D'épuiser tout le lait qu'elle avait dans son sein.
Tel on voit un brigand, dans un vaste incendie,
Arracher un trésor qu'ensuite il s'approprie,
Bonaparte étouffant le feu des factions,
Brûle de s'emparer du sceptre des Bourbons.
C'est un protée adroit qui prend toutes les formes,
Pour rendre tous les vœux à ses désirs conformes.
Sa fausse modestie et sa feinte douceur
De son cœur caverneux nous cachent la noirceur :
Tantôt jeune serpent, il rampe avec souplesse
Pour atteindre son but, et de son dard vous blesse ;
Si l'on veut l'écraser, il échappe à vos yeux,
Et reparaît soudain en tigre furieux.
En dévorant sa proie, il rugit de colère ;
Mais fidèle à ses goûts comme à son caractère,
En aigle tout-à-coup on le verra changer,
Et dans des flots de sang à loisir se plonger.
Mais déjà dans son cœur un noir venin fermente ;
La soif de dominer nuit et jour le tourmente.
Il caresse le peuple, et pour mieux l'asservir,
Par un frivole éclat tâche de l'éblouir.
Pour le rendre plus tôt à ses désirs propice,
Affectant envers tous la bonté, la justice,

Il fait distribuer des armures d'honneur
Aux guerriers distingués par leur rare valeur.
Moreau seul est exempt : récompenser le zèle,
C'est forcer le soldat d'être au devoir fidèle ;
Mais ce chef orgueilleux qui se croit un César,
Prétendait seulement l'enchaîner à son char :
Sous le nom de Consul, gouvernant la patrie,
Il jouissait du sort le plus digne d'envie ;
Mais Consul est trop peu pour son ambition.
Ce monstre, qu'a produit la révolution,
Fils de la République, a servi de sa mère,
En sortant du berceau, la fureur sanguinaire.
Non moins coupable qu'elle, il devint son bourreau,
Et pour être empereur il va perdre Moreau,
Moreau dont le nom seul valait toute une armée,
Dont il craignait alors la juste renommée ;
Moreau, plein de talens et de rares vertus,
Ce modeste vainqueur, estimé des vaincus,
Qui du sang des Français avare en ses retraites
Était triomphateur, même dans ses défaites,
Et cédant le terrain, défit plus d'ennemis
Que son heureux rival ne recrutait d'amis.
A Moreau qui venait d'affermir sa puissance,
Bien loin de témoigner de la reconnaissance,
Pour l'avoir secondé dans le même moment
Qui le fit proclamer chef du Gouvernement,
Bonaparte est ingrat ; il connaît l'influence
De l'homme qui l'éclipse ou du moins le balance ;
Il fuit le bienfaiteur qui lui servit d'appui,
Choisit ses généraux et l'éloigne de lui.

Avec succès en tout Moreau le rivalise,
Et le Corse jaloux soudain le paralyse.
Ainsi que Catinat, le modeste guerrier
Se reposait en paix sur un noble laurier,
Cultivait son jardin; loin du fracas des armes,
De l'hymen, de l'amour, il savourait les charmes.
La sincère amitié qui déserte la Cour
Embellissait encor son champêtre séjour.
Les enfans du héros brandissaient son épée
Que dans le sang Français il n'a jamais trempée;
Il leur disait parfois, d'un ton plein de douceur :
» Laissez-là, mes amis, ce gage de l'honneur;
» Mon seul titre de gloire, et le seul que j'envie.
» Allons cueillir des fleurs... Si jamais la Patrie
» Réclame de nouveau le secours de mon bras,
» Dans un lâche repos je ne languirai pas,
» Je combattrai pour vous, je combattrai pour elle;
» A ses ordres toujours on me verra fidèle. »
Tels étaient ses discours. *Parjure à ce serment,*
Il en reçut, dit-on, *le cruel châtiment.*
Mais la prévention et l'injustice extrême
Ont causé son erreur : il changea de système
Et conspira depuis contre son oppresseur,
Qui voulait usurper le titre d'Empereur.
» Nous avons combattu pour une république,
» Et s'il faut retourner à l'état monarchique,
» Retournons aux Bourbons nos légitimes Rois,
» Plutôt qu'un étranger nous impose des lois.
» Bonaparte Consul, mérite de la France
» De l'amour, du respect, de la reconnaissance :

» S'il se fait Empereur, le fier Napoléon
» De mon pays, un jour, deviendra le Néron ;
» Ne souffrons pas, amis, qu'il monte sur le trône,
» Qu'un Corse audacieux usurpe la couronne,
» Car ce tigre donnant le cours à ses excès
» Se baignera bientôt dans le sang des Français ;
» Et s'il ne suffit pas pour assouvir sa rage,
» Il portera partout l'horreur et le carnage,
» Fera lever de force un peuple de soldats,
» Pour déclarer la guerre à tous les potentats :
» Braves républicains, les fruits de vos conquêtes
» Et les nombreux lauriers dont se couvrent vos têtes
» Ne sont pas suffisans à cet ambitieux
» Qui rapporte à lui seul tous vos faits glorieux ;
» Couronnez son audace aujourd'hui sans seconde !
» Comme il n'est qu'un seul Dieu pour gouverner le monde,
» Napoléon voudra seul être l'Empereur
» De l'univers soumis en proie à sa fureur ;
» Ce projet paraît vain, mais croyez qu'il n'aspire
» Qu'à voir le monde entier fléchir sous son empire ;
» Il en est temps encor, contre lui conspirons,
» Et s'il nous faut un roi, rappelons les Bourbons. »
Il dit, et conspira pour son roi légitime :
Il ne réussit pas, il en fut la victime.
Georges et Pichegru, tant d'autres conjurés,
Dont les noms aujourd'hui se trouvent honorés,
Périrent par le meurtre ou bien par les supplices ; (7)
Tous ceux qui de leur mort se sont rendus complices,
En servant d'Attila les coupables fureurs,
Leur rendirent depuis de funèbres honneurs ; (8)

Odieux résultats de nos jours sanguinaires,
Par un flux et reflux, l'un à l'autre contraires,
Un parti se relève et l'autre est abattu ;
Ce qui fut crime hier, est aujourd'hui vertu.
Pour Moreau, dont le nom, d'honorable mémoire,
Illustrera toujours les pages de l'histoire,
Bonaparte craignant en ce moment fatal
Que le peuple et l'armée en faveur d'un rival
Ne soulèvent leurs flots contre un arrêt barbare,
Du sang d'un ennemi fut contraint d'être avare. (9)
Du glaive de la mort il n'osa le frapper ;
Ne voulant pas aussi qu'il lui pût échapper,
A la détention il borna sa vengeance.
Moreau veut, mais en vain, prouver son innocence ;
Il s'adresse lui-même à son persécuteur,
Et sans le désarmer il fléchit sa rigueur. (10)
A l'exil condamné, ce héros magnanime
Fut plaint et regretté d'une voix unanime,
Et soudain il cingla vers les États-Unis,
Suivi de sa famille et de quelques amis.
Ses nombreux partisans, dans ce péril extrême,
Auraient voulu le voir, triomphant de lui-même,
Ainsi que Cadoudal, hautement s'accuser,
Plutôt que de descendre à vouloir s'excuser :
On ne peut soupçonner un héros de faiblesse,
Encore moins de crainte, ou d'indigne bassesse ;
Mais tel au champ de Mars sait combattre ou mourir,
Qui sur un échafaud redoute de périr,
Croit devoir reculer les bornes d'une vie
Qu'il veut sacrifier un jour pour sa patrie,

Comme on verra plus tard qu'il gardait dans son cœur
L'espoir de triompher de son vil oppresseur.

Jusqu'ici libre enfin au sein de l'Amérique,
Heureux et jouissant de l'estime publique,
Laissons en paix Moreau sous un ciel étranger
Méditer les moyens de pouvoir se venger.
Le tyran qui s'apprête à régner sur la France,
Tourmenté du désir d'augmenter sa puissance,
Bonaparte, commet le plus grand des forfaits,
Présage des malheurs qu'il réserve aux Français.
Pour envahir le trône, il croit tout légitime,
Et pour y parvenir prélude par un crime.

Il apprend qu'un Bourbon, l'infortuné d'Enghien,
Résidait depuis peu chez un Prince voisin,
Et menait une vie innocente et tranquille;
Du séjour de la paix il viole l'asile;
Il fait saisir d'Enghien dans les bras du sommeil.
Pour le jeune héros quel funeste réveil..!
Comme un vil criminel en France on le ramène;
A peine il entrevoit les rives de la Seine,
Qu'il se voit englouti dans un séjour affreux,
Que jamais n'éclaira la lumière des cieux;
Sans amis, sans secours, aux lieux de sa naissance,
Le Prince n'a d'espoir que dans son innocence.
Il invoque soudain la justice et les lois;
La voûte du cachot répond seule à sa voix.
Victime d'une trame odieuse, infernale,
En reproches amers sa bouche envain s'exhale;
D'un despote cruel les perfides agens
Viennent de l'arrêter contre le droit des gens;

Ils ont osé souiller la terre hospitalière,
Pour servir du tyran la rage meurtrière.
Par l'appât des grandeurs un d'entr'eux ébloui
Fut chargé d'accomplir ce forfait inoui.
Nourri chez les Germains, ce transfuge, ce traître,
Digne de l'Attila qu'il s'est choisi pour maître,
Obéit sans scrupule à l'ordre clandestin
D'arrêter, de conduire et de livrer d'Enghien. (11)
D'Enghien, de sa maison la gloire et l'espérance,
Sur la foi des traités dormait sans défiance :
Dans les murs d'Etteinhem, il ne prévoyait pas
Qu'un perfide assassin méditait son trépas.
La vertu toujours lente à soupçonner le crime,
De sa sécurité trop souvent est victime !
Le Duc, s'apercevant qu'on en veut à ses jours,
A son ennemi même a promptement recours,
Demande à lui parler; son cœur a peine à croire (12)
Qu'un vainqueur pût commettre une action si noire
Que de tremper ses mains dans le sang innocent;
Il en appelle à lui dans ce danger pressant;
Au plus lâche refus il est loin de s'attendre ;
Bonaparte ne veut ni le voir, ni l'entendre.
Le tigre, du héros a résolu la mort.
Admirons la candeur et déplorons le sort
Du rejeton des preux, d'un Prince magnanime,
Que le Corse odieux a choisi pour victime.
Cet homme peut un jour renverser mon pouvoir,
Dit-il au tribunal, faites votre devoir.
La valeur de d'Enghien et son grand caractère
Eclipsaient du tyran la gloire militaire;

Cet unique héritier d'un nom cher et fameux
Se montrait digne en tout de ses nobles aïeux ;
A Berstheim, à Munich, signalant sa vaillance,
Pour replacer Louis au trône de la France,
Le jeune défenseur du plus juste des rois,
A consacré son nom par d'illustres exploits.
Aux accens de la paix il a posé les armes ;
Mais, favori de Mars, il cause des alarmes
Au Corse ambitieux, l'effroi des nations,
Qui veut légitimer ses usurpations ;
Ce Prince à ses projets peut être un jour contraire,
Le tyran va frapper son terrible adversaire.
D'autencourt et Barois, Rabb, Bazincourt, Molin,
Guiton et Savari, Ravier, suivi d'Hulin, (13)
Reçoivent de Murat l'ordre affreux, tyrannique,
De faire exécuter un jugement inique.
Le héros condamné dit avec majesté :
» J'en appelle en mourant à la postérité ;
» Le trépas à mes maux va soudain mettre un terme,
» On m'y verra marcher d'un pas tranquille et ferme.
» Ne me refusez pas dans mon affliction,
» Le secours consolant de la religion, (14)
» Elle me donnera la force nécessaire
» Pour subir un arrêt injuste, sanguinaire,
» Et rendre en paix mon âme à son suprême auteur.
» Je réclame les soins d'un vertueux pasteur,
» Qui d'un Dieu de bonté l'organe et le ministre,
» Témoin de mon malheur et de ma fin sinistre,
» Au chemin du tombeau daigne encor m'affermir,
» Et recueille ma cendre à mon dernier soupir ; »

« *Il est trop tard, marchons* », dit une voix féroce.
Ce refus inhumain, cette conduite atroce,
Qu'on ne tiendrait pas même envers un scélérat,
Montre le caractère et l'âme de Murat.
Du bourreau de d'Enghien cet odieux complice
Accompagne le Prince au lieu de son supplice;
Du drame de sa vie hâtant le dénouement,
Il ose l'insulter à son dernier moment...! (15)
A l'aspect du trépas qui pour lui se prépare,
Le Duc, dit avec joie, à ce monstre barbare
Qui va souiller ses mains par un assassinat :
» *Grâce au Ciel je mourrai de la main d'un soldat!*(16)
» Cette mort glorieuse est celle que j'envie;
» J'appris dans les combats à mépriser la vie,
» En la perdant ainsi j'emporte des regrets....
» Car je tombe innocent sous les coups des Français;
» Mais un Corse est chargé du poids de l'homicide. (17)
A ces mots vers, sa fosse et d'un air intrépide
Il s'avance à grands pas, offre son âme à Dieu,
Puis sur lui-même enfin il commande le feu;
La mort vole et l'atteint par l'ordre d'un Tibère,
Le sang du grand Condé coule et rougit la terre;
Pour un père, ô douleur, ô regrets superflus,
Son fils, son digne fils, Germanicus n'est plus!
L'exécrable Murat, ce vil agent du crime,
Fit placer sur le sein de l'auguste victime
Une lampe funèbre, et sa pâle lueur
Guida le plomb mortel dirigé sur son cœur.
Ainsi finit d'Enghien, ses vertus, son courage
Égalaient ses talens moissonnés avant l'âge ;

Mais c'était un Bourbon; son sang dut cimenter
Le trône où le tyran s'apprêtait à monter.
O Prince généreux et bien moins roi que père !
Qu'aurait-il fait de toi, ce monstre sanguinaire ?
D'Angoulême, d'Artois, brave duc de Berri,
Rejettons précieux du sang du grand Henri,
Que nous a conservés l'auguste Providence,
Pour épurer encor l'horison de la France !
On n'en saurait douter, vous eussiez péri tous,
Si l'on vous eût livrés à ce tigre en courroux,
Ou si, plus confians dans ses fausses caresses,
Vous eussiez accepté ses offres, ses largesses,
Lorsque vous rappellant par son ambassadeur, (18)
Il vous fit proposer la paix et le bonheur,
Et voulut vous fixer au sein de l'Italie;
C'en était fait de vous; adieu trône, patrie !
Vous n'eussiez plus revu les rivages français...
Mais suivons du tyran la marche et les forfaits;
Il éblouit la foule à ses vœux opportune :
Il va changer de nom en changeant de fortune ;
Un champ vaste est ouvert à son ambition ;
Il n'est plus Bonaparte, il est Napoléon ;
Dans les plus grands malheurs il va plonger la France,
Et sa gloire finit quand son règne commence.

FIN DU LIVRE TROISIÈME.

SOMMAIRE DU LIVRE IV.

Motifs qui ont porté Bonaparte à se souiller du meurtre d'un Prince de la maison de Bourbon. Il continue sous un dehors populaire et par des actes de justice à enchaîner tous les partis au char de sa fortune. Le Sénat le proclame Empereur des Français; il s'empare du trône de Saint-Louis. Le Souverain Pontife de Rome quitte la Capitale des États de l'Église, et vient le couronner solennellement à Paris. Bonaparte institue l'Ordre de la Légion-d'Honneur, reconnu par toutes les Puissances continentales; l'Angleterre seule proteste contre son avènement. L'usurpateur continue ses préparatifs de descente; mais l'Autriche instiguée par le Cabinet Britannique, entrave ses desseins, en armant contre lui. Bonaparte provoqué, lève son camp de Boulogne, et vole à de nouveaux succès; prise d'Ulm, de Vienne, Bataille d'Austerlitz gagnée par les Français sur les Russes et les Autrichiens commandés par leurs Empereurs en personne. Traité de Presbourg. François II n'obtient la paix que par les concessions qu'il fait sur l'Italie. Campagne de Prusse; ce Royaume est envahi et conquis en un mois. La bataille d'Iéna ouvre à l'usurpateur une carrière rapide de succès; les journées d'Eylau, de Friedland, en mettant le comble à la gloire des armées françaises victorieuses des troupes russes et prussiennes coalisées, amènent le traité de Tilsitt. Alexandre en est médiateur. Napoléon en courbant sous son joug toutes les Puissances continentales du nord de l'Europe, joint aux titres d'Empereur des Français et de Roi d'Italie, ceux de Protecteur de la Confédération du Rhin et de Médiateur de la Suisse, fait reconnaître ses frères pour Souverains des peuples qu'il a subjugués, et concerte avec ses confédérés, le projet insensé de son blocus continental dirigé contre l'Angleterre.

LA BONAPARTIDE,

ou

LE NOUVEL ATTILA.

LIVRE QUATRIÈME.

Napoléon, souillé du plus lâche attentat,
Prétend s'emparer seul, des rênes de l'Etat,
Et ce premier forfait doit enfin le conduire
A lui faire obtenir le Sceptre qu'il désire;
Mais il a contre lui le parti Plébeïen,
Qui, dans le sang royal, avait trempé sa main.
Ces hommes, ennemis du pouvoir monarchique,
N'ont-ils donc pas fondé l'affreuse République
Que le premier Consul s'apprête à renverser?
Sur le trône, à son tour, s'il vient à se placer,
Comme il n'a point pris part aux complots régicides
Qu'ont tramé, dans le tems, ces monstres homicides,
Ils conçoivent sur lui de violens soupçons;
Le plus grave est celui du rappel des Bourbons;
Ils craignent leur vengeance, et forment une ligue
Contre Napoléon : pour rompre cette digue
Qui s'oppose à ses vœux, il ne voit qu'un moyen,
Et c'est l'assassinat du malheureux d'Enghien.

Le meurtre d'un Condé, l'a rendu le complice
De coupables Français trop dignes de supplice.
Tant qu'on l'a soupçonné d'une ombre de vertu,
Par tous les criminels il se vit combattu ;
Mais quand son cœur féroce, à tous s'est fait connaître,
Peuvent-ils balancer à le prendre pour maître ?
» Douterez-vous encor, dit-il, de mes desseins,
» Dans le sang des Bourbons quand j'ai trempé mes mains,
» Puis-je les rappeler au trône de la France ;
» Suis-je digne à-présent de votre confiance ?
» Vous êtes mes amis ; le nom de Majesté
» Manque seul en ce jour à mon autorité :
» Vous la partagerez, plus de soupçons sinistres :
» Vous serez mes suppots, mes conseils, mes ministres,
» Nos communs intérêts doivent nous rallier,
» Et votre sort au mien pour jamais se lier. »
Ce discours a produit tout l'effet qu'il désire ;
Du cœur des Courtisans, il lui soumet l'empire ;
Mais avant de prétendre à se voir couronner,
C'est celui des Français qu'il prétend enchaîner,
Et pour y réussir, comme il n'a rien d'aimable,
Il sait emprunter l'art de paraître estimable.
Les fruits de ses exploits, avec art répartis,
Attirent à son char les différens partis.
En tous lieux, chaque jour, sa bonté se signale ;
Il sème les bienfaits, d'une main libérale,
Et redoublant ses soins, par son activité,
Répand par-tout la vie et la fécondité.
Mais pour mieux usurper le titre de grand homme,
Il semble dans Paris, avoir transporté Rome,

En réparant le Louvre, en ornant ses lambris,
Des monumens des arts, par ses armes conquis.
Il donne des brevets aux Citoyens habiles
Qui feront dans les arts quelques progrès utiles,
A l'active industrie ouvre tous les canaux,
Protège l'Institut ; et dans les tribunaux,
Pour tendre à l'innocence une main protectrice,
Fait asseoir la Sagesse auprès de la Justice,
Préside les Conseils, préside le Sénat,
Et captive le cœur du peuple et du soldat ;
A la saine raison, le sien inaccessible,
Dans ce qu'il entreprend lui fait voir tout possible ;
Mais son génie actif et prompt à concevoir,
Enfante le matin pour détruire le soir ;
A ses projets divers il est lui-même en butte,
Ainsi qu'à deux partis contre lesquels il lutte,
Le parti royaliste et le républicain ;
Il abat un jour l'un, l'autre le lendemain,
Et les alimentant tous les deux d'espérance,
De tous deux à la fois trompe la confiance.
Egoïste, insensible et d'un naturel fier,
Son cœur semble d'airain, et son âme de fer.
Par l'ambition seule, il se laisse conduire,
Par elle, en séduisant, il se laisse séduire,
Et ce cœur corrompu, toujours au crime ouvert,
Est l'affreux labyrinthe où son esprit se perd.

Muse de l'Histoire, ô toi que j'interpelle,
Viens mettre sous mes yeux tous les traits du modèle ;
Si pour un tel portrait je manque de talent,
Par ton secours du moins, il sera ressemblant :

Remplis bien ta promesse et sois impartiale ;
Qu'on ne t'accuse pas surtout d'être vénale.
Retraçons, du Tyran, dans ses divers tableaux,
Les bonnes qualités, sans grossir les défauts ;
Que les traits soient frappans, qu'on puisse reconnaître
Celui que les Français ont eu long-temps pour maître,
Qui fit trembler l'Europe, en détrônant ses Rois,
Et du Tibre au Volga fit respecter ses lois.
Ne lui refusons pas le talent militaire,
Et le génie actif, qui font le caractère
De tout ambitieux qui prétend ici bas
Disposer à son gré du destin des États ;
Vouloir lui contester ces qualités premières,
C'est dire : « Les Français au siècle des lumières,
» Éblouis un instant d'un éclat passager,
» Ont fait, sans réfléchir, choix d'un vil étranger,
» Pour défendre leurs droits et leur indépendance ;
» Cet homme sans courage a guidé leur vaillance ;
» Sans moyens personnels, il les rendit vainqueurs. »
Nos braves Généraux, nos grands Législateurs,
Tous ceux qu'avait choisi pour servir la Patrie
Ce Corse sans vertus, mais non pas sans génie,
Prouvent du moins son goût et son discernement ;
Ils ont conquis la paix sous son gouvernement ;
Mais son ambition, aveugle et sans mesure,
Pour le rendre odieux à la race future,
Ne suffit-elle pas ? Vils calomniateurs,
Pourquoi, du nom Français, vous montrer détracteurs ?
S'il n'avait ni talens, ni moyens, ni tactique,
Pourquoi le nommer chef de votre République ?

Pourquoi, s'avouant nuls, flatter des ennemis
Que sous le Consulat, cet homme avait soumis ?
Ah! lorsque de nos maux, il eut comblé l'abîme;
S'il eût rendu le trône à son Roi légitime,
Au lieu d'assassiner d'Enghien et Pichegru,
On citerait sa gloire autant que sa vertu ;
L'une est sans existence et l'autre est éphémère;
L'aveugle Ambition et la vaine Chimère,
Sans cesse, en l'égarant, devaient le perdre un jour
Et nous rendre Louis, si cher à notre amour.
Du Corse audacieux, les agens secondaires,
Approuvèrent tout haut, ses fureurs sanguinaires,
Et dirent sans pudeur, que tout était permis
Pour perdre ses plus grands, ses plus fiers ennemis.
Qui peut justifier ces infâmes pratiques,
Ces affreux attentats, ces forfaits politiques ?
Ceux qui les ont commis, tous ces vils protégés
Qui, du sang de leur Roi, jadis se sont gorgés.

 Napoléon, alors en paix avec la terre,
Médite le projet d'envahir l'Angleterre,
Et son orgueil jaloux de dompter l'univers,
A la fière Albion, prétend donner des fers.
La liberté des Mers, est le vœu qu'il proclame;
A ce cri, ces guerriers, que le courage enflamme,
Fatigués, comme lui, d'un stérile repos,
Se rendent à Boulogne, ainsi que le Héros.
Sur de frêles esquifs ils forment l'entreprise
De descendre en vainqueurs aux bords de la Tamise,
Et de venger l'honneur de notre Pavillon,
Qu'emporta dans la tombe, avec lui, Lord Nelson, (3)

Quand de lauriers sanglans, la tête couronnée,
Bellone, à Trafalgar, trancha sa destinée ;
Mais l'entreprise échoue, il faut y renoncer.
La guerre maritime, avant de commencer,
Est déjà terminée, et Mars contre Neptune
Ne pouvant essayer de tenter la Fortune,
Va sur le Continent répandre la terreur,
Et jusqu'aux murs de Vienne exercer sa fureur.
Bonaparte, avant tout, pour doubler sa puissance,
Prétend monter au trône et régner sur la France ;
Le Sénat, du Tyran, secondant les projets,
Vient lâchement, pour prix de ses premiers forfaits,
Le nommer Empereur ; c'est peu, sa modestie,
Sur celle des Bourbons, fondant sa dynastie,
De l'Italie encor veut être nommé Roi.
Tout succède à ses vœux, tout fléchit sous sa loi ;
Le Sénat le couronne et le Peuple et l'Armée
Sur le bruit de sa gloire et de sa renommée,
Aux yeux de l'Univers, proclament hautement,
Pour Empereur et Roi, Napoléon le-Grand.
Cet homme, que dirige un rayon de sagesse,
Devenu Souverain, se crée une Noblesse
De soldats parvenus, dont les faits glorieux
Parlaient au champ d'honneur plus haut que leurs ayeux ;
Il dut les ennoblir, pour prix de leurs services,
Leurs ordres, leurs cordons, couvrent leurs cicatrices,
Il fut juste envers eux, et la rare valeur
De ceux qui composaient sa Légion d'Honneur,
Autour de lui, formant un mur inaccessible,
Lui valurent long-temps le titre d'invincible ; (4)

En offrant à nos yeux, l'image de Titus,
Il éblouit encor par ses fausses vertus;
Mais leur éclat trompeur fut de peu de durée.
Cachant la soif du sang dont elle est altérée,
Son âme, qui ne peut long-temps rester en paix,
Va, pour s'en abreuver, armer tous les Français;
Comme l'on voit tomber les feuilles en Automne,
Et les dons de Cérès ou les fruits de Pomone,
Ainsi, du genre humain, l'avide destructeur,
D'un Peuple belliqueux va moissonner la fleur.
Conscription funeste! horreur de la nature!
De l'Etat, chaque jour, tu r'ouvres la blessure. (5)
N'en doutons pas, ce mode affreux, dévastateur,
Est sorti de l'Enfer, ainsi que son auteur;
Par lui, la jeune épouse, au lit de l'Hyménée,
Qui d'avance prévoit sa triste destinée,
Gémit d'être féconde, et craint de mettre au jour
Le triste et premier fruit de son pudique amour.
Elle arrose de pleurs sa couche nuptiale,
Et voit avec terreur venir l'heure fatale
Qui va mettre en ses bras l'espoir de ses vieux ans,
Et qu'on doit lui ravir à peine en son printemps.
L'époux désire un fils, l'espoir de sa famille,
La mère fait des vœux pour avoir une fille,
Et craint d'avoir un fils, en naissant condamné
A soutenir un jour le crime couronné.
Chacun doit satisfaire à cette loi barbare,
Qui, contre les parens, hautement se déclare;
A défaut de parens, on poursuit les amis;
Elle condamne un père à dénoncer son fils,

Elle prive le fils de succéder au père ;
S'il ose, en désertant, s'y montrer réfractaire,
Et si par elle il est vainement poursuivi,
Il voit son héritage aussitôt envahi ;
Le père, sans appui, dans sa triste vieillesse,
S'il n'a qu'un seul enfant, objet de sa tendresse,
Et qui devait l'aider à descendre au tombeau,
Pour n'avoir pas voulu devenir son bourreau,
En désignant le lieu qui lui sert de retraite,
Doit dès lors à l'Etat, d'un fils payer la dette,
Ou bien dans un cachot aller traîner des jours,
Dont la douleur bientôt terminera le cours. (6)
Le riche, au champ de Mars, pour de l'or se remplace,
Le pauvre obtient l'honneur de marcher à sa place,
Et de mourir pour lui. Voilà l'égalité,
Celui qui n'a rien, meurt pour la propriété.
Bonaparte, usurpant la suprême puissance,
Dédaigne de porter le nom de Roi de France ;
Politique profond, du Sceptre de Clovis,
Il n'ose s'emparer, ni s'asseoir sur les Lys.
Proscrivant, des Bourbons, l'auguste dynastie,
L'Empereur des Français, et le Roi d'Italie,
Pour mieux fonder la sienne, a banni cette fleur,
Symbole d'innocence, ainsi que de candeur,
Par Saint-Louis, transmise au vaillant Henri-quatre,
Puis à ses successeurs, qu'il prétendait abattre ;
Et l'on dit dans ce temps : « Napoléon le-Grand,
» N'usurpe point le Trône, il l'a trouvé vacant. »
Ainsi, quand de mon toit, le crime heureux m'exile,
Un brigand a le droit d'en faire son asile.

Enfin, soit politique ou reste de pudeur,
Lorsque Napoléon se fut fait Empereur,
Comme présage heureux des plus grandes merveilles,
Dans l'écusson français il sema des abeilles,
Ou plutôt des frélons, emblême de nos maux,
Qui, du Peuple devaient dévorer les travaux.
A cette allégorie, il joignit l'Aigle altière,
Qui des anciens romains décorait la bannière,
Et servant d'armoirie au nouvel Empereur,
Menaçait l'Univers d'un foudre destructeur.
De Dieu, dit le Tyran, je tiens seul ma couronne,
Et pour mieux s'affermir à jamais sur le Trône,
Encor fumant du sang du dernier de nos rois,
En apparence, il veut légitimer ses droits,
Fait venir à Paris, le Pontife de Rome ;
Le Vicaire de Dieu, vient couronner un homme !
» Cet homme est envoyé, dit-on, par l'Eternel
» Pour relever son culte et son divin autel ;
» Reconnaissons ses lois, adorons sa puissance,
» Et rendons, à l'envi, grâce à la Providence,
» De nous avoir choisi, lui-même un Souverain. »
Plus de doute, l'on voit le Pontife romain,
Sur ce coupable front poser le Diadême,
Et reconnaître en lui, l'autorité suprême !...
A peine est-il sacré, que ce mortel pervers
Médite le projet d'envahir l'univers,
Et se fait couronner aussi Roi d'Italie ;
Sous son sceptre de plomb, come il veut que tout plie,
Il saisit, à Milan, la couronne de fer,
La place sur son front, et soufflé par l'Enfer,

Il profère ces mots, profanes dans sa bouche :
» C'est Dieu qui me la donne, et gare à qui la touche ! (7)
Et cachant son orgueil et son ambition
Sous le voile sacré de la Religion,
Ce singe imitateur du puissant Charlemage,
Va reporter la guerre au sein de l'Allemagne ;
De la Manche au Danube, on voit tous ses soldats,
En flots tumultueux, précipiter leurs pas ;
Mais le jeune Héros qu'adopta la Bavière,
De ce fleuve orgueilleux a franchi la barrière ;
Guidant, de ses guerriers, les escadrons poudreux,
La foudre suit l'éclair qui brille dans ses yeux ;
Il rappelle le nom du fameux Prince Eugène,
Qui seul rivalisa Condé, Villars, Turenne ;
Mais non, comme Bayard, sans reproche et sans peur;
Celui-ci fut fidèle au chemin de l'honneur,
Et combattant toujours pour la mère patrie,
La palme de son front ne fut jamais flétrie,
Tandis que le premier, les armes à la main,
Né Français, combattit contre son Souverain.
Mack, fuyant à l'aspect de nos braves cohortes,
Dans Ulm renfermé, leur en ouvre les portes ;
Trente mille soldats, indignes de ce nom, (8)
Inclinent leurs faisceaux devant Napoléon,
Implorent sa clémence, et ces troupes craintives
Déposent à ses pieds leurs dépouilles captives.
Le Despote vainqueur, sans livrer de combats,
Adresse ce discours à ses vaillans soldats :
« Vous le voyez, amis, à nos vœux tout prospère,
« Malgré l'orgueil jaloux et l'or de l'Angleterre ;

» Marchons, volons, dit-il, à des succès nouveaux,
» La paix sera le prix de vos nobles travaux. »
L'Armée alors répond, mais par un cri de guerre,
Qui doit être entendu des deux bouts de la terre,
L'écho va le porter dans les antres du Nord,
C'est le cri des Français, « La Victoire ou la Mort! »
François, fuit son Palais, et sa Ville alarmée ;
Du fils de Catherine il va joindre l'Armée,
Et laisse Vienne en proie à de justes terreurs.
Du farouche Attila, chacun craint les fureurs ;
Eugène guide encor la phalange intrépide,
Règle les mouvemens de sa marche rapide,
Et les Viennois tremblans, du haut de leurs remparts,
Découvrent, des Français, les vaillans étendards.
En voyant s'avancer ces troupes formidables,
Et briller, de leurs chefs, les armes redoutables ;
Ils n'osent résister au superbe Vainqueur ;
Un sombre désespoir s'empare de leur cœur ;
Prêts à nous opposer une juste défense,
Sans force et sans courage, ils sont vaincus d'avance :
Ils tentent cependant d'inutiles efforts ;
Mais ils tombent bientôt sous les coups des plus forts.
Lassés d'attendre en vain le secours d'Alexandre,
Les faibles habitans sont contraints de se rendre.
Leur Ville capitule, et s'ouvre à nos Guerriers,
Dont la noble clémence honore les lauriers.
Loin de s'énorgueillir du succès de leurs armes,
Des vaincus, les vainqueurs dissipent les alarmes,
Et deux peuples rivaux en générosité,
S'unissent par les vœux de la fraternité.

Dans la ville soumise, à la tristesse en proie,
Le désespoir, la crainte, ont fait place à la joie;
Tout chante les exploits de nos vaillans Héros,
Et présage pour eux des triomphes nouveaux.
A seconder ses vœux, voyant que tout s'apprête,
Napoléon prétend poursuivre sa conquête,
Et sans plus différer, au bruit de ses exploits,
De la terre ébranlée, épouvanter les Rois.
Soudain devant Porlitz, il conduit ses armées,
Soumet, par la terreur, les villes alarmées,
Marche à pas de géant, vers les champs d'Austerlitz :
Alexandre et François s'y trouvent réunis.
Du Russe et du Germain, les Aigles courageuses,
Ont envain déployé leur ailes orageuses;
Devant l'Aigle Française on doit les voir encor
Fuir, et se replier dans les antres du Nord.
Salut, jour pour la France à jamais mémorable !
Tu semblais lui promettre une gloire durable.
Planant sur les deux Camps, dans son char radieux,
Phœbus, en divergeant ses rayons lumineux, (9)
Fait réfléchir au loin les armes éclatantes
De trois peuples rivaux, qui, sortant de leurs tentes,
Les uns pour conquérir, d'autres pour se venger,
A la voix de leurs chefs, brûlent de s'égorger.
Mars donne le signal, et le combat commence ;
Le sang des deux partis, dans une plaine immense,
Coule, arrose la terre, inonde les sillons ;
Le tonnerre est lancé par tous les bataillons.
Tel on voit un Volcan, sur la terre tremblante,
Lancer en mugissant, sa lave bouillonnante,

L'airain vomit la mort, le salpêtre enflammé,
Échappe à la prison qui le tient renfermé,
Et frappe, en sillonnant, les enfans de Bellone.
Tandis que dans leurs rangs, la foudre éclate et tonne,
Le glaive brille aux mains de nos vaillans guerriers,
Avides de périls, avides de lauriers ;
Mais bientôt de leur sang, eux-mêmes les arrosent ;
Aux plus cruels dangers, les plus braves s'exposent ;
Aussi, tous les Français, dignes enfans de Mars,
Triomphent-ils souvent, dans ces tristes hasards.
Les deux partis encor rivalisaient de gloire,
Lorsque sous nos drapeaux, pour fixer la Victoire,
On te vit, des premiers, audacieux Murat,
Fondre sur l'ennemi, dans ce sanglant combat ;
De tes fiers escadrons, les armes meurtrières,
Renversent, par leur choc, des colonnes entières.
Secondant tes efforts, l'intrépide Davoust,
Marche avec Bernadote et le terrible Soult ;
Près d'eux paraît Berthier, cet Ajax de l'Armée ;
Et du désir de vaincre, ayant l'âme enflammée,
Lannes, d'Aupoult, Bourrier, Vendamme, Nansouty,
Duroc, Rabb, Kellermann, Rivault, Caffarelli,
Bessières, au combat, non moins qu'eux redoutable,
Dirigent à l'envi, leur élite indomptable ;
Sur la droite ennemie ils portent le trépas,
Et tous servent d'exemple aux plus braves soldats.
A la valeur française, opposant le courage,
La Garde Russe, encor, lutte contre l'orage ;
Ses rangs sont enfoncés, soudain de toutes parts,
Et les morts entravant la marche des fuyards,

Du Prince Constantin, les phalanges altières,
Succombent en voulant défendre leurs bannières;
Les Guerriers écrasés, les laissent dans les mains
Des Français triomphans du Russe et des Germains.
Des hauteurs d'Austerlitz, l'Empereur Alexandre,
Contemple avec François, son camp réduit en cendre;
Leurs plus vaillans soldats, dans ce fatal instant,
Sont vaincus, dispersés, ou morts en combattant.
Leurs parcs et leurs drapeaux, deux colonnes entières,
Au fier Napoléon se rendent prisonnières;
Mais vingt mille d'entr'eux se jettant dans les eaux,
Pour chercher leur salut, y trouvent leurs tombeaux,
Et les gémissemens de leurs ombres plaintives
Frappent encor l'écho de ces tremblantes rives.
Dans les champs d'Austerlitz, deux puissans Souverains
Ont vu les seuls Français maîtriser leurs destins.
Tel fut le résultat de la grande journée
Qui tint, sous nos drapeaux, la Victoire enchaînée.
François, de son vainqueur, fier de tant de succès,
Obtint, en suppliant, l'olive de la paix;
Grâce aux concessions qu'il fait sur l'Italie,
Replace sur son front, sa couronne affaiblie.
Les Etats de Venise ont passé dans les mains
Du plus grand ennemi des malheureux humains;
Qui de sa fausse gloire ayant l'âme enivrée,
Vole des bords de l'Elbe aux rives de la Sprée.
Du vainqueur de Rosback, jusques dans le cercueil,
Napoléon jaloux d'humilier l'orgueil,
Va saisir de sa main, la redoutable épée,
Que, dans le sang français, Frédéric a trempée;

Il l'append en trophée, et l'expose aux regards
Sous le dôme pompeux des vétérans de Mars. (10)
Il captive à la fois, sous le poids de sa chaîne,
Le Tibre, le Danube, et la Sprée et la Seine;
La Vistule demande à couler sous ses lois. (11)
Au faîte des grandeurs, ce conquérant des rois
Traite avec la Russie, et disposant des trônes,
Dispense à qui lui plaît, des sceptres, des couronnes,
Règle enfin à son gré le destin des États,
Et se voit le premier de tous les Potentats.
Pour courber sous ses lois le reste de la Terre,
Il voudrait, mais en vain, subjuguer l'Angleterre;
Neptune la protége, et la fière Albion
Rivalise avec lui d'orgueil, d'ambition;
Forte de ses vaisseaux, sa politique habile
Gouverne l'Univers, du milieu de son île :
Cette île, pour l'Europe est un affreux volcan
Qui couve dans son sein la perte du Tyran.
En vain par lui du Nord la gloire est éclipsée,
La Prusse est envahie, et l'Autriche abaissée.
Champs D'Eylau, d'Austerlitz, de Friedland, d'Jéna,
Où de nouveaux lauriers son front se couronna,
Où la valeur française enchaînant la Victoire,
A conquis, en trois mois, plusieurs siècles de gloire,
Témoins de nos exploits dont parle l'Univers,
Vous le serez un jour de nos affreux revers!...
Cette campagne enfin, de la paix fut suivie.
Napoléon tenait l'Allemagne asservie,
Et datant ses décrets de Vienne et de Berlin,
De la France, pouvait, assurant le destin,

Par de justes traités donner des lois au Monde,
Et terminer la guerre, en forfaits si féconde.
Alexandre vaincu, mais bientôt son vainqueur,
De la paix, voulut être alors médiateur :
Le Conquérant et lui cessent d'être adversaires ;
Sur les bords du Niémen ils s'embrassent en frères; (12)
Si ces deux fiers rivaux fussent restés amis,
Ils pouvaient, à leurs lois, voir l'Univers soumis.
Aux regards de l'Europe ils parurent s'entendre ;
Mais le Dominateur, du nouvel Alexandre
Projetait d'abaisser quelque jour la grandeur,
Pour augmenter la sienne en trompant sa candeur.
Pour le moment, du moins, une paix honorable,
Et que la bonne foi devait rendre durable,
De trois grands Potentats réglant les intérêts,
Du nouvel Attila seconde les projets.
A Tilsitt, le traité soudain s'en ratifie ;
Par lui, son jeune frère est Roi de Westphalie,
Louis, Roi de Hollande ; et de Naples, enfin,
Joseph, l'aîné de tous, est nommé souverain.
Bonaparte qui veut envahir l'Étrurie,
Proclame Beauharnais Vice-Roi d'Italie.
Les Rois de sa famille, et ceux qu'il a soumis,
Doivent rompre tout pacte avec ses ennemis ;
Il leur donne à chacun des lois, et des ministres
Chargés d'exécuter ses volontés sinistres.
De ses honteux bienfaits Lucien excepté,
Brava son despotisme et son autorité ;
Et d'un républicain gardant le caractère,
Dans cet usurpateur il méconnut un frère,
* Livre 4

Et préféra l'exil à de fausses grandeurs,
Passagères ainsi que des songes trompeurs. (13)
Les rois de Wurtemberg, de Saxe et de Bavière,
Ces petits Électeurs tremblans sous l'aigle altière,
Et rampans sous les lois du fier Napoléon,
Se ralliant, à lui ne sont rois que de nom :
Ces monarques nouveaux, princes héréditaires,
Sont de ses volontés esclaves tributaires ;
A ses vastes desseins pour mieux les enchaîner,
Il flatte leur orgueil et les fait couronner.
Après avoir ainsi réglé les destinées
Des Puissances du Nord, il vole aux Pyrénées,
Et laisse en paix les bords du Danube et du Rhin,
Sous sa protection prend chaque Souverain.
L'empire universel étant tout ce qu'il brigue,
De ses confédérés il se forme une ligue,
Dans l'orgueilleux dessein de dompter l'univers,
Et de courber ses rois sous le poids de ses fers.

FIN DU LIVRE QUATRIÈME.

SOMMAIRE DU LIVRE V.

Suite du Traité de Tilsitt; Napoléon médite le projet d'envahir l'Espagne; troubles suscités dans ce royaume par le Prince de la Paix, premier Ministre, qui divise la famille royale pour favoriser les vues de l'usurpateur, dont il est le secret agent. Abdication de Charles IV, en faveur de Ferdinand VII, alors Prince des Asturies. Projet de mariage entre ce prince et une nièce de Bonaparte, fille de son frère Lucien; le tyran feint de souscrire à cet hymen, et s'empare de la Toscane qu'il avait concédée aux Princes de cette Maison, sous le titre de Royaume d'Etrurie, mais qu'il vient d'échanger par un traité secret, contre diverses provinces du Portugal, qu'il se dispose à vouloir conquérir; l'Espagne en fidèle alliée le seconde dans ce dessein hostile, livre passage à ses troupes. Mais Murat, Grand Duc de Berg, et le Prince Eugène alors Ambassadeur à Madrid, d'après leurs instructions, s'emparent de cette Capitale et de diverses places fortes; l'Espagne est envahie. Attentat commis sur la personne des Princes légitimes par l'usurpateur qui les attire à Bayonne et les fait prisonniers; il s'empare de la couronne des Espagnes, et la place sur la tête de son frère Joseph. Guerre funeste, et revers de nos armées combattant le fanatisme et les peuples insurgés; énergie de ces peuples pour venger leur roi, et résister à l'oppression.

LA BONAPARTIDE,

ou

LE NOUVEL ATTILA.

LIVRE CINQUIÈME.

Napoléon, monté sur son char de victoire,
Est au plus haut degré de sa frivole gloire ;
Il ne réfléchit pas l'éphémère géant,
Pour l'en précipiter qu'il ne faut qu'un instant ;
Qu'à son gré, des humains la Fortune se joue,
Qu'elle écrase l'Orgueil, s'il tombe sous sa roue.
Fier d'avoir, à son gré, de trois grands potentats
Dans sa course orageuse ébranlé les états,
A peine a-t-il au Nord assouvi sa furie,
Qu'il prétend ravager les champs de l'Ibérie.
Un Bourbon y régnait ; et son inimitié
S'étend sur ce bon roi, son fidèle allié.
Don Carlos, reconnu pour le meilleur des princes,
En père plus qu'en roi gouvernait ses provinces ;
Depuis vingt ans en paix dans ses heureux états,
A la France il prêtait son or et ses soldats :
Le Conquérant sans cesse en tirait des subsides :
Trente mille Espagnols, valeureux, intrépides,

Auxiliairement servaient sous ses drapeaux ;
En outre, Don Carlos lui prêtait ses vaisseaux,
Et voulait, avec lui faisant cause commune,
Disputer aux Anglais le trident de Neptune,
En resserrant les nœuds qui des deux nations
Unissaient sous *Destaing* les nobles pavillons.
Pour prix de tant de soins, ô crime ! ô perfidie !
Napoléon s'apprête à porter l'incendie
Dans le sein de l'Espagne, afin de l'envahir ;
Et la bonté de Charle invite à le trahir.
Tel un tigre en fureur, et que la faim tourmente,
Dévore, en rugissant, la main qui l'alimente ;
Tel on verra bientôt l'avide Usurpateur
Détruire le bienfait avec le bienfaiteur.
Pour accomplir le plan qu'en secret il propose
Au Sénat, dont toujours sa volonté dispose,
Il dit : « Qu'il ne pourra donner à ses sujets
» Une solide paix, qu'autant qu'à ses projets
» Les Bourbons ne seront plus capables de nuire. »
Un seul régnait encor ; il prétend le proscrire.
Tels sont ses vœux. Courbés sous son autorité,
Les membres de l'État, à l'unanimité,
En blâmant son dessein, sont forcés d'y souscrire ;
Plus d'un l'ose combattre, et hautement lui dire
Que si son plan fatal était exécuté,
Il allait mettre un terme à sa prospérité,
Compromettre son nom, sa fortune, sa gloire,
Et perdre tous les fruits cueillis par la victoire :
De tous ses généraux méprisant les avis
Et les sages conseils de ses meilleurs amis,

Se croyant au-dessus des plus grands Capitaines,
Et rejetant au loin leurs remontrances vaines,
Le Conseil, le Sénat, rien ne l'a détourné.
En trois mots, *je le veux, j'y suis déterminé,*
Il borne sa réponse; et dès lors il dispose
Les moyens de donner un prétexte à sa cause.
Lui-même il en connaît toute l'iniquité.
Mais injuste et cruel avec impunité,
Un prétexte suffit pour rendre légitimes
Tous les excès commis sur ses tristes victimes.
Rois, Princes et sujets, même ses Alliés,
En dépit des traités, ne sont point épargnés,
Quand il a dit, *je veux*, il n'est rien qui l'arrête,
Et Don Carlos ne peut éviter la tempête.
Loin des dissensions, les heureux Portugais
Commerçaient librement avec le peuple Anglais,
Et de Napoléon, bravaient en paix la rage;
Lisbonne fut pour lui la nouvelle Carthage
Qu'il feignit, sous son joug, de vouloir asservir;
Il invite l'Espagne alors à le servir,
Et sur son territoire il réclame passage.
Un refus bien formel était prudent et sage;
La saine politique, autant que la raison,
Devaient du Corse, alors craindre la trahison;
Mais le Roi Don Carlos, prince faible et crédule,
Allait aveuglément livrer la Péninsule.
Napoléon armé, ce dangereux rival,
A l'Espagne bientôt va devenir fatal;
A ses vœux tout conspire, et le Roi Charles quatre
Aime mieux lui céder que d'oser le combattre;

Murat, Grand Duc de Berg, s'avançant à grands pas,
Dirige vers le sud ses valeureux soldats.
Don Carlos se repent de trop de confiance,
Et s'aperçoit trop tard de son imprévoyance.
Par le fils adoptif de l'Empereur Français,
Et son Ambassadeur, Eugène Beauharnais,
Ferdinand sept, alors Prince des Asturies,
Qui se voyait en butte à mille perfidies,
Oubliant un moment qu'il est né d'un Bourbon,
Demande à s'allier au fier Napoléon. (2)
Son père, Charles quatre, approuvait l'hyménée
Qui devait de son fils régler la destinée,
Et du peuple Espagnol servant les intérêts,
Détourner, du Tyran, les infâmes projets.
De Lucien, son frère, une fille ignorée,
De son obscurité fut soudain retirée :
Censée issue alors du sang impérial,
Elle dut voir son front ceint du bandeau royal,
Et s'asseoir fièrement au trône de l'Ibère,
Que Ferdinand venait d'obtenir de son père. (2)
Mais quand, pour cet hymen, tout semble préparé,
Par Napoléon même, on le voit différé ;
En feignant d'y souscrire il part pour l'Italie,
Et, dans son court voyage, envahit l'Etrurie.

 Pendant ce temps, hélas! un lâche courtisan,
Du Tyran de l'Europe odieux partisan,
Le Prince de la Paix, ce vil agent du crime,
A l'ennemi des Rois vend son Roi légitime ;
Les Algarves promis à sa cupidité,
Doivent être le prix de sa déloyauté ; (4)

Ce traître à son pays, fut l'instrument servile
Qui sema la discorde et la guerre civile. (5)
Afin de soulever les esprits factieux,
Il répandit partout les bruits calomnieux
Que Ferdinand voulait, de la Couronne avide,
Pour l'obtenir plus tôt, commettre un parricide;
Que Don Carlos, d'un fils redoutant la fureur,
Et forcé d'abdiquer le sceptre en sa faveur,
Réclamait, au plus tôt, les secours de la France,
Afin de se soustraire à tant de violence.
Par un décret du Roi, Ferdinand arrêté,
Ne dut qu'à ses aveux sa mise en liberté. (6)
Le Prince de la Paix, afin de se soustraire
A la fureur du peuple, auquel il est contraire,
Use de son crédit pour calmer les esprits,
Et réconcilier le père avec le fils.
Don Carlos librement abdiquant la Couronne,
Mit solennellement Ferdinand sur le trône,
Et voulant de son peuple assurer les destins,
Crut, de Napoléon, déjouer les desseins;
Mais déjà les Français volent sur ses frontières,
Tiennent en leur pouvoir Pampelune et Figuières, (7)
Saint-Sébastien, Gironne; et cet affreux signal
Menace l'Ibérie avant le Portugal.
Ce prélude d'un plan si machiavélique,
Est fait pour alarmer la liberté publique;
Le peuple soupçonnant le Prince de la Paix
De trahir son pays, l'arrache à son palais,
Le plonge dans les fers, et la junte s'apprête
A lui faire payer son crime de sa tête.

On sait qu'il est l'auteur de ces traités secrets,
Qui, de Napoléon, servent les intérêts;
Que pour servir les siens, il trahissait les Princes,
Dans l'espoir d'obtenir une de leurs Provinces;
Ce traître envers son Dieu, sa Patrie et son Roi,
Allait être frappé du glaive de la loi;
Il ne dut qu'à Murat sa liberté, sa vie,
Qu'il traîne dans l'opprobre et dans l'ignominie,
Et favori d'un Roi, qui le croit innocent,
Le mépris qu'il inspire est son seul châtiment. (8)
Qui livre son pays, au tyran qui l'opprime,
S'honore, sans rougir, de trafiquer du crime.
Murat, feignant soudain de rétablir la paix,
Secondé, dans Madrid, d'Eugène Beauharnais,
Du Prince légitime affaiblit la puissance,
Et du peuple calmé gagne la confiance;
Enfin par les ressorts, que tous deux font mouvoir,
Barcelonne et Madrid tombent en leur pouvoir,
Quand, de Napoléon, un agent secondaire, (9)
Pour réconcilier le fils avec le père,
Leur annonce soudain ce puissant protecteur,
Qui vient, de leurs débats, être médiateur;
Ils suivent les conseils perfides qu'on leur donne;
Sur la foi des traités, se rendent à Bayonne;
Le Tyran les reçoit et les fait prisonniers!...
Illustres malheureux, serez-vous les derniers
Que, sans nulle pudeur, sa politique abuse?
Ses crimes inouis ne souffrent point d'excuse;
Princes, vous le savez, jamais aucuns traités
N'avaient été par lui jusqu'alors respectés.

Ennemi du repos, ennemi de lui-même,
Variant ses projets, sans changer de système,
Et par l'Ambition, sans relâche agité,
Du désir de s'accroître on le voit tourmenté ;
Chaque jour nouveau plan, chaque jour nouveau rêve,
Et l'Europe avec lui n'obtient ni paix, ni trêve ;
Même en dormant, souvent il dicte des décrets,
Qui détruisent tous ceux qu'en veillant il a faits,
Ou nouveau somnambule, en dormant, même il veille,
Pour faire tout le mal qu'il a rêvé la veille,
Et ne laisser aux Rois, sous son joug asservis,
Qu'un titre sans pouvoir, et des droits avilis.
Sans raison, sans justice, à ses sermens profane,
Eh ! ne venait-il pas d'envahir la Toscane ? (10)
Le traité de Tilsitt rendait l'usurpateur,
Du Continent d'Europe heureux dominateur ;
Mais la soif de régner, qui toujours le dévore,
Plus on veut l'assouvir, chez lui s'accroît encore ;
Tyran insatiable, ivre de sang, d'orgueil,
Il veut, du monde entier, faire un vaste cercueil.
De la rive Baltique, il vole aux bords du Tage,
Et croit, en foudroyant son paisible rivage,
Sous son sceptre de plomb courber le Portugal,
En enchaînant l'Espagne à son char triomphal.
C'est peu d'avoir conquis l'Autriche, l'Italie,
La Hollande, la Prusse, avec la Westphalie,
La Suisse, dont il dit être médiateur,
Confédéré le Rhin dont il est protecteur ;
Feignant d'être celui d'un Prince débonnaire
Qui réclame, en ce jour, son appui tutélaire,

L'Empereur des Français, le fier Napoléon,
Demande à Ferdinand son abdication.
De souscrire à ses vœux, le jeune roi refuse.
L'Usurpateur lui dit : « Prince l'on vous accuse
» D'être un enfant ingrat, cruel, dénaturé,
» Et contre votre sang hautement conjuré ;
» Toute usurpation ne peut que me déplaire ;
» Vous avez, pour régner, détrôné votre père ;
» Par mon Ambassadeur, je le mande à ma cour,
» Vous ne l'avez ici, précédé que d'un jour ;
» Je l'attends ; vous allez tous deux, en ma présence,
» Vous expliquer d'un fait d'aussi haute importance.
» La vertu, le devoir et la religion
» Devaient vous garantir de la rébellion ;
» Abjurez votre erreur, à l'instant je l'oublie,
» Avec un Père, un Roi, je vous réconcilie. »
  Don Carlos se présente, et l'infâme oppresseur
Le force, de son fils, d'être l'accusateur ;
Le Prince de la Paix, ce favori perfide,
Accuse aussi ce fils, de dessein parricide,
Et le Tyran lui dit, dans un fougueux transport,
« Allons, Prince, abdiquez, c'est la vie ou la mort! » (11)
L'assassin de d'Enghien est bien fait pour confondre,
Et qui tient à la vie, obéit sans répondre.
Le crime est le plus fort, il faut subir ses lois.
Ferdinand, pour ne point renoncer à ses droits,
Remet entre les mains de son auguste Père,
A la voix du Tyran, un sceptre héréditaire.
Napoléon, déjà certain de triompher,
Embrasse Charles quatre, et c'est pour l'étouffer.

Le fier libérateur de l'Europe asservie,
Dit qu'il veut, des Bourbons, bannir la dynastie,
Et pour légitimer son usurpation,
Il exige à son tour une abdication,
Non pas en sa faveur : protecteur de l'Ibère,
Il n'y veut point régner ; il y place son frère ;
Aussi loin que sa gloire il veut porter son nom,
Et que tous les vrais Rois, signent Napoléon ;
Quand le Roi des Rois parle, à ce qu'il veut prescrire
Un autre Roi proscrit est forcé de souscrire,
Et surtout quand il est captif et désarmé,
Sans espoir de secours, et se voit opprimé.
Victime d'une lâche et perfide surprise,
La Couronne, en leurs mains, par leurs aïeux transmise,
Est abdiquée enfin par le père et le fils ;
Le Tyran, satisfait, revole vers Paris.
Afin de mieux prouver aux regards de la terre,
Que cette cession d'Espagne est volontaire,
Il retient prisonniers ces Princes malheureux,
Et se montrant sensible autant que généreux,
Laisse cette famille, au milieu de la France,
Languir dans un état voisin de l'indigence. (12)

 Le Prince de la Paix, objet de ses mépris,
Reçoit, de ses forfaits, le juste et digne prix ;
C'est en vain qu'il attend une autre récompense,
Le Tyran ne veut plus l'admettre en sa présence ;
Un despote recherche et craint la trahison,
Il s'en sert prudemment, comme on fait du poison,
Dont l'usage est utile et qui peut nous détruire,
Lorsqu'il prend sur nos sens un dangereux empire.

Ce favori de Charle, en proie aux vains remords,
Près de son ancien maître, expie enfin ses torts ;
Après avoir perdu l'honneur et la fortune,
Il traîne auprès de lui sa misère importune.
  Mais l'affreux attentat, sur leurs Princes commis,
Des braves Espagnols soulève les esprits ;
La nouvelle par-tout en est bientôt semée,
Et la guerre civile en tous lieux allumée ;
Le fanatisme ardent, aveugle en ses fureurs,
De sa flamme funeste embrâse tous les cœurs ;
Au nom d'un Dieu de paix, des prêtres sanguinaires,
Promènent en tous lieux les torches funéraires,
Et couverts du manteau de la Religion,
Ils excitent le Peuple à l'insurrection :
Nobles et Plébéiens s'arment contre la France.
L'amour de la patrie et de l'indépendance,
Malgré notre valeur, malgré tous nos efforts,
Devait, dans leurs foyers, les rendre les plus forts.
Par nos exploits, l'Espagne avait su se convaincre
Qu'une nation libre est impossible à vaincre.
Lorsque l'on renversa le trône de Louis,
La France était en butte à différens partis ;
Au dehors, au dedans, de fureurs possédée,
De nombreux ennemis elle était obsédée ;
De l'Europe liguée, en vain les Souverains,
Pour combattre contre elle, avaient armé leurs mains;
Sans ordre, repoussant leur fureur menaçante,
Sur tous les points alors, on la vit triomphante ;
De nos soldats l'audace et l'intrépidité
Redoublaient à ces mots : *Patrie* et *Liberté.*

LIVRE V.

Ils ne prévoyaient pas, en brisant leurs entraves,
Qu'ils allaient devenir plus que jamais esclaves,
Et les fiers Espagnols, bien plus unis entre eux,
Devaient, à notre exemple, être victorieux :
Ils combattent aussi pour leur indépendance ;
Et notre liberté n'était que la licence.
Prêtres et Citoyens, Laboureurs, Magistrats,
Pour repousser nos coups, sont devenus soldats ;
Les femmes, au milieu des publiques alarmes,
Défendent leurs foyers menacés par nos armes ;
Sur leurs pieds chancelans, l'enfant et le vieillard,
A défaut d'un mousquet, demandent un poignard,
Et tournent contre nous leurs fureurs légitimes.
Des deux côtés, Bellone entasse ses victimes.
Anglais, Italiens, Espagnols et Français,
Commettent tour à tour les plus affreux excès ;
Ils portent en tous lieux le meurtre, le pillage,
Le viol, l'incendie ; et le peuple en sa rage,
Victime d'une lâche et noire trahison,
Pour se venger de nous, a recours au poison ;
L'onde en est imprégnée et se glisse en nos veines ; (13)
De cadavres Français, ils engraissent leurs plaines ;
Par-tout on s'entretue, et les champs de Cérès,
De moissons dépouillés, sont couverts de cyprès.
Au sein des factions, des guerres intestines,
Sur un trône sanglant, entouré de ruines,
On vit Joseph monter d'un pied mal affermi ;
Il est proclamé Roi de ce peuple ennemi.
Couronné dans Madrid, ce Roi, malgré lui-même,
De Naples, à Murat, remet le diadème,

Changeant des jours sereins en des jours orageux,
Regretant des sujets qui le rendaient heureux. (14)
De ce trône élevé sous de tristes auspices,
Il contemple à loisir les affreux précipices
Dont, par l'orgueil d'un frère, il se voit entouré ;
Et de soucis rongeurs, sans cesse dévoré,
Le malheureux Joseph, au fort de la tempête,
Voit la foudre en éclats, sillonner sur sa tête ;
Napoléon, lui-même, en redoute les traits,
Et ce vainqueur des Rois, ce Héros des Français,
Qui presse, mais trop tard, sa disgrâce fatale,
Regagne promptement sa Ville capitale,
Et sans cesse rêvant à des décrets nouveaux,
Commet sa gloire aux soins de ses grands généraux,
Ordonne de traiter, comme sujets rebelles,
Les braves Espagnols, à leurs Princes fidèles ; (15)
Il proscrit à la fois, et leur vie et leurs biens,
Et du corps social il rompt tous les liens.
La persécution enfante l'héroïsme :
Les Espagnols, guidés par le patriotisme,
Autant que par l'amour qu'ils avaient pour leur Roi,
Jurent de s'affranchir d'une barbare loi,
Et proclament partout ce serment redoutable,
Monument d'une haine irréconciliable :
« Français, dussions-nous tous expirer sous vos coups,
» Jamais Napoléon ne règnera sur nous ! (16)
» Esclaves d'un Tyran, dont le joug nous opprime,
» Cessez de vous armer pour défendre le crime ;
» Plus notre cause est juste, et plus nous sommes forts :
» La main du Tout-Puissant secondant nos efforts,

» Protégera nos biens ainsi que nos familles,
» Et vengera sur vous l'Espagne et les Castilles;
» Le Ciel combat pour nous, et notre bras vainqueur
» Vous frappera partout d'un glaive destructeur.
» Léguant à nos enfans la haine héréditaire
» Que doit, avec le lait, leur transmettre leur mère,
» Des derniers d'entre vous, les cadavres sanglans,
» En rougissant la terre, engraisseront nos champs.
» Au souvenir affreux de nos guerres civiles,
» Oui, nous voulons qu'un jour, dans nos climats fertiles,
» Le soc de la charrue et le fer des rateaux,
» En défrichant la terre, entr'ouvrent vos tombeaux. » (17)
Mais mon âme tressaille au tableau du carnage;
Des champs de la Vendée, il rappelle l'image,
Et mes pinceaux, trempés dans le sang des humains,
Sont tout prêts d'échapper de mes tremblantes mains;
Ce n'est plus la valeur, ce n'est plus le courage
Qui combattent ici: le désespoir, la rage
Détruisaient chaque jour les bataillons français,
Et nos revers toujours surpassaient nos succès.
Dupont, qui le premier, pénétra dans l'Espagne,
Éprouva des revers en ouvrant la campagne;
Ce guerrier, jusqu'alors, vainqueur en cent combats,
Commandait environ trente mille soldats;
Après quelques succès, vaincu par la disette,
Cerné de toutes parts, sans moyens de retraite,
Dupont, trop avancé pour pouvoir reculer,
Est contraint de se rendre et de capituler;
Héros dont la prudence égale le courage,
Tu vas être bientôt victime de la rage

D'un Despote cruel que rien n'a convaincu
Qu'en ses Généraux même, il puisse être *vaincu*. (18)
« Ce mot n'est pas français, dit le Corse, en colère : »
Il va le devenir dans cette affreuse guerre.
Elle est cruelle, injuste, et l'Espagne est l'écueil
Que Dieu veut opposer aux flots de son orgueil.
Frappé, dans ses soldats, par le courroux céleste,
Contre son Général, le sien se manifeste ;
Il l'accuse soudain de haute trahison.
Par son ordre, on l'arrête, on le traîne en prison.
Ce digne enfant de Mars, que la France révère,
Est promptement jugé par un Conseil de guerre,
Qui trouvant l'accusé, de tous points innocent,
N'osa souiller ses mains des traces de son sang.
Ce même tribunal, redoutant la vengeance
Du Tyran qui l'aurait accusé d'indulgence,
Juge le Général digne de châtiment,
Et pour mieux le soustraire au fier ressentiment
Du monstre couronné qui demandait sa vie,
Ne pouvant la proscrire au gré de son envie,
Au moins publiquement on voulut la flétrir,
Ou d'un voile plutôt il fallut la couvrir ;
Mais d'un Héros, pour qui la gloire eut tant de charmes,
Ce voile épais ne peut obscurcir les faits d'armes ;
Il ne peut seulement qu'en tempérer l'éclat.
Pour servir les fureurs de l'Empereur ingrat,
A se voir dégradé, l'opprimé se résigne.
De ses titres d'honneur on le déclare indigne, (19)
Ainsi que de servir jamais sous les drapeaux
Du moderne Attila, le plus grand des Héros.

Mais qu'aurait fait lui-même, en cette circonstance,
Ce Despote orgueilleux et rempli de jactance ?
Par une résistance, onéreuse à l'État,
Il eût sacrifié jusqu'au dernier soldat,
Et cachant sa défaite à la France alarmée,
Il serait accouru chercher une autre armée.
Faisant un lâche abus de l'absolu pouvoir,
On sait, pour l'obtenir, qu'il n'avait qu'à vouloir;
Le Sénat de Paris, comme celui de Rome,
Tremble devant un tigre honoré du nom d'homme;
Être humain, à ses yeux c'est être criminel.
Envers ses Généraux, injuste, ingrat, cruel,
Cessent-ils d'être heureux, il les trouve coupables,
Et de tous ses revers il les rend responsables.
Il est loin de prévoir, aveugle en ses excès,
Que l'Espagne va mettre un terme à ses succès.
Inondant ce pays de troupes aguerries,
Fières de leurs exploits, dans les dangers nourries,
De leur sang chaque jour ses nombreux bataillons,
Des champs de l'Ibérie inondent les sillons.
Ici le laboureur, conduisant sa charrue,
Voit un Français passer, prend son arme et le tue;
Enfin tous les hameaux, les cités, les chemins,
Pour frapper nos soldats, sont peuplés d'assassins.
Appuyé des secours de la fière Angleterre,
Qui seule s'enrichit des malheurs de la guerre,
Comment Napoléon pouvait-il se flatter
De vaincre l'Espagnol, surtout de le dompter?
Ne pouvant le soumettre, il voulut le détruire.
A ses transports livré, dans son affreux délire,

Il s'est détruit lui-même en suivant ses desseins,
Et dut sentir son sceptre, ébranlé dans ses mains.
Sur son trône d'airain, à mille traits en butte,
Cent messagers de mort lui présagent sa chute.
Augereau, Masséna, sont vaincus tour-à-tour, (20)
Et lorsque sur un point, nous triomphons un jour,
Du fanatisme ardent, les fureurs sacrilèges,
Sous les pas des Français, creusent d'horribles piéges.
Deux peuples, l'un par l'autre, au carnage excités,
Vont rendre, de Cérès, les dons ensanglantés.
Oui, bientôt tes épis, ô malheureuse Ibère,
Vont croître sur les corps moissonnés par la guerre !
Mais n'anticipons point sur les événemens
Qui vont sapper ici, jusqu'en ses fondemens,
Du Corse ambitieux la force colossale,
Et miner sourdement sa puissance infernale.
La nature est en deuil et la patrie en pleurs ;
Suspendons un moment la lyre des douleurs.

FIN DU LIVRE CINQUIÈME.

SOMMAIRE DU LIVRE VI.

Fʀᴀɴçᴏɪs II indigné, et justement effrayé de l'invasion des Espagnes, proteste contre cet attentat; l'Allemagne se soulève, et se refuse à marcher auxiliairement sous les drapeaux de l'usurpateur; elle se met en défense; Bonaparte, piqué d'un tel refus, dirige toutes ses forces contre elle, et la subjugue une seconde fois; les journées d'Essling et de Wagram en assurent la rapide conquête; mort du Maréchal Lannes, Duc de Montébello. Enlèvement de sa Sainteté Pie VII au Palais Quirinal, dans la nuit du 6 Juillet 1809, par les généraux Miollis et Radet; translation du Souverain Pontife, et sa captivité; dévouement des Cardinaux Despuig et Pacca, se disputant l'honneur de partager ses fers; le dernier obtient seul la faveur de l'accompagner. Arrivés à leur destination, le tyran les sépare; auguste résignation du Prince de l'Église, et sa noble résistance envers son oppresseur impie et sacrilége.

LA BONAPARTIDE,

OU

LE NOUVEL ATTILA.

LIVRE SIXIÈME.

Tel on voit, dans le sein de la nuit ténébreuse,
Un reptile étaler sa robe lumineuse;
Tout son frivole éclat fuit à l'aspect du jour
Dont l'aurore naissante annonce le retour;
L'étoile du tyran, à travers les ténèbres,
Pouvait nous éblouir de ses clartés funèbres,
Et lui-même, orgueilleux de sa fausse splendeur,
Croyait réaliser ses rêves de grandeur;
Mais la pâle Phœbé, d'ombres environnée,
A parcouru deux fois le cercle de l'année,
Depuis que le vainqueur qui veut tout asservir
Près des feux du Midi voit son astre pâlir;
Un présage effrayant à son âme craintive
Offre de son bonheur l'image fugitive :
La plupart des tyrans sont superstitieux,
Vains, injustes, cruels autant qu'ambitieux;
Espérant raffermir son trône qui chancelle
Et rappeler à lui la Fortune infidèle,

De ses confédérés il réclame l'appui;
Ils doivent tous marcher et combattre avec lui.
Mais François, tant de fois victime de sa rage,
Des braves Espagnols admirant le courage,
Se refuse à souscrire aux vœux de l'oppresseur
Qui d'un peuple vaillant fut l'injuste agresseur.
Le tyran effrayé de l'exemple sublime
Qu'offre aux yeux la vertu luttant contre le crime, (1)
Voit déjà l'Allemagne, en soulevant ses fers,
S'apprêter à venger les maux qu'elle a soufferts; (2)
A l'aspect du péril, prompt comme la pensée,
Il reporte la guerre à l'Autriche abaissée.
Charles à ses progrès veut s'opposer en vain;
Ses aigles, ses drapeaux transportés sur le Rhin,
De ce fleuve ont franchi l'impuissante barrière,
Et chassé l'ennemi du cœur de la Bavière
Que, sans trouver d'obstacle, il venait d'envahir,
Pour la paralyser et l'empêcher d'agir;
Car, par les nœuds du sang au conquérant unie, (3)
Elle devait marcher contre la Germanie.
Napoléon, vainqueur d'Ekmuhl et d'Abensberg,
A soumis Ratisbonne, il est près d'Ebersberg;
Dans sa marche rapide un héros le précède;
Sur un pont embrâsé le vaillant Claparède (4)
Combat, et de la Traun il a franchi les bords.
Avec son avant-garde il brave les efforts
D'une innombrable armée, et sa bouillante audace
De ces flots d'ennemis perce l'énorme masse :
Tel nous voyons souvent, au vaste sein des mers,
Le nautonnier luttant contre les flots amers,

Dans leur sein orageux se frayer un passage,
Et d'un front triomphant aborder le rivage.
Trente mille Germains à sept mille Français
N'ont pu fermer ici la route des succès ;
Claparède et les siens les battent, les renversent ;
Les uns sont prisonniers, les autres se dispersent ; (5)
Sur des corps expirans ce général vainqueur
Du château d'Ebersberg aborde la hauteur.
Les ponts sont rétablis : soudain toute l'armée
A le suivre au combat en est plus animée ;
Durosnel et Legrand, le brave Reggio,
Suivis des Ducs d'Istrie et de Montébello,
Viennent tous à l'envi, dans ces champs de carnage,
De ce nouveau Bayard seconder le courage. (6)
Ils franchissent le fleuve, et la flamme à la main,
Ils savent de l'assaut s'aplanir le chemin.
Dans ces climats, déjà théâtres de sa gloire,
Sous les drapeaux du Corse ils fixent la victoire ;
Et dans Vienne, vainqueur pour la seconde fois,
Il va dans le palais de l'auguste François
Rendre encor des décrets, et maître de son trône,
A des conditions il lui rend la couronne,
Et le fait renoncer aux titres souverains
D'Empereur d'Allemagne et de Roi des Romains. (7)
Mais d'Essling l'honorable et sanglante journée
De vingt mille guerriers trancha la destinée :
Les soldats du vainqueur, sur la terre étendus,
Égalaient aux regards le nombre des vaincus ;
Le Danube en mugit ; son onde sépulchrale
Arrête du tyran la marche triomphale ;

Contre ses agresseurs justement irrité,
Il sort en écumant de son lit dévasté, (8)
Mais il ne peut de Mars éteindre le tonnerre ;
Les airs sont ébranlés, le ciel tremble, et la terre
Voit l'onde se mêler au sang de nos héros
Que frappent à la fois deux élémens rivaux.
Le Corse, pour qui seul le carnage a des charmes,
Contemple ce tableau sans répandre de larmes,
Et ne calcule pas, dans ses sombres fureurs,
Ce qu'il coûte aux Français et de sang et de pleurs.
Son cœur, à la pitié toujours inaccessible,
Parut pourtant frappé d'une perte sensible :
Lannes, nommé par lui Duc de *Montébello*,
A le sort qu'eut Desaix aux champs de Marengo.
D'un coup mortel atteint, il finit sa carrière ;
Mais avant de fermer ses yeux à la lumière,
Il s'adresse au tyran qui lui tendait les bras :
« N'affecte pas, dit-il, de pleurer mon trépas,
» Tu blâmes dès long-tems la franchise importune
» D'un soldat qui suivit le char de ta fortune,
» Et condamna toujours tes barbares excès ; (9)
» Sur tes lauriers sanglans s'élève mon cyprès,
» Mais j'emporte au tombeau l'estime de l'armée
» Qui paraît, plus que toi, de ma perte alarmée ;
» Je suis pourtant sensible, autant que je le dois,
» Aux pleurs que tu répands pour la première fois ;
» J'expire sous tes yeux d'un trépas honorable :
» De quelqu'attachement si ton âme est capable,
» Tu ne peux de ma mort t'affliger à demi,
» Puisque *tu perds en moi ton plus fidèle ami;*

» Adieu, je meurs, dit-il, aux champs de la Victoire:
» Tomber sur des lauriers, c'est tomber avec gloire. »
En prononçant ces mots, le héros expira,
Et de justes regrets le tyran l'honora.
Après avoir donné quelques stériles larmes
Au brave qui mourait pour soutenir ses armes,
Il poursuit à Wagram le cours de ses exploits,
Et François est forcé de fléchir sous ses lois;
Mais ce n'est point assez; le conquérant barbare
Veut envahir encor les droits de la tiare,
Il ose tout enfreindre, et ce grand criminel,
Violateur des lois de la Terre et du Ciel,
Au Dieu de l'univers va déclarer la guerre,
Et l'insulter bientôt dans son premier vicaire.
Athée au front d'airain, le fier Napoléon
Par un nouveau forfait éternise son nom;
Tandis que dans le Nord sa fureur se signale,
A Rome il ourdissait une trame infernale.
De la Religion ce prétendu soutien
Allait faire enlever le Pontife chrétien;
Ce Prince de l'Église, à ses projets contraire,
Refusa dans Madrid de couronner son frère;
Il demandait pardon sans cesse à l'Éternel
D'avoir favorisé l'ennemi de l'Autel,
Et, croyant protéger l'Église gallicane,
Mis le bandeau des rois sur le front d'un profane.
Du vil usurpateur condamnant les excès,
Il redoute sa rage, il en craint les accès,
Non pour lui qu'il paya de tant d'ingratitude,
Mais pour l'Église, objet de son inquiétude;

Il abjure, en priant, une coupable erreur,
Et les Français, dans Rome, augmentent sa terreur;
L'olivier à la main, une troupe en furie
Envahit ses États ainsi que l'Ibérie;
Fuyant le Vatican, en vain sa Sainteté
Au Palais Quirinal cherche sa sûreté. (10)
Tout en dictant des lois à l'Europe soumise,
Napoléon aspire aux états de l'Église,
Et prétend abaisser le Pontife romain
Qui l'avait, dans Paris, couronné de sa main.
Pour le moment encor, ténébreux dans sa marche,
Il cache le projet d'être grand patriarche;
Mais jaloux d'allier le sceptre et l'encensoir,
Dans la chaire sacrée il brûlait de s'asseoir;
Et se disant de Dieu l'organe et l'interprète,
Ses disciples l'auraient proclamé son prophète.
Eh! ne le vit-on pas, arborant le turban,
En Égypte, jadis, professer l'alcoran? (11)
Or, comme au crime heureux tout semble être facile,
Il aurait, à son gré, corrigé l'Évangile,
Et se divinisant par son code infernal,
De *Jésus rédempteur* se serait dit l'égal.
Cependant ses succès au nord de l'Allemagne
Ne pouvaient compenser ses revers en Espagne,
Et pour suivre le cours de ses noirs attentats
C'était encor trop peu que ses nombreux soldats.
A défaut de la force, il employa la ruse
Pour commettre un forfait dont l'univers l'accuse,
Et s'emparer des droits du Pontife sacré,
De l'empire chrétien ministre révéré.

Violant sans respect le Capitole antique,
Rome allait succomber sous son joug despotique;
L'estimable Miollis, plein de gloire et d'honneur,
Était en ce moment de Rome gouverneur;
Forcé d'exécuter des ordres qu'il condamne,
Il en remet le soin dans les mains d'un profane :
Un François Bossola, voleur, traître, assassin,
Dirigea les Français contre son Souverain
Qui l'avait arraché par clémence au supplice
Dont allait le frapper le fer de la Justice.
Cet ingrat déhonté, ce François Bossola,
Joua dans cette nuit le rôle d'un Juda;
Déserteur récemment échappé des galères,
Il connaît le palais qu'il habitait naguères, (12)
En montre chaque issue, et sa coupable main
Aux factieux armés indique le chemin,
Et vers l'homme de Dieu, ce monstre abominable
Dirige impunément une horde exécrable
De sbires, vils agens du tyran des Français,
Et comme lui vendus à ses affreux projets.
Tous servent de leur chef la fureur sacrilége,
Trahissent leur patrie ainsi que le Saint-Siége;
Mais craignant que le jour éclairant leurs forfaits,
Le peuple ne s'oppose à leurs affreux excès,
Profitant de la nuit qui leur prête son ombre,
Ces traîtres, des Français viennent grossir le nombre,
Et de leurs généraux attendent le signal
Pour assiéger les murs du Palais-Quirinal.
De cette horrible nuit la paisible courrière
A ce crime inouï refusa sa lumière;

Le Pontife sacré, dans un calme trompeur,
D'un repos passager savourait la douceur.
On désarme sa garde, et d'infâmes cohortes
Violent son asile, en enfoncent les portes,
Entrent le fer en main, surprennent dans son lit
Le vicaire d'un dieu, qui, comme Jésus-Christ,
Dont sur la terre il est le ministre et l'image,
Se résigne à souffrir le plus sanglant outrage,
Et se voit, comme lui, par le crime insulté,
Et par les siens trahi, vendu, persécuté.
Des ordres du tyran l'organe et l'interprète,
Radet à les remplir au même instant s'apprête,
Dans les murs du palais entre victorieux ;
La voûte retentit de cris séditieux ;
Le père des chrétiens se présente à la porte,
Et de l'Impiété brave l'horrible escorte,
Avec deux Cardinaux, ses fidèles amis,
A partager son sort résignés et soumis :
» Pourquoi venir la nuit troubler mon domicile ?
» Que cherchez-vous, amis, dans ce pieux asile ?
Leur dit sa Sainteté, d'un ton majestueux,
Fait pour en imposer aux moins religieux.
Interdit à la voix du vieillard vénérable,
Le secondaire agent d'un monarque coupable,
Honteux d'être chargé d'un acte de rigueur,
Le général Radet répond avec douceur :
« Pontife du Très-Haut, pardonnez, je vous prie,
» L'Empereur des Français et le Roi d'Italie,
» Le grand Napoléon m'impose le devoir
» D'arracher de vos mains le temporel pouvoir ;

» A venir vous troubler son ordre m'autorise :
» Il vous faut renoncer aux États de l'Église ;
» Abdiquez tous vos droits à ses possessions,
» Et dans Rome restez à ces conditions. »
— « A mes sermens sacrés on veut que je renonce ;
» Jamais, dit le Pontife, et telle est ma réponse,
» Que d'abord je ne puis, je ne veux, ni ne dois
» De l'Église un moment abandonner les droits,
» Et pour les maintenir, Prince du Saint Empire,
» Je suis prêt à cueillir la palme du martyre. »
Radet, qui connaissait les dangers d'un refus,
Fait pour le décider des efforts superflus.
— « J'admire, lui dit-il, ce courage sublime ;
» Mais de votre vertu craignez d'être victime ;
» D'un monarque absolu telle est la volonté,
» Cédez, vous le devez, à la nécessité. »
— « La volonté du ciel est pour moi la plus forte,
» Sur elle croyez-vous que toute autre l'emporte ?
» De votre souverain je méconnais les lois,
» Je n'en reçois jamais que du vrai Roi des Rois ;
» Votre Empereur enfin, dont l'orgueil est extrême,
» Tient son pouvoir de moi, le mien vient de Dieu même ;
» Espère-t-il en moi détrôner l'Éternel ?
» L'Empire des chrétiens est le seul immortel ;
» On verra s'écrouler les trônes de la terre,
» Avant de renverser la chaire de Saint-Pierre. »
Le Général répond : « Ministre du Seigneur,
» Ce refus peut sur vous attirer le malheur ;
» L'Empereur à la fois vous aime et vous révère,
» Ne vous exposez pas aux traits de sa colère,

» Cédez-lui, croyez-moi, le pouvoir temporel,
» Et gardez en vos mains l'encensoir et l'autel :
» Par un tel sacrifice, offrez à ce monarque
» De votre déférence une nouvelle marque,
» Et vous en recevrez de ses bontés pour vous.
» Jusqu'ici j'ai recours aux moyens les plus doux ;
» Mais si vous persistez, mon Empereur m'ordonne
» De faire déporter votre sainte personne ;
» Cet ordre est de rigueur, ne lui résistez pas ;
» Ou dans l'instant sans bruit daignez suivre mes pas.»
Le Pontife chrétien, que ce discours attriste,
Réplique au Général : « J'ai dit et je persiste ;
» Le Vicaire de Dieu doit savoir aujourd'hui
» Par son humilité s'élever jusqu'à lui ;
» Je me livre en vos mains, à tout je me résigne. »
Puis montrant de la croix le vénérable signe
Il dit : « Puisque ce Dieu pour nous voulut mourir,
» Je dois au moins pour lui savoir vivre et souffrir ;
» Saint-Pierre m'a transmis ses droits et son exemple,
« Il a péri martyr et soutien de son temple ;
» Je saurai, digne en tout de mon prédécesseur,
» De l'Église romaine être le défenseur. »
C'est ainsi que parlait l'apôtre évangélique.
Rien ne put ébranler sa fermeté stoïque,
Et chaque spectateur étonné, confondu,
En silence admirait l'effet de la vertu
Qui gardant un front calme au milieu des orages,
Est semblable au soleil dissipant les nuages.
Radet ému, touché de ce pieux discours,
De ses instructions ne suit pas moins le cours.

« Saint-Père, lui dit-il, il faut avant une heure
» Que vous ayez quitté cette sainte demeure;
» Faites pour le départ vos dispositions,
» Ou daignez accéder aux propositions
» Que je vous fais au nom de l'Empereur mon maître ;
» L'étoile du matin qui commence à paraître,
» Bientôt sur l'horizon va ramener le jour ;
» Vous devez vous résoudre à quitter ce séjour.
» Avant que cette nuit ait fait place à l'aurore,
» Transigez, je vous prie ; il en est tems encore ;
» Vous n'avez qu'un instant, signez ! — Je ne le puis,
» Sans offenser le ciel ; mais allez je vous suis,
Répond au général le Pontife suprême,
D'un ton qui l'élevait à l'égal de Dieu même ;
« Le ciel est mon appui, je marche sous sa loi,
» Et que sa volonté s'accomplisse dans moi ; (15)
» Napoléon m'opprime, et c'est la récompense
» De mes bontés pour lui, de ma condescendance.
» Quand, cédant à ses vœux, j'ai quitté mon troupeau,
» Devais-je croire, hélas ! qu'il serait mon bourreau?
» J'ai commis une faute, il faut que je l'expie ;
» Si le bandeau des rois couvre son front impie,
» Cette main l'y plaça ; j'offensai l'Éternel,
» Quand j'allai couronner son orgueil criminel.
» Il prétend vainement renverser le Saint-Siége ;
» Si le ciel un moment permet un sacrilége,
» Sans doute il le permet pour ma punition,
» Et je dois m'immoler avec soumission :
» Mais Dieu renversera la couronne sanglante
» Du Tyran qui remplit le Monde d'épouvante.

» Eh! peut-il ignorer, cet orgueilleux mortel,
» Que son fragile empire est fondé sur l'autel?
» Victime en ce moment de sa coupable audace,
» Sa conduite envers moi prépare sa disgrâce;
» Son horrible attentat à mon autorité
» Arrêtera le cours de sa prospérité :
» Oui, Dieu me vengera d'une sanglante injure;
» Il punit, tôt ou tard, le crime et le parjure!
» Pourrait-il pardonner l'ingrat Napoléon
» D'outrager la nature et la religion?
» Cette religion plus belle et plus puissante,
» De ses noirs attentats sortira triomphante.
» Le Très-haut, qui long-tems lui prêta son appui,
» Lui retire son bras à compter d'aujourd'hui.
» Du plus grand des humains la gloire est périssable,
» Celle du Roi des Rois est la seule durable. »
En achevant ces mots, l'auguste et saint vieillard
Ajoute au général qui pressait son départ :
« O vous l'exécuteur de cet ordre barbare,
» A regret, mon cher fils, ici je vous déclare
» Que vous étant chargé de cette mission,
» Vous provoquez du Ciel la malédiction. »
— « Il en coûte à mon cœur, s'il faut que je le dise,
» Lui répondit Radet, je suis fils de l'Église;
» Mais tel est le devoir qu'on me force à remplir;
» Mes ordres sont précis, veuillez les accomplir;
» C'est assez différer, sans tarder davantage,
» Disposez promptement tout pour votre voyage,
» Et comptez sur les soins, les égards qui sont dus
» A votre rang auguste ainsi qu'à vos vertus. »

Les Cardinaux Pacca, Despuig, dans les alarmes,
De la tendre amitié lui prodiguent les charmes,
Du Pontife sacré qu'ils voyaient en péril
Prétendent partager le malheur et l'exil;
S'offrent d'accompagner cette illustre victime,
Et par un dévouement noble, rare, sublime,
Et qui fait à leurs noms un immortel honneur,
Espèrent de son sort adoucir la rigueur.
Un seul peut obtenir cette faveur insigne,
Et c'est à qui des deux s'en montre le plus digne;
Mais Pacca, d'après l'ordre, est enfin préféré.
Le Cardinal Despuig, le cœur gros et navré,
Forcé d'abandonner le pasteur qu'il révère,
Ose envier le sort de Pacca son confrère;
Il est permis ainsi de se montrer jaloux :
Tous les deux du Pontife embrassent les genoux;
Ce dernier les relève et sur son sein les presse,
Les bénit, leur témoigne une égale tendresse:
Plus de ses bras divins on les veut arracher,
Plus de son cœur tous deux semblent se rapprocher;
Tel on voit à l'ormeau que s'attache le lierre,
Leurs bras entrelacés pressent le saint vicaire;
Pie adresse à Despuig ces mots religieux :
« Demeurez, il le faut, et soyez en ces lieux
» L'objet de mes regrets et de mes espérances;
» Rassurez, de ma part, toutes les Éminences;
» Qu'elles soient avec vous de robustes ormeaux
» Qui sur les vrais chrétiens étendant leurs rameaux,
» Puissent mettre en tout tems sous leurs sacrés ombrages
» Les troupeaux de l'Église à couvert des orages. »

7

Despuig, par des regrets, signalant ses adieux,
Les sanglots dans la bouche et les pleurs dans les yeux,
Retourne en ses foyers conduit par des gendarmes,
Et donne un libre cours à ses pieuses larmes. (16)
Radet dispose, ordonne, et du sacré palais
Commet enfin la garde à des soldats français ;
Sa Sainteté bientôt en va franchir la porte,
Avec le Général suivi de son escorte;
Elle adresse en passant ces mots consolateurs
A la foule des siens qu'elle voyait en pleurs :
« Calmez votre douleur et dissipez les craintes
» Dont pour moi votre cœur éprouve les atteintes :
» Dieu me prend, mes amis, sous sa protection ;
» Recevez de ma main sa bénédiction.
» Je marche sous sa garde, et sa bonté, j'espère,
» Dans des jours plus heureux vous rendra votre père.
» Ce dieu veut m'éprouver... Adieu, séparons nous ;
» Si son premier pasteur doit s'éloigner de vous,
» C'est que de nos destins cet arbitre suprême
» Du soin de son troupeau doit se charger lui-même. »
Chacun d'eux se prosterne à ce discours pieux,
Et baisse, en l'écoutant, un front religieux.
Du serviteur de Dieu, les serviteurs fidèles
Lui donnent à l'envi mille preuves nouvelles
D'amour, de dévouement, de zèle et de respect.
L'intérêt qu'il inspire, à Radet est suspect ;
Il en voit le danger, et presse davantage
Le Prince de l'Église à se mettre en voyage.
Il craint que l'ascendant de la religion
N'excite tout le peuple à l'insurrection,

Et voulant éviter la publique tempête
Que cette scène peut amasser sur sa tête :
« L'heure sonne, dit-il, il faut quitter ces lieux,
» Pontife, et terminer de pénibles adieux ;
» A mes vœux maintenant il est tems de souscrire. »
Soumis à cet arrêt qu'on vient de lui prescrire,
« Partons, dit à Radet, le Pontife chrétien ;
» Faites votre devoir, moi j'ai rempli le mien ;
» Me voilà, mon cher fils, en vos mains je me livre ;
» Disposez de mon sort, je suis prêt à vous suivre. »
Le Général donnant le signal du départ,
Un char s'offre à ses yeux, Pie y monte, l'on part.
Le vertueux Pacca, cet ami plein de zèle,
Est de sa Sainteté le compagnon fidèle.
De rapides coursiers aussi prompts que les vents,
Tel que le cerf franchit les monts et les torrens,
De leurs jarrets nerveux s'élançant dans l'espace,
A peine de la terre effleurent la surface, (17)
Et lorsque le soleil vint commencer son cours,
Rome, ses monumens et ses superbes tours,
Étaient, grâce aux agens d'un monstre diabolique,
Déjà loin des regards du Prince apostolique.
Chargé de le conduire et de le surveiller,
Radet ne quitta point l'auguste prisonnier ;
Dans sa course rapide, il dirigea lui-même
Le char qui recelait le Pontife suprême,
En ferma la portière, et de sa propre main
Du fer de l'esclavage il la scella soudain. (18)
Le cortège prenait la route de Florence,
Quand tout-à-coup Miollis, guidé par l'espérance

De pouvoir obtenir l'aveu qu'il désirait,
Aux murs de Ponte-Molle arrive comme un trait ;
Il arrête l'escorte, approche du Saint-Père,
Lui renouvelle alors lui-même la prière
De vouloir renoncer au temporel pouvoir,
Et de le dispenser d'un pénible devoir.
Le Pontife répond : « J'ai dit et je persiste. »
Le Gouverneur de Rome avec douceur insiste.
Pie enfin dit : « Perdez tout espoir de succès,
» Vos instances sur moi n'auront aucun accès,
» Je suis prêt à souffrir la mort ou l'esclavage,
» Mais rien ne peut au monde amollir mon courage ;
» J'ai juré devant Dieu de veiller constamment
» Aux droits de son Église, et tiendrai mon serment. »
Miollis est confondu, se tait et se retire ;
Il gémit d'un refus qu'en secret il admire,
Il applaudit tout bas ce courage divin,
Puis ordonne à Radet de suivre son chemin.
Ce dernier obéit, et le saint personnage
Continuant le cours d'un pénible voyage,
Aux champs de la Toscane arrive en peu de jours ;
Du Cardinal Pacca les soins et les secours
Lui firent supporter ses maux avec constance,
Et du poids de ses fers calmèrent la souffrance.
Bientôt par l'ordre exprès du Tyran furieux,
Aux rives de la France on les conduit tous deux ;
Et cet ordre cruel exige qu'on sépare
Du vicaire de Dieu l'ami fidèle et rare,
Qui voulut de son sort supporter la rigueur,
Partager son exil, adoucir son malheur ;

Le vertueux Paccà qui, s'oubliant lui-même,
Ne souffre point pour lui, mais pour le chef qu'il aime.
Ces deux troncs révérés de l'empire chrétien
Se prêtent l'un à l'autre un mutuel soutien.
Sur eux semblent fondés tous les droits de l'Église,
Et pour les affaiblir le tyran les divise. (19)
Mais efforts superflus!... l'arbre religieux
S'incline avec respect sous la voûte des cieux,
Et son humilité verra tomber la foudre
Sur le chêne orgueilleux qu'elle réduit en poudre.
Le Pontife isolé, dans sa captivité,
A conservé sa force avec sa dignité ;
Le privant d'un appui, Napoléon espère
Par les soins, les égards, amener le Saint-Père
A céder à ses vœux ; il n'y peut réussir.
Pour vaincre sa rigueur, ou du moins la fléchir,
Il change de conduite, et fait avec audace
A la douceur bientôt succéder la menace ;
Mais il menace en vain ; son impuissant courroux
Sur le vieillard sacré n'ose lancer ses coups ;
Un Dieu retient son bras, il se borne à l'outrage ;
Pour ses desseins futurs encore il le ménage,
Et l'envoie à Savonne avec impiété
Pour languir dans les fers et dans l'adversité.
Il sut les honorer, son courage sublime
Sur un trône usurpé vit frissonner le crime.
Sous le poids des revers bien loin d'être abattu,
Il puise de la force au sein de la vertu,
Offre son âme à Dieu, sa liberté, sa vie,
Et ne transige point avec la tyrannie.

FIN DU LIVRE SIXIÈME.

SOMMAIRE DU LIVRE VII.

Nouveau Traité de Paix avec l'Allemagne ; divorce de Napoléon, son mariage avec la Princesse Marie-Louise, Archiduchesse d'Autriche. La Discorde va trouver l'Ambition, et l'engage à ne pas abandonner l'usurpateur, à le tourmenter jusque dans son sommeil, en rallumant dans son cœur la soif des conquêtes. Cette dernière obéit, et sous les traits de la Gloire, apparaît au Tyran qu'elle enflamme d'une fureur nouvelle; elle lui prédit la naissance d'un héritier qui sera proclamé Roi de Rome, et l'excite à poursuivre la guerre en Espagne et en Portugal, continuité de revers éprouvés par les Français dans ces climats. Vœu de l'auteur, pour la restauration de la marine française, si long-temps négligée par le Dominateur du Continent.

LA BONAPARTIDE,

ou

LE NOUVEL ATTILA.

LIVRE SEPTIÈME.

Tandis que des Français le Tyran redouté
Tient le sacré Pontife en ses fers arrêté,
Qu'il s'empare de Rome et des rives du Tibre,
Le Danube en son cours a cessé d'être libre.
De l'orgueilleux vainqueur, les étonnans succès
Ouvrent un champ plus vaste à ses affreux projets ;
Fier d'avoir asservi sous son joug tyrannique
Une seconde fois l'Empire Germanique,
A son gré, de la paix, il dicte les accords,
Et de sa politique étendant les ressorts,
Il laisse aux Rois vaincus une ombre de puissance,
Et croit les enchaîner par la reconnaissance,
En traitant avec eux, sous la condition,
Qu'ils fermeront leurs ports aux enfans d'Albion.
Ennemi des Anglais, il veut au moins leur nuire,
Détruire leur commerce afin de les réduire
A la nécessité de demander la paix,
La paix universelle, où tendent ses souhaits ;

Et pour la conquérir il déclare la guerre
A tous les Potentats amis de l'Angleterre.
Le Nord cède à ses vœux, et l'auguste François
Se voit encor forcé de fléchir sous ses lois.
Pour sceller le traité qui le réconcilie
Avec le Souverain qu'il abaisse, humilie,
Par les nœuds les plus saints il prétend se lier :
Au pur sang des Césars le sien veut s'allier,
Et pour mieux illustrer son obscure famille,
Du vrai Roi des Romains il demande la fille. (1)
Si François le refuse il se voit détrôné ;
Ce Monarque tremblant, du sort abandonné,
Accorde à son vainqueur l'auguste Archiduchesse,
Brillante de vertus, de grâces, de jeunesse ;
Louise, digne en tout, d'un plus doux avenir,
Au Tyran de son père, avant peu doit s'unir.
Le Danube en courroux, dans son urne profonde,
Murmure d'un hymen qui fait horreur au monde ;
Mais quand sa Souveraine à ce lien souscrit,
Pour la seconde fois à la Seine il s'unit. (2)
L'aimable Archiduchesse enfin se sacrifie
Au salut de son père, au bien de la patrie ; (3)
Mais l'Empereur Français, lié par d'autres nœuds,
A recours, pour les rompre, au divorce honteux, (4)
Il recherche l'aveu du chef de notre église,
Pour l'afficher aux yeux de l'Europe surprise.
Le Pontife à ses vœux se refuse soudain :
Il brave le Pontife, et suivant son dessein,
Il répudie enfin son épouse première
Qui ne lui peut offrir les douceurs d'être père.

Ce monstre couronné, fécond en cruauté,
Voudrait se voir renaître en sa postérité ;
Il prétend propager sa criminelle race,
Avoir des successeurs qui marchent sur sa trace,
Loin de vouloir tarir la source de nos maux,
Puissent nous en créer chaque jour de nouveaux,
Et portant en tous lieux le ravage et la guerre,
A son exemple, un jour, ensanglanter la terre :
Tels sont les vœux secrets du fier Napoléon,
Qui prétend illustrer la gloire de son nom.
Tel jadis Alexandre, en héros magnanime,
Honora de Porus le courage sublime,
Et le traitant en Roi, digne de sa valeur,
Lui rendit ses États, dont il était vainqueur ;
Ainsi, pour signaler sa grandeur infinie,
D'une ombre de vertu couvrant sa tyrannie,
Napoléon remet à l'Empereur François,
Sur le peuple Germain, son Empire et ses droits.
Il veut, par un hymen, du plus heureux présage,
Asseoir sa dynastie et son nom d'âge en âge,
Et faire dire un jour « Napoléon-le-Grand,
» N'est pas moins généreux qu'illustre conquérant ;
» Il n'a point de modèle, il servira d'exemple ;
» Ce Souverain des Rois, que l'univers contemple,
» Éleva jusqu'à lui la fille des César,
» Qu'il avait, en esclave, enchaînée à son char ;
» Il lui fit partager sa puissance suprême ;
» A son père, deux fois, remit le Diadême,
» Et tout couvert du sang de ses peuples vaincus,
» Il cacha ses forfaits dans le sein des vertus. »

Tout se prépare enfin pour ce grand hyménée,
Qui doit, du Continent, fixer la destinée ;
Et les confédérés, Monarques alliés
Du Conquérant du Nord, s'y trouvent conviés.
Le Louvre les admet sous ses voûtes antiques
Dont il venait de faire agrandir les portiques,
Afin de recevoir ces petits souverains,
Esclaves couronnés, vendus à ses desseins.
De cet auguste hymen, la pompe triomphale
Veut qu'ici, de nouveau, son orgueil se signale ;
Paris lui doit encor ses embellissemens ;
Il éleva parmi de pompeux monumens,
Ce trophée attestant tous nos faits héroïques,
Qui couvre de lauriers nos malheurs domestiques,
Où sur l'airain, conquis par l'ennemi des Rois,
Sont gravés, des Français, les immortels exploits. (5)
Avec le Nord enfin la guerre est terminée ;
La France en sera-t-elle, hélas, plus fortunée ?
Rome, Vienne, Paris, s'unissant désormais,
Retentissent des chants et d'hymen, et de paix ;
L'Autriche, par ces nœuds, rattachée à la France,
Acquiert, donne et reçoit un degré d'importance ;
Leurs Souverains unis par les liens du sang,
Doivent, sur leurs rivaux, prenant le premier rang,
Courir même fortune, et confondant leur gloire,
Enchaîner la Discorde au char de la Victoire,
Et se prêtant sans cesse un mutuel soutien,
Étendre de la paix le fortuné lien.
Hélas, on se flattait d'une vaine espérance !
Napoléon, jaloux d'étendre sa puissance,

De l'hymen, détruisait et relevait l'autel,
Afin de parvenir au trône universel.
Ce mortel téméraire, à la sœur d'Alexandre,
Aux regards de l'Europe, avait osé prétendre;
Mais de Pierre-le-Grand, le petit fils rejette
D'un vil ambitieux, la demande indiscrète :
Dès lors l'usurpateur, humilié, confus,
Jura de le punir d'un superbe refus,
Et pour exécuter ses projets de vengeance,
De l'Autriche aussitôt il brigua l'alliance,
Dans l'espoir de la voir, secondant ses desseins,
L'aider à conquérir les autres Souverains.
Tel on voit le soleil au plus haut de sa course,
Des portes de l'aurore au ciel glacé de l'ourse,
Majestueusement étendre ses rayons,
Le Tyran veut briller aux yeux des Nations;
Et lui-même, ébloui de sa frivole gloire,
Croit sans cesse voler de victoire en victoire;
Dans son féroce orgueil, ce monstre couronné
Voudrait voir l'univers à ses pieds prosterné,
Lorsque de toutes parts la foudre l'environne,
Frappant les vains lauriers dont son front se couronne.
Avant peu, le vainqueur du Danube et du Rhin
Sera précipité de son trône d'airain;
Mais de sa chûte encor, l'heure n'est point venue,
L'Europe en sa faveur est toujours prévenue,
Et va le voir monter au faîte des gradeurs,
Quand il doit, du néant, sonder les profondeurs,
Sur ce Trône usurpé, placé sur des abîmes,
Et scellé par le sang d'innombrables victimes,

Sans prévoir le danger, ce mortel insensé,
Menace l'univers, contre lui courroucé ;
Il ne présume pas que sa chûte est prochaine,
Qu'il en hâte l'instant, et que son poids l'entraîne :
Plus il va s'élever, et plus, n'en doutons pas,
Ce colosse, en tombant, doit faire de fracas.
Du Dieu qui régit tout, la sagesse profonde,
Doit, en l'exterminant, rendre la paix au monde.
Tel sur le mont Liban, le cèdre audacieux,
Semble d'un front superbe escalader les cieux ;
Il attire les vents, il provoque la foudre ;
Elle sillonne, éclate..... il est réduit en poudre ;
Ainsi Napoléon bientôt succombera ;
Sous son vrai point de vue alors il paraîtra,
Et ce géant, malgré sa vaine renommée,
A nos yeux dessillés ne sera qu'un pygmée.
Pour le moment encor laissons-le s'étourdir
Et s'élever bien haut en croyant se grandir.

 Louise est des Français Impératrice et Reine ;
Vainement le Danube et les flots de la Seine
Aux rives du vieux Tibre, ont marié leurs eaux ;
Ils n'ont pu, de la guerre, éteindre les flambeaux.
Ceux d'hymen, allumés sous de fâcheux auspices,
Ne peuvent, à nos vœux, rendre les Dieux propices ;
Ils brillaient d'un feu pâle, obscur et languissant,
Et devaient, avant peu, s'éteindre dans le sang.
La Rage, la Vengeance, et la Haine implacable,
De l'affreuse Discorde, élite redoutable,
Cherchent l'Ambition qui planait dans les airs,
Et prête à retomber au séjour des enfers :

Vers elle la Fureur, la Cruauté, les guide,
Ils l'entourent bientôt de leur troupe homicide ;
La Discorde lui dit, agitant ses serpens,
Ces mots, interrompus par d'affreux sifflemens :
« Funeste Ambition, mère de tant de crimes,
» Es-tu lasse, dis-moi, de faire des victimes,
» De te nourrir de sang, de t'abreuver de pleurs ?
» Toi, qui jusqu'à ce jour, as servi mes fureurs,
» Souffriras-tu que Mars, déposant son tonnerre,
» Éteigne dans mes mains les foudres de la guerre,
» Que les nœuds de l'amour et que ceux de l'hymen
» Enchaînent l'ennemi de tout le genre humain ?
» Quoi, le fils de Vénus t'enlèverait ta proie,
» Et notre désespoir ferait naître sa joie !
» Non, non, l'usurpateur par toi seule inspiré,
» Doit, de ton souffle impur, être un jour dévoré.
» Si son cœur t'est fermé, nous perdons notre empire,
» Il conserve le sien, l'humanité respire,
» Et la Paix, sous nos yeux, relevant ses autels,
» Nous chasse pour jamais du séjour des mortels.
» Tremblons que le vainqueur, à son char nous enchaîne ;
» Vas le trouver, lui dit, la Discorde inhumaine,
» Que mon flambeau succède à celui de l'hymen,
» Et puisse de son cœur te r'ouvrir le chemin.
» Jusqu'ici le trompant sous les traits de la Gloire,
» Tu l'as toujours conduit de victoire en victoire ;
» Trompe-le de nouveau ; qu'il prenne, dans ce jour,
» Le bandeau de l'Erreur pour celui de l'Amour ;
» Qu'il suive le penchant où son destin l'entraîne ;
» Pour arriver plutôt, prends le char de la Haine,

» Elle veille toujours ; cours, sers notre courroux,
» Et si nous succombons, qu'il succombe avec nous. »
　　L'Ambition, prenant son attitude fière,
Dans un char teint de sang, avec son aigle altière,
S'élance dans la nue, et traversant les airs,
Aussi rapidement que le feu des éclairs,
Vole à Paris ; du Louvre elle franchit la porte ;
L'Amour, à son aspect, fuit avec son escorte ;
La Paix en est troublée, et l'hymen alarmé,
Craint déjà pour le nœud que sa main a formé.
De la Gloire, empruntant le céleste visage,
Au Héros, elle tient ce superbe langage :
　　« O toi, qu'ont signalé tant de faits glorieux !
» Toi, dont j'ai couronné le front victorieux !
» Toi, qui me dois enfin le succès de tes armes,
» Mes lauriers, à tes yeux, n'offrent-ils plus de charmes?
» Qui peut, de tes exploits, interrompre le cours ?
» Ton sort est de combattre et triompher toujours.
» De l'indomptable Mars, la redoutable épée,
» Peut seule maintenir ta couronne usurpée ;
» Toi que j'ai surnommé le plus grand des Héros,
» Veux-tu voir, languissant dans un lâche repos,
» Dissiper comme une ombre, une vaine fumée,
» Les faveurs de la Gloire et de la Renommée ?
» Ingrat ! de l'univers je t'ai rendu l'effroi,
» Qu'est devenu l'amour qui t'embrâsait pour moi ?
» Qu'aux accens de ma voix renaisse ton courage !
» Viens, il est temps, crois moi, d'achever ton ouvrage;
» Il ne te reste plus d'ennemis, que l'Anglais,
» Qui, sur le Continent, s'oppose à tes projets.

» Si tu veux de l'Espagne achever la conquête,
» Il faut, du Portugal, opérer la défaite.
» L'intrépide Junot, ce valeureux Français,
» Pour la seconde fois peut t'en r'ouvrir l'accès. (6)
» Les soldats de vingt Rois, appuis de ta couronne,
» Vont t'aider à rentrer dans les murs de Lisbonne.
» Suis moi, maître une fois de ces riches climats,
» Les succès vont partout accompagner tes pas.
» Tu n'as conquis encor que la moitié du monde ;
» De Mars, mon favori, quand le bras te seconde,
» Quand il t'a, de mon temple, aplani le chemin,
» Esclave de l'Amour, esclave de l'Hymen,
» On te voit négliger ton amante première,
» Celle qui t'a tiré du sein de la poussière,
» Qui t'a rendu vainqueur, et qui prétend encor
» Guider ton aigle altière en son rapide essor.
» Le temps presse, marchons ; à tes drapeaux fidèle,
» La Victoire suivra la Gloire qui t'appelle,
» Et joignant mes lauriers aux myrtes de Vénus,
» Nous fermerons alors le temple de Janus.
» Son portique, scellé de nos mains triomphantes,
» Recevra, des vaincus, les dépouilles sanglantes,
» A tes pieds prosternés, tes derniers ennemis
» T'offriront les tributs de l'univers soumis.
» Tel que l'astre du jour, parcourant sa carrière,
» Répand partout les traits de sa vive lumière,
» De l'aurore au couchant, ton front victorieux
» Va répandre l'éclat de tes faits glorieux :
» Bientôt un héritier de ta grandeur suprême
» Naîtra de ton hymen, et de ton diadème

» Encore chancelant, affermira les droits.
» Légitime les siens par de nouveaux exploits ;
» Viens fixer les destins du monde et de la France.
» Que du nouveau César, le fils, dès sa naissance,
» Règne aux murs qu'ont fondé Rémus et Romulus ;
» Que le fils de Trajan soit un autre Titus.
» Mars, Vénus et l'hymen, à tes vœux tout conspire;
» Mais moi seule je puis accroître ton empire,
» Et ranger l'univers avant peu sous tes lois ;
» Achevons, il est temps, de vaincre tous les Rois. »
 Ainsi l'Ambition, avide et sanguinaire,
Parlait à l'ennemi des Princes de la terre.
Il la prend pour la Gloire, et par elle enivré,
D'une fureur nouvelle il se sent inspiré.
A peine a-t-il du Nord terminé la campagne,
Qu'il prétend achever de conquérir l'Espagne,
Et pour exécuter son plan continental,
Il tourne tous ses vœux contre le Portugal,
Et dirige sur lui les forces combinées
Des Puissances qu'il tient sous son joug enchaînées ;
Mais vainement il arme un peuple de soldats
Aguerris, jusqu'alors, vainqueurs en cent combats.
Français, Napolitains, Allemands, tout succombe ;
La plus vaillante armée y trouve enfin sa tombe ;
Par la soif et la faim, les uns sont moissonnés,
Les autres, sous le fer, tombent assassinés ;
La plupart des Français y périt sans combattre,
Et contre le besoin ils ont à se débattre ;
Leur gloire les précède en ces tristes climats,
On connaît leur valeur, tout fuit devant leurs pas.

De l'airain belliqueux, les échos retentissent,
L'air en mugit au loin, les fleuves en gémissent :
Cédant au premier choc, Anglais et Portugais
Tombent de toutes parts sous les coups des Français.
Voyant que les dangers pour eux se multiplient,
Auprès de Wellington leurs troupes se rallient,
Et rassemblant en vain leurs bataillons épars,
Lisbonne, sous nos coups, voit tomber ses remparts.
Ces préludes certains, garans de la victoire,
Sont, par nos détracteurs, contestés dans l'histoire :
Ils n'en sont pas moins vrais. Mais bientôt affaiblis,
Par des revers plus forts que nos fiers ennemis,
L'Anglais rentre en vainqueur dans les murs de Lisbonne.
La foule des dangers croît et nous environne;
Les Français, à leur tour, vaincus, découragés,
De besoins renaissans se trouvent assiégés ;
Ils ne trouvent partout qu'un sol brûlant, stérile.
Le laboureur tremblant a quitté son asile,
Et porté promptement dans le camp des Anglais,
Les trésors de Pomone et les dons de Cérès.
L'aigle dévoratrice, et de sang altérée,
Par la faim elle-même est bientôt dévorée ;
Elle parcourt en vain ce pays dévasté,
Rien ne se vient offrir à sa voracité ;
Les hôtes des forêts, le peuple volatile,
La brebis et l'agneau, l'insecte et le reptile,
Tout cherche une retraite et se met à l'abri
De l'oiseau destructeur dont on entend le cri.
De même Wellington, qui redoute la rage
De soldats affamés, avides de pillage,

8

Et qui, de leur fureur veut arrêter le cours,
Leur ôte, en ces climats, tout moyen de secours ;
Il connaît des Français, le courage invincible,
Et pour leur rendre enfin, la victoire impossible,
Il cède le terrain, et ne combat jamais
Que lorsqu'il est certain d'obtenir des succès ;
Et ce nouveau Turenne, offre au siècle où nous sommes,
Un rare et grand exemple au destructeur des hommes ;
Père de ses soldats il les fait retrancher
Sur un fort escarpé, dans les flancs d'un rocher.
Sans perte, repoussant notre élite indomptable,
Il sait, à nos assauts, se rendre inabordable,
Et ménage toujours le sang de ses guerriers.
Tel est l'art de cueillir d'honorables lauriers.
Masséna, surnommé l'enfant de la victoire,
Devant ce Général, vit échouer sa gloire,
Lui, qui de Suwarow, ce farouche vainqueur,
Dans les champs de Zurick, enchaîna la valeur,
Trouvant dans Wellington un savant adversaire,
Et son maître dans l'art de bien faire la guerre,
Opère sa retraite, et cède à son rival
Un pays, à la France, à ses armes fatal.
Mais Masséna, ta gloire en rien ne fut ternie :
Sans honte la valeur peut céder au génie ;
Mille piéges cachés, par de secrets ressorts,
En les paralysant, rendaient nuls tes efforts ;
Tes soldats égarés dans des sentiers funèbres,
Marchaient confusément à travers les ténèbres :
Comme un fanal, au loin, apparaît Wellington,
L'aigle française, alors encore jeune aiglon,

Semblable au papillon, accourt à sa lumière,
Et cherche vainement à franchir la barrière
Qui s'oppose à son but; à peine elle l'atteint,
Que son aile est brûlée, et le flambeau s'éteint.
Ainsi qu'aux murs troyens, l'invulnérable Achille
Sut repousser d'Hector la valeur inutile;
Le Héros d'Albion ne peut s'enorgueillir
Des faciles lauriers que sa main sut cueillir;
On le vit, sans danger, opérer la défaite
Des Français affaiblis, vaincus par la disette.
Que pouvait, Masséna, ton courage indompté,
Dans un pays désert, justement révolté?
Tes soldats combattaient une armée invincible,
Qui savait, à tes coups, se rendre inaccessible,
Et fuyant à l'aspect des étendards Français,
Se faisait un rempart du peuple Portugais;
De ce peuple crédule, en embrassant la cause,
L'Anglais le sacrifie, et rarement s'expose;
Ménageant ses guerriers, il prodigue son or;
Des maux du Continent il grossit son trésor;
Et fier de posséder le Trident de Neptune,
Confie à l'Océan le soin de sa fortune. (7)
Cependant avant peu, Wellington prouvera,
En repoussant nos coups, près de Talaveira,
Qu'il sait, aux champs de Mars, disputer la victoire :
Triompher de Victor, est un titre à la gloire. (8)
Soult, Marmont et Clausel, ces belliqueux Français,
Ont tous rendu justice au Héros des Anglais;
Par sa froide valeur, quand il n'a pu les battre,
Il mérita du moins l'honneur de les combattre,

Sans obtenir celui de ceindre les lauriers
Des vainqueurs d'Azincourt, de Créci, de Poitiers. (9)
Pourquoi sa Nation, de la nôtre rivale,
Orgueilleuse aujourd'hui de sa force navale,
De ses nombreux vaisseaux, couvrant les flots amers,
Prétend-elle usurper la liberté des mers ?
Jusqu'à quand verrons-nous la France et l'Angleterre
Éteindre et rallumer le flambeau de la guerre ?
Ah ! six cents ans de deuil, de meurtres, de combats,
Doivent avoir mis fin à leurs cruels débats !
Fier de sa liberté, si l'Anglais est né brave,
Le Français est trop grand pour être son esclave.
Pour le bonheur commun, désormais réunis,
Ces deux peuples rivaux, devraient rester amis,
Et r'ouvrir un commerce à tous deux favorable,
En renouant les nœuds d'une paix désirable.
Cette paix qu'à prix d'or on ne peut acquérir,
Les Suffren, les Destaing, sûrent la conquérir !
Qu'est devenu le temps, ô France, ô ma Patrie !
Où de la Seine, aux bords de l'antique Hespérie,
Sous l'astre des Bourbons, on voyait tes vaisseaux,
Majestueusement dominer sur les eaux,
Et se montrer, aux yeux de l'Europe soumise,
Les superbes rivaux de ceux de la Tamise ?
Nos matelots, bravant mille périls divers,
Maîtrisant les destins et les flots entr'ouverts,
Rapportaient dans ton sein les ressources fécondes
Que puisait ton génie embrassant les deux mondes.
Par un brillant éclat, tes enfans consolés,
Vengeaient tous les affronts, sur eux accumulés. (10)

Siècle des Dugay-Trouin, des Jean-Bart, des Tourville,
Vous aviez, des Français, brisé le joug servile,
Et su forcer enfin l'orgueilleuse Albion,
A respecter l'honneur de notre Pavillon ;
Renaissez, il est temps, et repeuplez nos plages
De marins, de vaisseaux, l'espoir de nos rivages !
De l'aride Libie et du Tropique ardent
Où Neptune en courroux a brisé son Trident,
Jusqu'aux monceaux de glace où la nature expire,
Qu'ils puissent d'Amphitrite, en parcourant l'empire,
Libres et respectés sur l'humide élément,
Rapporter de nouveau, sur notre continent,
Les fruits de l'industrie et l'heureuse abondance
Dont trop long-temps Bellone a su priver la France !

FIN DU LIVRE SEPTIÈME.

SOMMAIRE DU LIVRE VIII.

Napoléon poursuit la guerre en Espagne; succès et revers des armées françaises; siége de Tarragone et de Sarragosse; Joseph Bonaparte est chassé de Madrid par les Anglais qui, réunis aux insurgés espagnols et portugais, forcent les Français à lever le siége de Cadix; les Maréchaux Soult et Oudinot font r'ouvrir les portes de Madrid au roi fugitif. Naissance du roi de Rome. Bonaparte toujours tourmenté par l'Ambition et la Chimère qui lui apparaissent en songe, se livre à de nouveaux projets d'accroissement, proclame son épouse Marie-Louise Régente de l'Empire, et va porter la guerre au cœur de la Russie; prise de Witepsk, de Smolensk; le Conquérant suit sa marche triomphale, et se dirige sur Moscou.

LA BONAPARTIDE,

ou

LE NOUVEL ATTILA.

LIVRE HUITIÈME.

Il est, dans cette vie, un état précieux
Qui met l'humanité dans la classe des Dieux ;
C'est le calme de l'âme : un souffle l'endommage ;
Ce calme heureux et pur est le trésor du sage,
Et le dominateur ne pouvait en jouir.
L'ambition toujours marche avec le désir,
Elle en est la compagne, et je l'en crois la mère,
Comme elle-même un jour, naquit de la Chimère ;
Par ces trois noirs démons, sans cesse tourmenté,
Dans le sein du sommeil, le Corse est agité,
Et bercé par l'erreur, dans une nuit profonde,
Il rêve constamment la conquête du monde.
Ivre de sang, d'orgueil, cet Attila nouveau,
De vingt sceptres brisés ne forme qu'un faisceau
Qu'il prétend réunir sous sa main sanguinaire,
Dans l'espoir de dompter l'orgueilleuse Angleterre.
« Elle seule, dit-il, a causé mes revers,
» Et je veux m'en venger en lui donnant des fers. »
Quand, pour le consoler de sa gloire éclipsée,
Ces rêves de grandeurs agitent sa pensée,
Wellington à l'Espagne amène des secours,
Qui de ses vains projets viennent rompre le cours.

De Cadix, aux Français, il fait lever le siége,
Et creuse sous leurs pas, chaque jour nouveau piége.
Dans les murs de Madrid il rentre encor vainqueur
Pour détrôner Joseph, qui s'enfuit de terreur;
De Soult et d'Oudinot, les vaillantes cohortes,
A ce Roi d'un moment, en font r'ouvrir les portes,
En chassent l'ennemi, puis replacent enfin
Ce fantôme de Prince au rang de Souverain.
Tandis qu'ils défendaient le frère du grand homme, (1)
Dans le sein de Paris, naquit le Roi de Rome,
Comme l'avait prédit un jour l'Ambition
A son premier disciple, au fier Napoléon.
Rome, Milan, Madrid, Vienne, et toute la France,
Célèbrent à grands frais, cette illustre naissance;
On la proclame au son de l'airain belliqueux;
Le Sénat, le Conseil, vont en discours pompeux,
A cet auguste enfant du plus grand des Monarques,
Offrir de leurs respects, les éclatantes marques;
Puis sur leurs pas se traîne un essaim de flatteurs,
Et l'on voit à l'envi, Poëtes, Orateurs,
A l'idole du jour, prostituant leur verve,
Près du berceau sacré faire veiller Minerve;
Digne héritier d'un père aussi grand en vertus,
Ce fils, né d'Attila, leur promet un Titus.
« Ils ont vu dans les Cieux une étoile nouvelle
» Qui venant se placer, plus riante, et plus belle,
» Sur le Palais pompeux de ces nouveaux Césars,
» Paraissait enrichir la planète de Mars ; (2)
» Présage heureux pour nous, cette étoile naissante,
» Devait rendre à jamais la France florissante,

» Et de l'Europe entière assurer le destin.
» Le Danube, la Seine, et le Tibre et le Rhin,
» D'allégresse et d'orgueil, dans leurs grottes bondissent;
» Leurs Naïades en chœur, chantent et s'applaudissent
» De voir luire sur eux cet astre de bonheur;
» Ces fleuves réunis, brillans de sa splendeur,
» S'apprêtent à sortir de leurs roches profondes
» Pour offrir à l'enfant, le tribut de leurs ondes. » (3)
Ainsi qu'à Béthléem, les Mages autrefois,
Guidés par une étoile, au fils du Roi des Rois,
Vinrent à son berceau déposer leur hommage,
D'Attila dans son fils ils adorent l'image.
Son sceptre est un hochet, et ce Roi des Romains
Va le voir échapper de ses débiles mains.
Fils d'un Usurpateur...... à mille traits en butte,
Son père doit un jour l'entraîner dans sa chute;
L'instant n'en est pas loin... Nouveaux Nostradamus,
Les arrêts du destin ne vous sont pas connus;
Pour le bonheur commun, jamais vos prophéties,
Espérons-le du moins, ne seront accomplies.
L'étoile dont l'éclat vient de frapper vos yeux
Est l'astre du Tyran, jetant ses derniers feux.
On ne peut s'y tromper, cet affreux météore,
Est un couchant sinistre, et non pas une aurore;
Tel on voit un flambeau, qui touche à son déclin,
En redoublant sa flamme, il annonce sa fin,
Sa lumière soudain doit nous être ravie;
Ainsi le moribond, prêt à perdre la vie,
Avec force, un instant, paraît la ressaisir.
Cet effort est suivi de son dernier soupir.

Le règne des méchans est de courte durée ;
Mais un jour est un siècle à l'Europe ulcérée.
Français, combien de tems, votre triste destin
Doit-il dépendre encor d'un despote inhumain ?
Ah ! si j'en crois mon cœur, l'enfant qui vient de naître,
Ce fils bien innocent d'un trop coupable maître
Dont je signale ici les barbares excès,
Ne règnera jamais sur le peuple Français,
Malgré l'ambition et l'orgueil de son père,
Qui veut lui préparer le sort le plus prospère ;
Ce petit Souverain, en naissant couronné,
A la proscription est déjà condamné.
Telles sont du destin les lois indestructibles,
Aux regards des mortels, toujours imperceptibles.
Le maître du présent, qui règle l'avenir,
Détruit, élève, abat au gré de son désir.
Ce Dieu qui régit tout, du haut de l'Empirée,
Et règle des États la gloire et la durée,
Doit rendre au petit-fils du pieux Saint-Louis,
Son sceptre glorieux et l'empire des Lys.
Mais pour hâter ce jour, la Discorde et la Haine,
Du vaste Continent, embrassent le domaine,
Et soufflent dans le cœur du Tyran des Français
Les fureurs de Bellone et l'horreur de la paix.
Cette fille du Ciel déserte encore la terre,
Pour se réfugier au séjour du tonnerre,
Et laisser à son gré, l'ennemi des humains,
Dans leur sang, de nouveau, tremper encor ses mains.
Ce tigre, que l'enfer, dans un jour de colère,
Vomit, pour faire au monde une éternelle guerre,

LIVRE VIII.

Veut, d'un bras fatigué par ses cruels exploits,
A son char triomphal, enchaîner tous les Rois.
Repoussant les conseils de l'austère sagesse,
Il compte sur sa force ; elle devient faiblesse,
Quand, guidé par l'orgueil et par la vanité,
Un mortel s'assimile à la Divinité.
Ce colosse d'airain, dont la base est d'argile,
Est prêt à s'écrouler sur son trône fragile ;
La Vérité lui vient présenter son miroir,
Il le brise en éclats, et frémit de s'y voir. (4)
Son attente est déçue, il s'y voit davantage,
La glace en mille endroits réfléchit son image,
Lui ferme tous les cœurs, et l'offre à tous les yeux
Comme un monstre farouche, un tyran odieux.
On reconnaît l'auteur des misères publiques ;
Chacun maudit tout bas ses projets chimériques :
La Vérité prétend l'éclairer de nouveau ;
D'une main sacrilége il éteint son flambeau.
Tels sont tous les tyrans : qu'un courageux ministre
Ose leur présager quelque revers sinistre,
Il choque leur orgueil, blesse leur vanité ;
Qu'un courtisan les flatte, il est seul écouté.
Ma Muse, grâce au Ciel, ne s'est point avilie
A flatter le bourreau de ma triste Patrie ;
Puissé-je, armé du fouet du sanglant Juvénal,
Le poursuivre et le rendre au rivage infernal !
Et voir ses adhérens, ses Séjean, ses Narcisse,
Partager les remords et le juste supplice
Qu'ils ont ainsi que lui, constamment mérité,
En l'aidant à fouler aux pieds l'humanité.

Mais non, sans employer l'arme de la satire,
Et sans calomnier, c'est assez d'en médire
Pour le faire connaître et le rendre odieux
Aux Français, dont long-temps il fascina les yeux.
De l'Histoire lisons les sanglantes annales ;
Parmi tous les complots, les brigues, les cabales
Qu'ont formé tour à tour ces fortunés brigands
Qu'elle a daigné parer du nom de Conquérans,
Nul ne fut plus hardi, ne fut plus téméraire,
Mais nul d'entr'eux aussi ne fut plus sanguinaire,
Ni plus ambitieux que ce Corse indompté,
Sombre et sauvage au sein de la prospérité.
L'audace et la valeur, voilà tout son mérite.
La moindre résistance, et le choque, et l'irrite.
N'ayant pu réussir à repousser l'Anglais,
Ni courber sous son joug le peuple Portugais,
Il espère achever de soumettre l'Ibère
Qui ne voulait pour Roi, reconnaître son frère.
Déjà la Catalogne abaissant son orgueil,
Obéit à Suchet, qui la couvre de deuil,
Et sa haute valeur qu'en tous lieux on renomme,
L'en ont fait justement surnommer le Vendôme.
Les murs de Taragonne, écroulés sous ses coups,
Ont, de son bras vainqueur, éprouvé le courroux.
Campoverdo, malgré la plus belle défense, (4)
Après une honorable et vaine résistance,
Las d'avoir vainement repoussé nos efforts,
Soutenu vingt assauts et bravé mille morts,
Tout prêt à succomber, abandonne la Place,
Laisse les assiégés qui redoublent d'audace

Et semblent défier, du haut de leurs remparts,
Les foudres des Français, tonnans de toutes parts.
La brèche est accessible, et Suchet s'en rend maître;
Il peut vaincre la ville et ne peut la soumettre.
Il parle aux habitans avant d'y pénétrer,
Et veut sur leur péril en vain les éclairer ;
Leur fait envisager qu'ils courent à leur perte
S'il est contraint d'entrer chez eux à force ouverte
Les somme de se rendre et n'est point écouté.
L'impérieuse loi de la nécessité,
Les ordres du Tyran, son devoir, tout le presse : (5)
Les yeux sur un cadran, le cœur plein de tristesse,
L'heure sonne, dit-il, hélas ! il n'est plus tems,
J'ai voulu vainement sauver les habitans,
Que leur sort s'accomplisse, et l'assaut recommence.
Lui-même le premier vers la brèche il s'élance;
Il entre dans la place et ne peut contenir
Les coupables excès qu'il voulait prévenir.
Eh ! comment retracer l'image épouvantable
Des malheurs de la guerre, effet inévitable !
De tout mur pris d'assaut, les affreux résultats,
A la voix de leurs chefs rendent sourds les soldats;
Les tristes habitans pour prix de leur courage
Ont presque tous péri victimes de la rage
De tous ces forcenés, au pillage excités,
Qui, poussés l'un par l'autre à mille cruautés,
Du fier Napoléon signalant la vengeance,
Massacrent sans pitié la vieillesse et l'enfance.
Naguères Sarragosse en proie au même sort,
A vu ses murs couverts des ombres de la mort,

Montébello vainqueur, en entrant dans la place,
D'un reste d'assiégés n'a pu fléchir l'audace.
Retranchés dans les lieux, au culte destinés,
Ils étaient au combat encor plus acharnés. (6)
Le Fanatisme ardent, de ses mains criminelles,
Transformant ces lieux saints en vastes citadelles,
Secondait des vaincus l'impuissante fureur,
Et répandait partout le carnage et l'horreur.
Dans ces murs écroulés, couverts de funérailles,
Chaque place est un camp qui coûte dix batailles,
Chaque maison un fort qui coûte vingt assauts ;
Le sang des deux partis inonde les ruisseaux.
Palafox, son armée, et ce peuple fidèle,
Se couvrent à l'envi d'une gloire immortelle,
Et préfèrent mourir les armes à la main,
Plutôt que de fléchir sous le Corse inhumain.
Pour leur Roi, pour leur Dieu, comme pour leur Patrie,
On les voit, sans regret, sacrifier leur vie;
Les femmes, les vieillards, les enfans au berceau,
Sous leurs toits embrâsés ont trouvé leur tombeau.
Sur ces débris fumans, la Pudeur violée,
Invoque en vain le Ciel, et succombe accablée
Sous l'homicide fer d'un barbare vainqueur,
Qui lui ravit ensemble et la vie et l'honneur.
De ces affreux excès l'Europe est indignée,
Et l'Espagne, de sang et de larmes baignée,
Appelle de nouveau les secours de l'Anglais
Pour se soustraire au joug du Tyran des Français.
La Victoire honteuse, émue, épouvantée,
Sent il s'appesantir son aile ensanglantée,

Et s'apprêta dès-lors à quitter ses drapeaux :
Ses soldats étaient las de servir de bourreaux.
Tandis qu'on soumettait les villes alarmées,
L'Espagne dévorait nos plus braves armées.
Ce peuple courageux, dans ces combats sanglans,
En s'armant de sa chaîne a frappé ses tyrans;
Sa fureur, contre nous, va jusqu'à la démence;
Il a toujours présent l'exemple de Numance,
Digne de ses aïeux, il veut les imiter;
On pourra le détruire et jamais le dompter.
Éternelle leçon pour l'Oppresseur du monde :
En vain, sur son pouvoir, son ivresse se fonde;
De vingt peuples divers, les nombreux bataillons
De ces champs malheureux engraissent les sillons.
Les airs ont retenti des éclats du tonnerre,
Sur son trône ébranlé, le bourreau de l'Ibère
Voit les fleuves, grossis du sang de ses héros,
Vers les murs en grondant précipiter leurs flots.
Ce colosse éphémère en proie à cent orages
Cherche, mais vainement, à percer les nuages
Qui du nord au midi, poussés par l'aquilon,
Viennent de son bonheur obscurcir l'horison;
Son âme, jusqu'alors à vaincre accoutumée,
Veut poursuivre la guerre en Espagne allumée,
Quand de la terminer tout lui fait un devoir;
Pourtant la Catalogne était en son pouvoir,
Le Duc d'Albuféra tenait sous sa puissance
La Place de Tortose et celle de Valence,
Et résistant au choc de nombreux ennemis,
Sut conquérir l'amour des insurgés soumis; (7)

Tandis que Ney, Marmont, le Duc de Dalmatie,
Combattaient sans succès l'ouest de l'Ibérie.
Là, l'injuste agresseur de cette Nation,
S'il eût mis une digue à son ambition,
Puisqu'il tenait l'Europe à ses pieds enchaînée,
Pouvait voir cette guerre à son gré terminée ;
Car pour déjouer mieux les projets de l'Anglais,
A l'Ibère opprimée s'il eût offert la paix,
Elle était acceptée en lui rendant son Prince ;
Mais de la Catalogne il gardait la province,
Et la joignant soudain à l'ancien Roussillon,
A sa couronne encore ajoutait un fleuron,
Etendait le pouvoir de son joug despostique
Des murs de Taragonne aux champs ds la Belgique,
Pays, depuis vingt ans, par nos armes conquis,
Que de sages traités nous avaient bien acquis ; (8)
Monarque tout puissant, heureux époux et père,
Il pouvait vivre en paix avec toute la Terre ;
Mais à ses vains désirs comme il n'eut point de frein,
Et que des bords de l'Ebre aux rivages du Rhin,
Le vaste Continent était loin de suffire
Au mortel qui du monde osait briguer l'empire,
Ses destins à son gré ne sont point accomplis.
Du côté de l'hymen, tous ses vœux sont remplis ;
Mais il veut diriger ses armes infernales,
Du Syrius brûlant, aux zônes glaciales,
Où le froid Tanaïs effrayant les échos,
Dans l'onde Méotide ensevelit ses eaux ;
Il se croit Mars enfin, et veut, malgré Neptune,
Enchaîner Albion au char de sa fortune,

Méprise les conseils, et se croit assez fort
Pour dompter l'univers et maîtriser le sort,
Comptant plus que jamais sur son heureuse étoile,
Il veut de l'avenir percer le sombre voile.
Mais quel mortel jamais a pu le découvrir?
La sagesse elle-même a peine à l'ent'rouvrir.
Croyant le déchirer dans les vapeurs d'un songe,
Dans les bras de l'erreur lui-même il se replonge.
Une nuit, sommeillant au sein de son Palais,
Et sans doute rêvant à de nouveaux décrets,
L'Ambition, toujours sous les traits de la Gloire,
Et la Chimère encor sous ceux de la Victoire,
Se dirigent vers lui dans un char radieux;
De leur éclat trompeur éblouissent ses yeux.
Toutes deux s'approchant du vainqueur de la terre,
Qui dormait étendu sur sa couche guerrière,
Vinrent le tourmenter jusque dans son sommeil,
Et laissèrent l'Erreur de garde à son réveil.
Elles versent sur lui leur maligne influence,
Et le font, toutes deux, bercer par l'Espérance.
Tandis que dans son cœur, par de triples efforts,
On les voit à l'envi frapper des coups plus forts,
Agité dans le sein de l'horrible cohue,
La Chimère soudain se présente à sa vue:
Napoléon qui craint et fuit la Vérité,
La saisit et la prend pour la Réalité....
La première en son cœur fait naître des alarmes,
Tandis que sa rivale, étalant tous ses charmes,
Le flatte, le séduit, enivre tous ses sens,
Par des appas trompeurs, et toujours renaissans.

Dans son aveuglement il l'embrasse avec joie,
Et se livre au délire où son âme est en proie.
La Déité lui tient ce captieux discours :
« Héros, de tes exploits j'interrompis le cours,
» Pardonne ; mais ton aigle, en ses courses rapides,
» Avait trop fatigué mes ailes intrépides.
» Sur le Tage, un moment, j'ai quitté tes drapeaux ;
» Il est tems de voler à des exploits nouveaux ;
» Après un court repos je te reviens fidèle,
» Et ramène avec moi la Gloire qui t'appelle. »
Elle lui montre alors encor l'Ambition,
Qui l'approche et lui fait sentir son aiguillon.
La Chimère reprend : « A te suivre assidue,
» Ma course, auprès de toi, ne fut que suspendue ;
» Ton front majestueux, de mes palmes couvert,
» Doit être couronné d'un laurier toujours vert :
» Pour en cueillir encor quand la Gloire nous guide,
» Suis mon char triomphal, et fais, nouvel Alcide,
» Aux bords de la Newa, marcher tes bataillons ;
» Viens achever de vaincre, et Roi des Nations,
» Repousser, au-delà de ses tremblantes rives,
» Des fiers enfans du Nord les bandes fugitives.
» C'est là le seul moyen de subjuguer l'Anglais,
» De rendre au Continent le bonheur et la paix ;
» Alexandre est l'ami de ce peuple indomptable,
» Qui t'ose résister, dont l'orgueil intraitable
» Insulte à ta puissance, et domine les mers
» En courbant l'Océan sous le poids de ses fers :
» Il est tems d'abaisser la nouvelle Carthage
» Qui seule, dans Madrid et sur les bords du Tage,

» A su paralyser jusqu'ici tes efforts.
» Du vaste Continent fais lui fermer les ports ;
» Envers tes alliés, la menace est permise ;
» Que les vaisseaux venant des bords de la Tamise,
» Chez eux, sans ton aveu, ne puissent être admis ;
» Le Russe, en paix, commerce avec tes ennemis ;
» De l'invincible Mars ressaisis le tonnerre ;
» Dans les antres du Nord vas reporter la guerre,
» Et remplis ton destin ; il est tems, viens, suis moi ;
» La Gloire m'accompagne, et marche devant toi. »
Le prétendu Héros, à ces mots se réveille.
Ce discours a frappé son cœur et son oreille :
L'orgueilleux Conquérant du Danube et du Rhin
Croit pouvoir à son gré, maîtrisant le destin,
Du Tage au Tanaïs étendre sa puissance,
Et ranger l'univers sous son obéissance.
Il compte sur l'appui de ses confédérés,
Qui tous, avec raison contre lui conjurés,
Attendaient, en secret, l'occasion offerte
De hâter leur salut en assurant sa perte.
La plupart, accablés par cet ambitieux,
Brûlaient de s'affranchir de son joug odieux.
La Prusse avec l'Autriche, à ses loix asservies,
Déjà par lui deux fois se virent envahies ;
Et tous ses alliés, dont il est l'oppresseur,
Secondent à regret cet injuste agresseur,
Méditent en secret des moyens de vengeance (9)
Pour recouvrer leurs droits et leur indépendance.
La Pologne, à laquelle il promit son appui,
S'unit au Bavarois pour combattre sous lui ;

Naples, Rome, Venise et toute l'Italie,
Le Wurtemberg, la Saxe avec la Westphalie,
La Suède, à ses drapeaux joignant leurs étendards,
Tous, vont se diriger vers l'Empire des Czars.
Accablé sous le poids de sa vaste couronne,
Ce colosse effrayant que la foudre environne,
Prétend que tous les Rois, secondant ses projets,
S'honorent d'être au rang de ses premiers sujets.
Se peut-il qu'un mortel, en son délire extrême,
Veuille de l'Univers porter le diadême ;
Et pour exécuter son plan Continental,
De l'Europe soumise ait fait son Arsenal ?
Mais déjà contre lui, le Destin se déclare.
Il le pousse à sa perte, et ce nouvel Icare (10)
Dont le vol va se perdre au vaste sein des airs,
Doit bientôt de sa chûte étonner l'Univers.
Ah! que son vain orgueil et son imprévoyance
Vont coûter de trésors et de sang à la France.
Clio, d'un crêpe obscur et mouillé de ses pleurs
Voudrait en vain cacher le tableau des douleurs.
Soit que Napoléon, dans cette horrible lutte
Ait craint de succomber, pour prévenir sa chûte (40)
Il prétendit fixer, en partant de Paris,
Le sort de son épouse et celui de son fils.
L'Impératrice Reine en obtient la régence ;
Elle doit gouverner l'Italie et la France ;
Son époux le déclare au Conseil, au Sénat,
Et part en lui laissant les rênes de l'État.
Tel nous voyons un tigre affamé de carnage,
Fondre sur des troupeaux pour exercer sa rage,

Ainsi l'Usurpateur, avide et furieux,
Dirige vers le Nord ses bataillons nombreux,
Et le soldat docile à la voix qui le guide,
N'écoutant que l'honneur et son zèle intrépide,
Part, suit aveuglément le chef qui le conduit
A travers l'épaisseur d'une profonde nuit,
Franchit les bois, les monts, et ne se doute guère
Que c'est aux élémens qu'il va faire la guerre.
Tandis que le Tyran s'emparait de Wilna,
Qu'à Dunnabourg, Victor franchissait la Duna,
Wellington, triomphant aux champs des Aropyles,
De Raguse, rendait les efforts inutiles.
Ce Général, guidant nos vaillans étendards,
Atteint sur son coursier par les foudres de Mars, (10)
Sent son glaive échapper de sa main défaillante :
Il remet à *Clausel* son armure sanglante,
En le chargeant du soin d'être son successeur,
Et des drapeaux français le soutien et l'honneur.
Ce dernier obéit, et doublant de courage,
En ralliant l'armée il fait tête à l'orage ;
Opère sa retraite, et lui-même blessé,
Brave tous les dangers dont il est menacé,
Mais pour venger les siens, Le Marchant, et Thomière,
Qui dans cette journée ont mordu la poussière, (11)
Il reporte la mort dans les rangs des Anglais,
Et sauve, en combattant, le reste des Français.
Le valeureux Bonnet a partagé sa gloire ;
Mais Wellington enfin remporte la victoire :
Il marche vers Burgos ; le vaillant Dubreton
Repousse les assauts du héros d'Albion.

Tel un rocher terrible, à la mer écumante
Opposant fièrement sa tête menaçante,
Voit mourir à ses pieds les flots tumultueux;
Du haut de ses remparts, ce guerrier valeureux,
Résiste seul au choc de nombreuses armées, (12)
Que leurs succès rendaient au combat animées.
Du Château de Burgos les braves défenseurs
Triomphent constamment de leurs fiers agresseurs,
Et Wellington fuyant, effrayé de ses pertes,
Laisse de ses soldats les campagnes couvertes.
Vers les murs de Moscou, s'avançant à grands pas,
Le Français se signale en différens combats,
Et triomphant partout du nombre et des obstacles,
Son amour pour la gloire enfante des miracles.
A Dunabourg, Krasnoi, son courage indompté
A vu sur tous les points le Russe culbuté.
Nos braves Légions, des rives de la Seine,
Vont, dans leur vol altier, franchir le Borysthène;
Witepsk est subjugué; Smolensk sur ses remparts,
Voit de Napoléon, flotter les étendards. (13)
 Les Russes pressentant la ruine fatale
Qui menace Moscou, leur ville capitale,
Opposent vainement à leurs fiers agresseurs
Tout ce que leur pays offre de défenseurs;
La haine du Tyran, l'amour de leur patrie,
Près de leur Général, en foule les rallie;
Guidé par la vengeance, enflammé de courroux,
Koustousow les prépare à repousser nos coups;
Campés sur des hauteurs qui de fer se hérissent,
Mille bronzes tonnans dont leurs mains les garnissent

Se dirigent sur nous, par un dernier effort,
Et sèment dans nos rangs le ravage et la mort.
Cent-vingt mille ennemis excités au carnage,
De la position ayant pris l'avantage,
Prétendent de Moscou nous fermer le chemin,
Ramener la fortune et changer le destin.
Mais contre le Tyran, vainement tout se ligue,
L'impétueux Français ne connaît point de digue;
Son intrépidité, comme un torrent fougueux,
Détruit, entraîne tout dans son cours orageux.
Armé pour la plus sainte et la plus juste cause,
A de nouveaux combats le Russe se dispose.
Nos soldats enhardis par leurs nombreux succès,
Prétendent à Moscou s'ouvrir un libre accès.
Partout victorieux, la terreur les devance;
Leur indomptable élite en bon ordre s'avance;
Et ces braves guerriers, en flots tumultueux,
Percent des ennemis les escadrons poudreux.
Ces derniers vainement, faisant tête à l'orage,
A la valeur française opposent le courage;
Ils résistent encor; mais vaincus, dispersés,
Dans leurs retranchemens ils sont tous repoussés.
Le Français les poursuit et veut s'en rendre maître;
Ils font pleuvoir sur lui tous les feux du salpêtre.
Mille bouches d'airain, en frappant les échos,
Vomissent le trépas sur nos vaillans héros.
Mille foudres français à leurs foudres répondent,
Et leurs coups redoublés dans les airs se confondent.
Mais la nuit tout-à-coup les rend silencieux,
Et de son noir rideau couvre l'azur des cieux.

Les partis opposés, dans leur camp se retirent,
S'observent, et tous deux également aspirent
A voir sur l'horizon reparaître le jour,
Et Bellone en fureur devance son retour.

FIN DU LIVRE HUITIÈME.

SOMMAIRE DU LIVRE IX.

Bataille de la Moskowa dite de Barodino, gagnée par les Français. Mort du Prince Bagration Général en chef de l'armée russe. Prise de Moscou. Résolution désespérée des habitans, qui encouragés par l'exemple et les discours de Rostopchin leur gouverneur, incendient cette ancienne Capitale de l'empire des Czars, avant d'y laisser pénétrer le vainqueur. Sac et pillage de cette ville; démoralisation de l'armée et de son chef; ce dernier se réfugie au Palais du Kremlin, asile inviolable et sacré; il fait sauter cette forteresse en l'abandonnant pour se retirer au château de Péterskoé, où il attend vainement la paix qu'il propose à Alexandre. Après avoir exercé les plus affreux excès sur les débris de la population de Moscou qui n'est plus qu'un amas de ruines, il prépare sa sanglante et funeste retraite.

LA BONAPARTIDE,

ou

LE NOUVEL ATTILA.

LIVRE NEUVIÈME.

Phébus à peine ouvrant les portes de l'aurore
Aux regards des mortels ne s'offrait pas encore,
Sur les deux camps brillait l'étoile du matin,
Lorsque le Conquérant du Danube et du Rhin,
Qui se croyait toujours l'homme des destinées,
Rappelle à ses soldats les vaillantes journées
Où son bras dirigeant leurs bras victorieux,
Le succès couronna leurs exploits glorieux.
« Secondez leur dit-il, votre chef intrépide ;
» Le triomphe est certain ; que ce grand jour décide
» Du sort de la Russie et de son Souverain ;
» Son sceptre menaçant doit passer dans ma main.
» Il est tems d'abaisser le superbe Alexandre ;
» De son trône ébranlé je le ferai descendre
» Et saurai le punir de m'avoir résisté ;
» Tel est son sort, qu'il cède à la fatalité ;
» C'est sur sa chûte, amis, qu'en ce moment je fonde
» Votre bonheur, ma gloire, et le repos du monde.
» La Victoire à mon char doit enchaîner ses rois,
» Votre Empereur est né pour leur donner des lois.
» Que dis-je ? c'en est fait, il n'est plus de Russie,
» Cet Empire, demain, sera notre Patrie ;

» Le Soleil d'Austerlitz brillant sur nos drapeaux, (1)
» Réfléchit notre gloire aux yeux de nos rivaux. »
Chaque corps, animé d'un courage héroïque,
Cède à l'impulsion du discours prophétique :
Depuis les généraux jusqu'au dernier soldat,
Tout brûle du désir de voler au combat.
Il commence, et chacun à l'envi se signale
Et montre à ses rivaux une valeur égale.
Le bronze tonne, éclate; et le fer à la main,
Le Français de l'assaut s'aplanit le chemin.
L'ennemi, repoussant sa valeur indomptable,
Dans ses retranchemens se croit inexpugnable ; (2)
Mais bientôt Koutousow avec Bagration
Se trouvent débusqués de leur position.
A travers mille morts, nos guerriers invincibles
Gravissent sous le feu ces monts inaccessibles;
Rien ne peut rallentir leur intrépide essor;
Parvenus au sommet, il faut combattre encor.
Ces bronzes, dont les flancs renferment le salpêtre,
Sont aux mains du Français qui s'en est rendu maître,
Et dans le même instant, par les Russes repris,
Ils sont diverses fois conquis et reconquis. (3)
Mais nos vaillans guerriers, Bellone protectrice,
Rendent à l'agresseur la victoire propice :
Après un long combat, nos foudres destructeurs
Ont de Borodino couronné les hauteurs.
L'ennemi croit encore la victoire incertaine ;
Ses vaillans escadrons ralliés dans la plaine
Osent nous résister, mais nous les culbutons,
Nous enfonçons leurs rangs et nous les dispersons.

Tout ce que l'héroïsme enfante de courage,
Et tout ce que produit le désespoir, la rage,
Fut, par les deux partis, déployé dans ce jour,
Où chacun fut vainqueur et vaincu tour à tour.
Ainsi Bellone vit et l'une et l'autre armée
D'une égale fureur au carnage animée;
Le fer, le plomb, les feux semblables aux éclairs,
Se heurtaient, se croisaient en sillonnant les airs,
Et sur la terre épars, aux yeux offraient l'image
Des grêlons amassés après un long orage. (4)
Dans ce combat affreux, sanglant et décisif,
Les vaincus acharnés reprenaient l'offensif,
Lorsque Murat, suivi de sa vaillante élite,
Sur eux avec fureur fond et se précipite.
Il frappe, il extermine, et dissipe soudain
De ses fiers ennemis le redoutable essaim.
Eugène Beauharnais à la gloire fidèle,
D'honneur et de vertu rare et parfait modèle,
Ce heros, illustré par cent faits glorieux,
Seconde de Murat le bras victorieux;
Et pour Napoléon signalant son courage,
Il fait des ennemis un horrible carnage;
Par le fer et le feu moissonne tous leurs rangs,
Et se fraie un chemin sur des corps expirans.
Du fier Bagration, dans ce jour mémorable,
La Russie a pleuré la perte irréparable : (5)
Ce prince valeureux a, pour son souverain,
Péri dans ce combat les armes à la main.
Chacun de ses soldats secrètement envie
Une si belle fin d'une si belle vie.

L'ardeur de le venger irrite leurs esprits,
Et fait que pour la mort ils n'ont que du mépris.
Tel on voit un essaim d'abeilles dispersées
Défendre avec fureur leurs ruches menacées,
Et fondre en bourdonnant sur l'avide agresseur
Qui prétend lui ravir le fruit de son labeur :
Les Russes se voyant prêts à perdre leur ville,
Du farouche Attila craignant le joug servile,
Lancent leur dernier trait à leur dernier soupir,
Et vengent leur pays avant que de mourir.
Mais bientôt du Tyran les ordres sanguinaires
Dirigent vers Moscou ses armes meurtrières.
De vingt peuples unis les nombreux étendards
S'avancent vers la ville, et touchent ses remparts.
Le brave gouverneur qui ne peut les défendre,
A juré de mourir plutôt que de se rendre.
Le sombre désespoir qui commande au malheur,
Lui suggère un moyen qui fait frémir d'horreur.
« Le Russe aime, dit-il, avec idolâtrie
» Ses usages, ses lois, son prince et sa patrie,
» Et de mourir pour eux, aux pieds de l'Éternel,
» Peuple, nous avons fait le serment solennel :
» Ce serment de l'honneur votre chef le réclame !
» Mais vous partagez tous le courroux qui m'enflamme.
» Chacun brûle à l'envi d'imiter Rostopchin ;
» D'immoler à son Dieu, comme à son souverain,
» S'il le faut, en ce jour, sa fortune et sa vie,
» Plutôt que de survivre à notre ignominie.
» De nombreux ennemis ces murs sont entourés,
» Au meurtre, au brigandage ils vont être livrés;

» Cette cité, séjour de nos antiques maîtres,
» Ces temples, ces palais qu'ont bâti nos ancêtres,
» Seront bientôt en proie au farouche vainqueur
» Qui vient dans nos climats répandre la terreur.
» Avant que l'oppresseur de l'Europe tremblante
» Nous flétrisse des coups de sa verge sanglante,
» Sous nos murs écroulés tombons ensevelis ;
» Plutôt mourir cent fois que de vivre avilis !
» Sacrifions nos biens, mais sauvons nos familles,
» Nos pères, nos enfans, nos femmes et nos filles,
» Exposés aux fureurs des féroces soldats
» Dont les flots orageux inondent nos climats.
» Ces torrens, débordés des plus lointains rivages,
» Au cœur de la Russie exerçant leurs ravages,
» Ont inondé Krasnoi, Smolensk et Dunabourg,
» Et peuvent de Moscou s'étendre à Pétersbourg.
» Creusons ici leur lit ; arrêtés dans leur course,
» Ils s'y perdront soudain sans regagner leur source. »
Laboureurs, magistrats, guerriers et citoyens,
De la fraternité resserrant les liens,
Répondent à leur chef d'une voix unanime :
« Oui, nous subirons tous une mort magnanime
» Plutôt que de trahir nos vœux et nos sermens !
» Nous sommes animés des mêmes sentimens ;
» L'amour de la patrie et ses divines flammes,
» Ainsi que vos discours, ont embrâsé nos âmes ;
» Ordonnez, disent-ils, et notre Gouverneur
» Nous trouvera toujours au poste de l'honneur. »
— « Le sort, dit Rostopchin, trahit notre espérance ;
» Nous avons épuisé nos moyens de défense,

» Dans cette extrémité, nous devons tout ôser
» Pour nous soustraire au joug qu'on nous veut imposer.
» Offrons à notre Czar que l'univers contemple,
» De notre dévoûment un rare et grand exemple;
» Il sera recueilli par la postérité
» Comme un trait d'héroïsme et de fidélité.
» En ces affreux momens, amis, le ciel m'inspire
» De perdre cette ville et de sauver l'empire.
» Abandonnons le bronze et le fer destructeur;
» Ils n'ont pu, dans sa marche, arrêter le vainqueur;
» Armons plutôt nos mains de torches funéraires,
» Et plus que nos tyrans montrons nous téméraires;
» Effrayons dans leur camp nos cruels ennemis;
» Ils nous auront vaincus sans nous avoir soumis.
» Si le Corse pénètre au sein de ces murailles,
» Qu'il perde en un seul jour le fruit de cent batailles;
» Qu'il entre à la lueur du vaste embrâsement
» Par nos mains allumé dans cet affreux moment.
» Peuple, vous frémissez; c'est servir Alexandre
» Que de réduire ici sa Capitale en cendre,
» Et nous ensevelir sous ses débris fumans
» Plutôt que de fléchir sous nos cruels tyrans.
» Qu'à l'aspect de ces murs menacés par ses armes,
» L'Usurpateur lui-même éprouve des alarmes,
» Et que les coups affreux qu'il nous porte aujourd'hui
» Retombent à la fois sur la France et sur lui.
» Rendons à nos rivaux la victoire stérile,
» Et qu'ils soient en ces lieux sans pain et sans asile.
» Si vous me secondez dans mes vastes projets,
» Loin de compter le Russe au rang de ses sujets,

» Le fier dévastateur de l'Europe asservie
» Trop occupé du soin de conserver sa vie,
» Luttant contre la faim, la rigueur des frimats,
» Forcé d'abandonner avant peu ces climats,
» Laissera son armée, au désespoir réduite,
» Chercher, mais vainement, son salut dans la fuite. »
Ce discours prophétique embrâse tous les cœurs
Pénétrés de l'espoir de vaincre leurs vainqueurs.
Mais l'intrépide chef du peuple moscovite
A se venger d'avance en ce moment l'excite.
« C'est trop tarder, dit-il; nos barbares rivaux
» Se préparent sans doute à des meurtres nouveaux,
» Et déjà dans leur camp, par leur féroce joie,
» Ils montrent le désir de dévorer leur proie.
» Prévenons leurs desseins : plus grands que nos revers
» Du poids de nos tyrans délivrons l'univers;
» Marchons, et que demain cette cité superbe,
» Ces pompeux monumens ensevelis sous l'herbe,
» Emblèmes douloureux de la Patrie en deuil,
» N'offrent à leurs regards qu'un immense cercueil;
» Que l'orgueilleux palais et que l'humble chaumière
» Ensemble dévorés, confondent leur poussière;
» Que le pauvre, le riche, et le faible et le fort,
» S'unissent en ce jour pour triompher du sort.
» Imitons cet hébreu célèbre dans l'histoire;
» Une fin glorieuse illustra sa mémoire;
» Et s'immortalisant par un noble trépas
» Ce captif désarmé fit plus qu'en dix combats :
» Samson nous a transmis un courageux exemple;
» Renversant de ses mains les colonnes du temple,

» Il détruit avec lui vingt mille Philistins
» Qui venaient insulter à ses tristes destins.
» Et s'il faut aujourd'hui que ce peuple succombe,
» Qu'il entraîne avec lui ses tyrans dans la tombe,
» Et qu'il venge sur eux, en cette extrémité,
» Tous les affronts sanglans faits à l'humanité. »
Il dit, et d'une main que la vengeance guide,
Arme chaque habitant d'une torche homicide,
Et de l'autre lui-même embrâse son palais
Qui sert bientôt de phare au bourreau des Français. (6)
Un feu sombre et sanglant, une épaisse fumée
S'élève tout à coup sur la ville alarmée.
Tel on voit un volcan, dans son éruption,
D'une vapeur funèbre obscurcir l'horison,
Et se répandre au loin en tourbillons de flammes.
Les viellards, les enfans, les filles et les femmes
Imitent de leur chef le noble dévouement,
Et pleins du même zèle, en ce cruel moment,
Propagent à l'envi cet immense incendie
Qu'allume par leurs mains l'amour de la patrie.
Des temples, des palais, les superbes lambris,
Par le feu consumés, s'écroulent en débris;
Prompte fille de l'air l'étincelle électrique
En cent lieux à la fois soudain se communique;
Le Russe s'engloutit sous sa propriété
Pour dérober au joug son antique cité,
Qui semblable au Vésuve, en cette nuit terrible,
Jusqu'au camp des Français étend sa flamme horrible,
Et va porter l'effroi dans l'âme du tyran:
Il recule, frémit à l'aspect du volcan,

Délibère un moment, et marche vers la ville;
Son intrépide garde en rend l'accès facile;
Il entre. Que voit-il dans ces murs désolés ?
Des femmes, des enfans, des viellards rassemblés
Dans les lieux consacrés au culte, à la prière,
Invoquant le Très-haut témoin de leur misère;
Dévoués à périr, la plupart écrasés
Par la chûte des toits sur leur tête embrâsés.
Les Russes en état de recourir aux armes,
Et pour qui la vengeance a seule encor des charmes,
Dans leur fuite, ont eu soin d'ôter à leurs rivaux
Ces tubes consacrés à dispenser les eaux. (7)
L'incendie allumé, les moyens de l'éteindre
Sont enlevés par ceux qui seuls devaient le craindre.
Mais tout mon sang se glace.... O spectacle d'horreur!
Dans ces asiles saints, refuges du malheur, (8)
Où la religion, douce et compatissante,
Prodigue des secours à la classe indigente;
Où se réunissant, l'Art et l'Humanité
Rivalisent sans cesse avec la Charité
Pour soulager les maux et du corps et de l'âme,
Combien d'infortunés vont périr dans la flamme ?
La torche incendiaire est l'horrible flambeau
Qui de ces malheureux éclaire le tombeau.
La plupart, à l'aspect de ces flammes horribles
Qui vont les consumer, jettent des cris terribles;
Les uns au désespoir, et de terreur glacés,
Veulent fuir au danger dont ils sont menacés
Et cherchent une issue à travers la fumée;
Ils en sont suffoqués... leur perte est consommée.

D'autres sont mutilés, paralysés, perclus;
Et font, pour se sauver, des efforts superflus;
C'est en vain qu'à la mort on prétend les soustraire,
Sous leur lit de douleur s'ouvre le noir cratère :
Ils tombent abîmés, les murs croûlent sur eux,
Et n'offrent aux regards qu'un océan de feux,
Qui les ensevelit, et soudain les dévore.
Hélas! ils ne sont plus, et l'œil les cherche encore,
Quand leur cendre fumante, et le jouet des vents,
Sur les foyers voisins s'élance par torrens !....
Sort injuste et cruel, aveugle dans ta rage,
Tu ne respectes rien, ni le sexe ni l'âge.
Victime incessamment de ses vaines fureurs,
Le vainqueur est en proie à de justes terreurs,
Et plus que les vaincus éprouvant des alarmes,
Dit : j'éteindrai ce feu dans le sang, dans les larmes ;
A chaque corps d'armée alternativement
Il permet le pillage et le saccagement, (9)
Et sa garde fidèle en obtient les prémices :
Elle seule doit vivre au milieu des délices :
Comme elle est son égide et l'objet de ses soins,
Il veut la garantir du fardeau des besoins ;
Mais cette préférence allume la discorde
Parmi ceux qu'unissait une infâme concorde.
Par la haine et l'envie au carnage excités,
Ils entrent dans la ville à flots précipités,
Et le fer à la main, cette troupe en furie
Marchant à la lueur de l'horrible incendie,
Va piller le Bazard ; bientôt Germains, Français,
Napolitains, Saxons, Bavarois, Polonais,

Étalent aux regards le contraste bizarre
De guerriers travestis, les uns à la tartare,
D'autres à la chinoise, et du bonnet persan
Plusieurs sont affublés ainsi que du turban. (10)
Là, des soldats couverts de superbes fourrures,
Traînés par des coursiers dans de riches voitures,
Proposent pour du pain des objets précieux.
D'autres, nourris des mets les plus délicieux
Payés au poids de l'or, vivent en sibarites,
Et traînent avec eux des femmes moscovites,
Esclaves sans pudeur, corruptrices des mœurs,
Qui vendent leur pays ainsi que leurs faveurs,
Et portant dans les camps les germes de leurs vices,
Énervent nos guerriers par de fausses délices.
Mais en revanche aussi, quel contraste nouveau
Nous offre la vertu dans un coin du tableau !
C'est la jeune Eudoxie, alarmée et plaintive,
Qui d'un vainqueur cruel craignant d'être captive,
Court d'un pas égaré dans ces tristes remparts,
Et levant vers le ciel ses pudiques regards,
L'implore avec ferveur pour le salut d'un père,
D'un enfant, d'un époux, d'un parent ou d'un frère.
Hélas ils sont tombés sous des coups ennemis !
Elle aperçoit leurs corps et sanglans et meurtris,
Jette un cri, les embrasse, au tombeau va les suivre ;
Le fer brille en ses mains..... elle a cessé de vivre.
Sans avoir l'âme émue, un tyran furieux
A vu son sang jaillir et couler sous ses yeux !
Ce despote, entouré de flambeaux funéraires,
Fait condamner à mort tous les incendiaires,

Sans pouvoir arrêter de funestes excès ;
Ces excès doivent mettre un terme à ses succès,
Et chacun, sans regret, à l'envi sacrifie
Au salut de l'État sa fortune et sa vie ;
Le Russe aime son prince et sa religion
Autant qu'il hait le joug du fier Napoléon ;
Esclave de ses mœurs, victime du courage,
Il succombe avec gloire en défiant la rage
Du farouche vainqueur qui prétend l'asservir.
Il n'a pu triompher, mais il saura mourir
Plutôt que de traîner la chaîne ensanglantée
Sous laquelle gémit l'Europe épouvantée ;
Et dans son désespoir, de son civisme ardent,
Il donne à l'univers un exemple éclatant.
Le cruel oppresseur d'un peuple magnanime
Voit des cœurs, des esprits le concert unanime,
Éteignant par le feu la foudre dans ses mains,
Arrêter dans leur cours ses projets inhumains ;
Et dans ce jour célèbre aux fastes de l'Histoire,
Brûler, pour se venger, l'aile de la Victoire
Qui planant sur des murs en proie à la terreur,
Annonçait du Tyran l'implacable fureur.
Forcé de s'éloigner de ce lieu funéraire,
Ne pouvant assouvir sa rage sanguinaire,
Ce tigre furieux, trompé dans son dessein,
Va se réfugier au palais du Kremlin,
Et la ville bientôt lui retrace l'image
Des ruines qu'autrefois offraient Troie et Carthage.
Dans l'asile sacré, planant sur des tombeaux, (11)
Contemplant à loisir ces funèbres tableaux,

Pour charmer ses ennuis et varier la scène
Il convoque à la fois Thalie et Melpomène;
Tandis qu'il s'occupait à leur dicter des lois, (12)
Toutes deux à l'envi se rendent à sa voix;
De Mars entre leurs mains il dépose le casque,
Prend le poignard de l'une, et de l'autre le masque,
Dans le sein des revers affectant des succès,
Il prend part à leurs jeux, assis sous des cyprès.
Moscou devient enfin la nouvelle Capoue,
Où du faux Annibal la fausse gloire échoue;
Le soldat qui par lui se voit autorisé
A l'imiter en tout, est démoralisé :
Sourd à la voix des chefs et de pillage avide,
Il méconnaît l'honneur qui lui servait de guide :
Plus de frein qui l'arrête, il a pris son essor :
Il était sans argent, et possède de l'or;
Envers la discipline il se montre rebelle;
Insensible à la gloire, au plaisir seul fidèle,
Il s'y livre en aveugle; il quitte son drapeau,
Prépare sa défaite, et creuse son tombeau :
Mais bientôt, à l'aspect de l'affreuse disette,
Il montre le désir d'opérer sa retraite,
Quand son chef en ces lieux prolonge son séjour,
Et laisse s'avancer aveuglément le jour
Qui doit anéantir sa puissance infernale
Et détruire une armée immense et colossale.
Fier d'habiter ainsi l'ancien palais des Czars,
Cet imprudent vainqueur s'abandonne aux hasards.
Sombre, inquiet, rêveur, feignant un air tranquille,
Du Kremlin cependant il déserte l'asile.

Et dans Péterskoé cherchant sa sûreté,
Il propose la paix et n'est point écouté. (13)
Aux regards d'Alexandre il redouble d'audace
Et croit l'intimider par la vaine menace
D'aller à Pétersbourg, quand le froid des hivers
Le menace lui-même en ces affreux déserts.
Dans Moscou, qui n'est plus qu'un amas de ruines,
Il exerce en fuyant ses fureurs assassines,
Et détruit par le glaive ou le plomb meurtrier
Tous ceux qui, sous son joug refusant de plier,
Se montrent saintement à ses ordres rebelles ; (14)
Il condamne à périr des magistrats fidèles
Qui se sont refusés aux réquisitions
Qu'il exigeait au sein des dévastations :
Mais dans ces lieux fumans d'horreur et de carnage,
C'est en vain, chaque jour, qu'il exerce sa rage :
La foudre dans les mains, entouré de bourreaux,
Dans chaque citoyen il rencontre un héros.
« Quand j'ai, lui dit l'un d'eux, mon prince pour complice,
» La mort m'est un honneur et non pas un supplice ;
» Frappe, voilà mon sein, et ne m'épargne pas :
» Mille bras sont armés pour venger mon trépas. »
Le Tyran, effrayé d'une telle menace,
Affecte la clémence et veut lui faire grâce,
Mais à l'usurpateur ne voulant rien devoir :
« Si le sort t'avait fait tomber en mon pouvoir,
» Reprend le condamné, ton odieuse vie
» Aurait déjà payé le sang de ma patrie ;
» Tu dois te délivrer d'un funeste ennemi
» Dans sa haine pour toi pour jamais affermi;

» Tu pourrais, en comptant sur ma reconnaissance,
» Te repentir bientôt de ta fausse clémence.
» Tyran, qui crois en vain m'enchaîner à ton char,
» Souviens-toi de Brutus et du sort de César;
» Je meurs pour mon pays, pour le grand *Alexandre*,
» Et des vengeurs bientôt vont naître de ma cendre;
» Le destin m'a trahi, j'attends la mort de toi. »
A ces mots, vers la tombe il marche sans effroi;
Il y descend fidèle au prince légitime.
Le Corse, en immolant cette illustre victime,
Soulève les esprits de rage exaspérés,
Contre sa tyrannie hautement conjurés.
Quel exemple pour vous conquérans de la terre!
Chez des princes rivaux quand vous portez la guerre
Redoutez-en toujours les funestes effets,
S'ils sont comme Alexandre aimés de leurs sujets.
Forcé d'abandonner ce malheureux rivage,
Le Corse jusqu'au bout veut signaler sa rage,
Au valeureux Trévise il ordonne soudain
De détruire en partant le château du Kremlin; (15)
Sous ses remparts minés il dépose la foudre,
Il y porte la flamme, ils sont réduits en poudre,
Et l'antique palais aux regards éclipsé,
Retombe sur la terre en éclats dispersé.

FIN DU NEUVIÈME LIVRE.

SOMMAIRE DU LIVRE X.

St.-Louis et le Duc D'Enghien apparaissent en songe à Bonaparte, au chateau de Péterskoé; l'ange exterminateur lui prédit sa chûte; son effroi le réveille; son trouble et ses remords le poursuivent; il appelle auprès de lui ses complices. Murat vient le premier, et cherche à le calmer et à dissiper ses craintes. Il approuve sa conduite, et par d'odieux sophismes l'engage à faire oublier ses forfaits par de nouveaux crimes; le Tyran cède encor à ses conseils perfides, et opère enfin sa retraite funeste de Moscou. Défection de l'armée française. Noble conduite du Prince Eugène, et des braves généraux qui en ont rallié et sauvé les précieux débris.

LA BONAPARTIDE,

ou

LE NOUVEL ATTILA.

LIVRE DIXIÈME.

L'éclatant voyageur avait fini sa course :
L'ombre couvrait déjà le ciel glacé de l'ourse :
Sur la terre, Morphée épanchant ses pavots,
Invitait les humains aux douceurs du repos ;
Les soldats dans leur camp en savouraient les charmes;
Le calme succédait au tumulte des armes.
La fille du soleil, l'astre au front argenté,
Qui des plus sombres nuits blanchit l'obscurité,
Et d'un pas inégal mesure sa carrière,
Sur la cime des monts répandait sa lumière.
De la voûte d'azur les nocturnes flambeaux,
Des vainqueurs, des vaincus, éclairaient les tombeaux.
Moscou n'existait plus, une épaisse fumée,
S'élevait sur la Ville, en cendre consumée :
Le Tyran contemplant ces funestes débris,
Regrette une victoire achetée à ce prix.
Dévorant ses soucis, en proie à mille craintes,
Des coups qu'il a portés il ressent les atteintes.

Arraché le premier, d'un pénible sommeil,
Par un cri d'épouvante il marque son réveil,
Des songes alarmans, à sa triste pensée
Ont offert le tableau de sa gloire éclipsée ;
Présages de sa chûte, ils ont mis sous ses yeux
L'assemblage inouï de ses crimes affreux.
Mais l'effroi, dans son cœur, faisant place à la rage,
Il cherche à ranimer son féroce courage,
Appelle près de lui les confidens discrets,
Complices odieux de ses plus noirs forfaits,
Et Murat le premier se présente à sa vue : (1)
» Ah! viens rendre le calme à mon âme éperdue,
Lui dit Napoléon ; « un noir pressentiment
» M'accable, me poursuit. En ce cruel moment,
» Prends pitié, cher ami, du trouble qui m'oppresse ;
» Mais un songe effrayant étonne ma faiblesse ;
» J'écoute malgré moi sa prophétique horreur,
» Et ta présence encor ajoute à ma terreur. »
—« Un songe, dit Murat, vous le savez, mon frère,
» N'est qu'une illusion, une vapeur légère,
» Produite par l'erreur, dans l'ombre de la nuit ;
» Le sommeil l'enfanta, le réveil la détruit. »
—« Non, reprend le Tyran, ce rêve épouvantable
» Vient de me présager ma chûte inévitable :
» Le jour, comme la nuit, de noirs pressentimens
» De la crainte chez moi font naître les tourmens.
» Mais comment se fait-il que toi, toi mon complice,
» Tu ne partages point l'horreur de mon supplice ;
» Coupable des forfaits dont je me suis noirci,
» Serais-tu, plus que moi, dans le crime endurci ?

» Je connais ton audace et ta valeur active,
» Prête-moi, si tu peux, une oreille attentive.
» Ici, comme au Kremlin, planant sur des tombeaux,
» Cherchant dans le sommeil un remède à mes maux ;
» Je ne le trouvai point ; et dans ces lieux funèbres,
» Les torches de la mort éclairaient les ténèbres.
» Trois fois cette nuit même, un spectre ensanglanté,
» A mes sombres regards soudain s'est présenté ;
» Sa main tenait un glaive, et de sang dégouttante,
» Il montrait les lambeaux de sa chair palpitante,
» Et déjà vers sa tombe il m'avait entraîné.....
» Je reconnus soudain ce Prince infortuné,
» Ce fils du grand Condé, que ma main criminelle
» Plongea, si jeune encor, dans la nuit éternelle.
» Le père des Bourbons, le pieux Saint-Louis,
» L'arrête et lui présente une touffe de lys,
» En prononçant ces mots qui redoublent ma crainte:
» *Les abeilles jamais n'y porteront atteinte ;*
» De leur perfide dard, dit le saint Roi martyr,
» Sur un sol étranger j'ai su les garantir.
» De notre auguste sang, trop long-tems arrosée,
» Les pleurs du repentir sont la douce rosée
» Qui d'un Ciel irrité désarmant la rigueur,
» Peut rendre à cette tige encore sa vigueur.
» Contemple, mon cher fils, les funestes ravages
» Que la guerre exerça sur ces tristes rivages ;
» Sur ces débris fumans fixe ton assassin :
» Le poignard du remords doit déchirer son sein.
» L'Éternel m'a remis son glaive et sa balance,
» Mais un Bourbon, mon fils, méconnaît la vengeance.

» Prions plutôt ce Dieu de briser l'instrument
» Dont sa main s'est servi jusques à ce moment
» Pour punir à son gré les crimes de la terre,
» Prions pour cette France à notre cœur si chère ! »
» A ces mots apparaît l'ange exterminateur :
» Il n'est pas tems, dit-il, et ce Ciel protecteur
» Ne peut rendre le calme à la France alarmée
» Qu'après avoir vengé la Russie opprimée,
» Et de l'Europe entière assuré les destins,
» En frappant l'ennemi de tous les Souverains.
» Tel est la loi du Ciel, aux mortels inconnue. »
» Puis s'adressant à moi, du milieu d'une nue,
» Il ajoute : « Non loin de ces tristes remparts,
» Tu vas laisser bientôt tes bataillons épars,
» Et soudain on verra la justice suprême
» Aux yeux de l'Univers te frapper d'anathême,
» Détruire tes projets, et de son bras puissant
» Te renverser d'un trône odieux et sanglant. »
» Après m'avoir prédit ce funeste horoscope,
» D'un nuage enflammé l'ange alors enveloppe
» Les deux spectres et lui, puis au sein des éclairs,
» Le céleste trio disparaît dans les airs ;
» La foudre me réveille, et d'effroi je me lève ;
» J'appelle..... à ton aspect s'évanouit le rêve. »
Reprenez vos esprits, lui repliquent soudain,
Les principaux auteurs de la mort de d'Enghien. (2)
Banissez de votre âme une image importune.
Vous qu'on vit si souvent maîtriser la fortune,
Pourriez-vous écouter un présage trompeur ?
Céder au repentir et connaître la peur ?

Vous nous devez encor l'exemple du courage.
Napoléon répond avec des pleurs de rage :
« Je connais le remords ; oui ce songe accablant
» Est du courroux céleste un présage effrayant ;
» Mais redoutez le mien, monstres abominables,
» Flatteurs, qui de sang-froid vous rendites coupables;
» Serviles instrumens d'une aveugle fureur
» Éloignez-vous de moi, vous me faites horreur ;
» Tout veut que maintenant de vous je me défie ;
» Vous pourriez quelque jour attenter à ma vie,
» Et laver dans mon sang, aux yeux de l'Univers,
» L'opprobre et les forfaits dont vous êtes couverts. »
— « Ce reproche odieux a de quoi me confondre,
» Il m'étonne, mon frère, et je vais y répondre,
» Lui répartit Murat. J'en conviens avec vous,
» Le valeureux d'Enghien est tombé sous nos coups;
» J'ai fait couler son sang ; ce sang de l'innocence
» Fume, s'élève, crie, et demande vengeance,
» Non de vous, non de moi, mais du lâche Français
» Qui servit votre rage en son funeste accès.
» Lui seul est l'assassin, lui seul est le coupable ! »
— « Ah ! quand je l'ai chargé de ce crime exécrable,
» Repond Napoléon, quand je l'ai commandé,
» J'ai cru que, respectant le sang du grand Condé,
» Dans le jeune Héros qu'a tant pleuré la France,
» Ce traître, retenu par la reconnaissance,
» En feignant de servir mon aveugle courroux,
» Déroberait ce Prince à mes perfides coups.
» Son zèle à me servir, un instant m'a fait croire
» Qu'il voulait épargner cette tache à ma gloire,

» Il pouvait me sauver d'un opprobre éternel ?
» Oui ; tu dis vrai Murat, lui seul est criminel.
» Jaloux de ses vertus, de son noble courage,
» Sur un Prince français j'ai signalé ma rage ;
» Celui qui l'a vendu, celui qui l'a livré,
» Doit être plus que nous, par le monde exécré. »
» Cessez, lui dit Murat, un reproche inutile ;
» Je ne vous croyais pas, à troubler si facile ;
» Un crime commandé par la raison d'État,
» Qand il est couronné n'est plus un attentat. (3)
» Abandonnez la crainte au stupide vulgaire,
» Ce que vous avez fait, vous avez dû le faire;
» Le destin l'ordonnait, et quels que soient vos torts,
» Pour paraître un grand homme, étouffez vos remords ;
» La politique parle, écoutez ses maximes ;
» Le succès rendra seul vos fureurs légitimes.
» Effacez vos forfaits par des crimes nouveaux :
» Les grands crimes toujours ont fait les grands Héros ;
» Le second des Césars, cet Empereur Auguste,
» Protecteur des beaux arts, bon, magnanime et juste,
» Qui semble réunir Marc-Aurèle et Trajan,
» Fut, sous le nom d'Octave, un barbare, un tyran.
» Il cessa d'opprimer la liberté publique
» Pour mieux asservir Rome à son joug despotique,
» Et le peuple enchaîné par des liens de fleurs,
» Aisément oublia ses premières fureurs.
» Imitez son exemple, on bénira vos chaînes
» Des portes de l'aurore aux régions lointaines
» Où de l'astre du jour tombent les derniers traits :
» Les Peuples subjugués chanteront vos bienfaits.

Armez-vous de nouveau, lancez partout la foudre,
Que l'Univers soumis, forcé de vous absoudre,
Tremble et s'incline encor devant Napoléon,
Qu'il se taise au seul bruit de son glorieux nom;
Plus terrible pour lui que l'affreuse tempête,
Qu'avec un saint respect l'écho seul le répète,
Et des bords du Volga jusqu'au froid Tanaïs
Vous me verrez voler contre vos ennemis. »
Ce discours captieux flatte, séduit, ranime
Le barbare oppresseur d'un Peuple magnanime;
Il embrasse soudain le perfide orateur.
« Ah! mon frère, s'écrie alors l'Usurpateur,
Je cède à tes conseils, à toi je m'abandonne,
Oui ma gloire l'exige, et la raison l'ordonne,
Ton dévoûment, ton zèle, et ta fidélité
Rendent enfin la paix à mon cœur agité.
Et vous, dignes soutiens de mon funeste Empire,
Vous, calmes dans le crime, excusez mon délire:
Tourmenté de remords, un légitime effroi
Me rendit, envers vous, injuste malgré moi;
Ah! de ce que j'ai vu dans cette nuit terrible,
Je garderai long-tems le souvenir horrible!
Je n'en saurais douter, la justice de Dieu
Vient de se signaler dans ce funeste lieu;
Je veux m'en éloigner au lever de l'aurore. »
Mais de ses premiers feux, l'horizon se colore:
Des astres de la nuit les pâles légions
S'éclipsent à l'aspect de ses brillans rayons.
Las de régner ainsi sur d'immenses décombres,
Et que la mort couvrait de ses funestes ombres,

Napoléon, soudain rassemble ses soldats,
Et veut les diriger vers de plus doux climats.
Ici va commencer sa retraite sanglante.
Mais il ne trouve plus cette masse imposante
D'hommes disciplinés, à ses ordres soumis,
Qui furent si long-tems l'effroi des ennemis ;
Ce n'est plus cette armée à la gloire fidèle,
De vingt peuples divers embrassant la querelle,
Dont les membres rangés sous les lois du devoir,
Ne formaient qu'un seul corps qu'un seul chef fait mouvoir.
Ce sont des forcenés, ivres de leurs conquêtes,
Qui, sans voir les dangers amassés sur leurs têtes,
Et riches des trésors dans la ville pillés,
De dépouilles sans fruits vont être dépouillés.
Le tambour a roulé : la trompette guerrière
Rappelle chaque corps à sa noble bannière ;
Du geste et de la voix, ainsi que des regards,
Les chefs ont rallié leurs bataillons épars.
On donne le signal, on part : chaque colonne
Suit du code de Mars la règle monotone ;
Le soldat à son rang, s'aligne, prend le pas,
Et déjà se dispose à de nouveaux combats.
De bruyans escadrons, images du tonnerre,
S'apprêtent à quitter cette funeste terre
Qu'ils ont couvert de sang, de meurtres et de deuil,
Et qui doit avant peu devenir leur cercueil.
D'un immense butin, cent voitures chargées,
Marchent tranquillement, à la file rangées.
Plus loin sont des caissons portant les étendards,
Sur les Turcs, les Persans, enlevés par les Czars,

Et suivant l'ordre exprès du vainqueur sacrilége ;
La croix de Saint-Iwan terminait le cortége. (4)
Nos soldats en silence, en ordre recueillis,
En vain sur tous les points se trouvaient assaillis ;
En vain fondaient sur eux des bandes de Cosaques : (5)
De Platow, repoussant les nombreuses attaques,
Ney perçait à travers ses bataillons épars,
Ainsi que le soleil à travers les brouillards.
Pendant les premiers jours, l'atmosphère brillante,
De l'armée éclairait la marche triomphante :
Quand tout-à-coup, poussés par des vents furieux,
Des nuages épais obscurcissent les cieux.
L'aquilon gronde au loin, apporté par l'orage,
Et sur nos bataillons se déchaîne avec rage :
De voraces corbeaux, qui peuplent ces déserts,
Manifestent leur joie; et planant dans les airs,
Par leurs croassemens de sinistre présage,
Des Français poursuivis, signalent le passage.
Emblêmes de la mort, ces affreux messagers
Cumulent sur leurs pas la somme des dangers.
Les Russes rassemblés, pour venger leur défaite,
Cherchent à nous couper tout moyen de retraite;
Le besoin qui commence à se faire sentir,
De malheurs bien plus grands semble nous avertir.
Tel d'un vent furieux, la dévorante haleine
Ravage les moissons et dessèche la plaine ;
Des escadrons entiers, par le froid et la faim,
Se trouvent moissonnés du soir au lendemain.
O Muse de l'Histoire, ici ma voix t'implore
Pour peindre des revers que la France déplore ;

Mais comment retracer aux yeux épouvantés
L'effroyable tableau de nos calamités ?
Nos malheurs, nés du sein même de la victoire,
Sont dignes de pitié, sont dignes de mémoire ;
Et d'odieux succès, les affreux résultats,
Doivent servir d'exemple à tous les Potentats.
Du Tyran des Français, la folle confiance,
L'ambition, l'orgueil, surtout l'imprévoyance
Ravit à ses soldats tout espoir de retour
Au sein de leur Patrie, objet de leur amour !
Déjà celui-ci touche au terme de ses peines ;
Son sang, plus lentement circule dans ses veines,
Et le froid de la mort se glisse dans son sein ;
Un rire convulsif a signalé sa fin. (6)
A ce rire funèbre ont succédé les larmes,
Il succombe bientôt sous le poids de ses armes,
Il veut se relever par un dernier effort,
Il chancelle, retombe, et pour jamais s'endort.
Un autre, dont le givre a blanchi le visage,
Ayant perdu sa force, a gardé son courage.
Il est resté debout, son arme encore au bras,
Et semble, quoique mort, défier le trépas ;
Il a de le braver contracté l'habitude,
Et garde, en expirant, cette mâle attitude
Qu'il eut au champ de Mars. Plus loin un cavalier
Sous ses genoux tremblans sent fléchir le coursier
Compagnon de ses maux ainsi que de sa gloire,
Qui, plus prompt que les vents, volant à la victoire,
Était fier de porter un si noble fardeau ;
Sa perte est pour son maître un désespoir nouveau ;

Ne pouvant le sauver, il conçoit la pensée,
Afin de satisfaire une faim empressée,
De l'égorger lui-même, et hâtant son trépas,
De sa chair palpitante il se fait un repas.
Ses autres compagnons à l'envi le partagent ;
Du plus pressant besoin avec lui se soulagent.
En expirant ainsi, ce valeureux coursier
Sauve du moins la vie à son noble écuyer ;
Un soldat pour calmer le tourment qu'il endure
D'un cadavre fumant veut faire sa pâture,
Et dispute aux corbeaux, pour apaiser sa faim,
La part qu'il veut avoir dans cet affreux festin ;
Et pour calmer la soif qui l'oppresse et l'altère,
Il exprime un glaçon teint du sang de son frère.
Poursuivons...... Les chemins jusqu'alors parcourus,
Sous un ciel nébuleux étaient tous disparus,
Et l'horizon n'offrait qu'une masse blanchâtre,
De la nature en deuil funèbre amphithéâtre.
Les monts et les forêts, les vallons, le coteau,
Ne présentaient aux yeux qu'un immense niveau ;
Et notre arrière-garde, au sein des vastes plaines,
Suivait, le plus souvent, des routes incertaines.
On cherchait un abri ; mais c'était vainement :
Tout offrait aux regards l'image du néant.
Mais le danger s'accroît avec l'inquiétude.
Marchant dans les déserts et dans la solitude,
Le Français, en fuyant, pressentait son malheur,
Et rien ne répondait au cri de sa douleur.
Des tourbillons de feu, de flamme et de fumée,
Éclairaient, dans la nuit, la marche de l'ar-

Et ces affreux fanaux s'élevaient des cités,
Des bourgs et des hameaux par nos mains dévastés. (7)
Partout Napoléon, aveugle dans sa rage,
Par la destruction signalait son passage.
Précédé de sa garde, et la flamme à la main,
Sur la neige sanglante il s'ouvrait un chemin.
Pour protéger sa fuite, on vit l'artillerie
Traverser dans les lieux en proie à l'incendie,
Fouler de toutes parts des débris enflammés,
Et marcher sur des corps à demi-consumés.
Accablé des besoins dont la foule l'assiége,
Entouré d'ennemis et veillant sur la neige,
Campant sur des monceaux de morts et de mourans,
Le Français, chaque nuit, voit éclaircir ses rangs ;
Son cœur impatient soupire après l'aurore,
Et de nouveaux malheurs le menacent encore.
Partageant des soldats les maux et les dangers,
Leurs braves généraux les rendent plus légers. (8)
Le Corse fugitif, toujours d'une journée
Précédait son armée au sort abandonnée.
Ceux qui pour le sauver bravent mille trépas
Et pour s'y dérober veulent suivre ses pas,
Ne trouvent après lui qu'un amas de ruines ;
Les uns, mourans de faim, sont tout couverts d'hermines,
Mais ils sont dénués des moindres alimens ;
Les autres ont du pain, mais point de vêtemens,
Et pour sauver leurs jours dévorent en cachette
 morceau conservé dans l'horrible disette.
Auprès chef malheureux réduit à mendier
 on soldat s'abaisse à supplier

Afin d'en obtenir une faible parcelle
Pour soutenir son corps qui sur ses pieds chancelle,
S'il sollicite en vain, et s'en voit refusé,
Sous le poids des besoins il succombe épuisé.
Tel autre contre soi tourne un fer homicide,
Ou sur son compagnon lève un bras fratricide,
Afin de lui ravir son dernier aliment,
Et tombe à ses côtés dans le même moment
Où voulant le porter à sa bouche mourante
Il cherche à satisfaire une faim dévorante.
De vingt peuples divers les soldats confondus
Cherchent en vain leurs chefs égarés ou perdus.
La fatigue, le froid, le deuil et la famine
De leurs rangs dispersés bannit la discipline;
La grêle, les glaçons, la neige, les frimas
Apportés par les vents dans ces affreux climats,
Détruisent chaque nuit cette invincible armée,
Par le seul désespoir à demi consumée.
Des héros qu'épargna le destin des combats,
Qui, le glaive à la main, bravant mille trépas,
Ont livré tant d'assauts, forcé tant de murailles,
Ces valeureux Français, fiers enfans des batailles,
Sont par Napoléon condamnés à périr
Dans ces champs que naguère ils ont su conquérir.
Mais le soleil enfin, sortant du sein des eaux,
Des milliers de soldats éclaire les tombeaux;
Ceux qui fixent encor sa tremblante lumière
Cherchent à s'éloigner de ce lieu funéraire;
Au loin, à l'horizon, ils découvrent la tour
D'une ville où naguère ils ont fait leur séjour.

Les chefs et les soldats conçoivent l'espérance
D'y trouver avant peu l'oubli de leur souffrance ;
Ils y portent leurs pas : mais ô vœux superflus !
Ils cherchent cette ville, elle n'existe plus.
L'horloge sonne encor, elle annonce les heures,
Lorsque les habitans sous leurs tristes demeures
Sont la plupart vivans restés ensevelis :
La tour et son beffroi planent sur des débris. (9)
Plusieurs soldats glacés et que la faim tourmente
Veulent se réchauffer sur la cendre fumante :
O surprise ! ô terreur ! un spectacle hideux,
Un cadavre animé se présente à leurs yeux !
C'est un spectre vivant, un de leurs frères d'armes
Mutilé par Bellone en ce séjour d'alarmes ;
Objet digne d'horreur, non moins que de pitié,
Sur des monceaux de morts en ces lieux oublié,
Alors que le vainqueur, dans sa course imprudente,
Dirigeait vers Moscou sa troupe triomphante,
Laissant derrière lui les morts et les blessés,
De sa gloire sanglante instrumens fracassés.
Mais comment ce Français, en proie à la misère,
A la faux du trépas a-t-il pu se soustraire ?
Comment a-t-il vécu dans ce séjour de deuil
Où tous les habitans ont trouvé leur cercueil ?
O Muse ! tu frémis d'horreur et d'épouvante !
Il s'est alimenté de la chair palpitante
Des guerriers moissonnés par le glaive de Mars,
Tombés à ses côtés aux pieds de ces remparts.
Mais qui peut exprimer cette longue agonie,
Ce siècle de tourmens qui consuma la vie

De cet infortuné dont le corps ulcéré
Est déjà par les vers à demi dévoré?
Ses traits sont imprégnés de sang et de fumée;
Il se traîne au-devant des débris de l'armée
Qui ne peut concevoir comment ce malheureux
S'est soustrait aux rigueurs des aquilons fougueux;
Il a son champ d'asile... et de ses mains sanglantes
Arrachant des coursiers les entrailles fumantes,
Il en prenait la place, et ce lit de douleur
A ses membres glacés rendait quelque chaleur.
Il revoit ses amis, mais bientôt il expire
Sous le poids des tourmens dont l'horreur le déchire,
En prononçant encore à ses derniers momens
Le nom de son pays, celui de ses parens. (10)
Achevons de tracer cette horrible peinture;
Muse, redis ce trait dont frémit la nature!
Deux mille prisonniers moscovites vaincus,
Gardés par les Français, sur la neige étendus,
Étaient depuis trois jours en proie à la souffrance,
Sans secours et sans pain, comme sans espérance :
Pour calmer de la faim le tourment douloureux,
On vit ces malheureux se dévorer entre eux,
Et la plupart montrer une féroce joie
Tout en se repaissant de leur funeste proie.
Les Français, jusqu'alors échappés au trépas,
Se traînent vers Smolensk : le malheur suit leurs pas;
Ils laissent derrière eux moitié de leurs bagages,
Leurs tentes, leurs caissons, leurs nombreux équipages,
Les hommes, les chevaux d'alimens dénués,
Ensemble, à chaque pas, tombent exténués.

La peste, ce fléau funeste dans sa rage,
Sur un peuple jamais ne fit tant de ravage ;
Mille bouches à feu qui vomissaient la mort
Et restent encombrés dans les glaces du nord, (11)
Jamais aux ennemis ne furent si contraires
Que ce désastre affreux ne le fut à nos frères.
Chaque heure, chaque instant détruit nos escadrons ;
Nos braves cuirassiers, hussards, chasseurs, dragons,
Ces valeureux enfans de Mars et de Bellone,
Que le malheur poursuit, que l'aquilon moissonne,
Ainsi que leurs coursiers tombent dans ces déserts,
Et de flocons neigeux leurs cadavres couverts
Partout sur les chemins forment des éminences
Attestant nos revers et nos pertes immenses.
Mais tout en s'éloignant de cette terre en deuil
Où l'hiver étalait son éclatant linceuil,
C'est peu contre le sort d'avoir à se débattre,
En cet horrible état il faut encore combattre
Contre des ennemis justement irrités,
Qui vengent leur pays et leurs champs dévastés.
Bellune et *Reggio*, *Grouchi*, *Trévise*, Eugène,
Ney, Friant, *Lauriston*, passent le Borysthène,
Forment un escadron de valeureux guerriers (12)
Dont la mort respecta le front et les lauriers.
Cet escadron sacré, l'élite de nos braves,
A peine dégagé des cruelles entraves
Que sèment sur ses pas de nombreux ennemis,
Accourt servir d'égide à l'armée en débris,
Protége sa retraite, et prenant sa défense
Partage ses périls autant que sa souffrance.

A poursuivre nos pas les Russes acharnés
Se joignent aux frimas contre nous déchaînés.
D'Eugène cependant les troupes triomphantes
Bravant les vains efforts de cent bouches tonnantes,
Repoussent Witgenstein ainsi que Kutusow, (13)
Et de Smolensk enfin abordent Borisow.
Celles de Partouneaux, en quittant cette ville
S'avancent vers Wilna sans trouver un asile,
S'égarent en marchant d'un pas mal affermi,
Et vont se rallier au feu de l'ennemi. (14)
Les autres corps, marchant dans l'ombre et le silence
Sur des sentiers neigeux dans ce désert immense,
Loin de prêter l'oreille aux soupirs des mourans,
Passent sans regarder leurs frères expirans ;
Quelques-uns, entraînés par l'espoir du pillage,
Retournent sur leurs pas dans ces champs de carnage
Pour ravir des lambeaux sanglans et déchirés
A ces agonisans par le froid dévorés ;
Un égoïsme affreux de leur esprit s'empare
Et fait naître en leur cœur une fureur barbare ;
Tels on voit dans les champs, dans le creux des tombeaux,
S'élancer à-la-fois un peuple de corbeaux,
Ou tels nous les voyons sur les champs de batailles
Se repaître à loisir de vastes funérailles.
En traçant ces tableaux une profonde horreur
Est le seul sentiment qui survit dans mon cœur,
Et d'indignation mon âme se soulève ;
Pégase soutiens-moi... Muse, poursuis, achève !
Dis comment sur les bords de la Bérésina,
Sur nos débris errans l'hiver se déchaîna ;

Ce fleuve charriait dans ses ondes glacées
De vingt peuples rivaux les troupes entassées ;
Vengeur de son pays qu'elles ont mis en deuil ,
Dans son sein sépulchral il leur ouvre un cercueil.
Les morts et les mourans aux bandes fugitives
Ont frayé le chemin de ces funestes rives ;
La foule des guerriers échappés au trépas
Sur deux fragiles ponts précipite ses pas. (15)
Ici, le fer en main, des soldats pleins de rage
Veulent aux plus pressés disputer le passage ;
D'autres, plus loin, de froid ou de faim expirans
Tombent, et dans leur chûte entraînent les vivans.
Tout-à-coup ô revers ! ô comble de disgrâce !
Écrasé sous le poids de cette énorme masse
Le pont fléchit, se rompt....... tout est précipité.
Le fleuve dans son cours par les corps arrêté ,
Remonte vers sa source , et son urne sanglante
Se glace en reculant d'horreur et d'épouvante.
Le Vainqueur de Smolensk et de la Moskowa ,
Voit se renouveller le jour de Pultawa,
Aux mêmes lieux où Charle a perdu son armée. (16)
De ce rapport frappant son âme est alarmée :
Saisi d'un juste effroi, campé sur des hauteurs ,
Contemplant à loisir le néant des grandeurs ,
Sous ses yeux s'accomplit son effroyable rêve ;
Les élémens armés , la famine, le glaive,
Moissonnent ses héros dans ces affreux déserts ,
Et la faux de la mort s'agite dans les airs.
Assis près d'un foyer allumé sous sa tente ,
Le soin de son salut l'occupe et le tourmente ;

Pour s'éloigner plus tôt de ces funestes bords
Il gravit, en fuyant, trois montagnes de morts; (17)
Et près de Caulincourt, alors duc de Vicence,
Il fuit à Varsovie, et regagne la France,
En laissant ses soldats l'un sur l'autre entassés,
Étendus sur la neige, et par le froid glacés,
Lutter contre le sort, et dans la nuit obscure
En proie à tous les maux qu'amène la nature,
Les uns mourans de faim, et d'autres s'exposer
A périr près d'un tronc qu'ils veulent embrâser. (18)
Jeunes gens qu'on a vus traînés par des gendarmes
Du sein de vos foyers au milieu des alarmes,
Espoir de la Patrie, et qui, dans nos remparts,
Auriez pu ramener le Commerce et les Arts,
Qu'êtes-vous devenus ? Vos pères vous demandent;
Vos compagnes en vain chaque jour vous attendent;
Pour eux, comme pour nous, vous êtes bien perdus,
Et jamais à leurs vœux vous ne serez rendus.
Tombés au champ de Mars, la Fortune jalouse
Vous priva de revoir une amante, une épouse;
A servir un Tyran, en naissant condamnés,
Vous avez tous péri; jeunes infortunés,
La mort a terminé vos maux, votre misère,
Vous ne connaîtrez pas la douceur d'être père;
Napoléon a fait de l'Europe un tombeau;
De l'Hymen, dans le sang, il éteint le flambeau;
Le bandeau de l'Amour, toujours trempé de larmes,
Vous prouve que pour lui la paix n'a pas de charmes.
O Dieu juste et puissant, frappe le vil mortel
Qui fit jusqu'à ce jour couler le sang d'Abel !
Signale ta justice, autant que ta puissance,
Anéantis le Crime, et venge l'Innocence !

FIN DU LIVRE DIXIÈME.

SOMMAIRE DU LIVRE XI.

Les Généraux français achèvent d'opérer la retraite de Moscou, et rallient les débris de l'armée. Bonaparte se rend au Sénat pour y faire de pénibles aveux; il réclame de nouvelles levées, motivées sur ses revers et la défection des Prussiens, qui, entraînés par leur Général Yorck, ont abandonné ses drapeaux pour se joindre à ceux d'Alexandre. Conduite du Sénat. 530,000 hommes sont en trois mois arrachés à leurs foyers pour recompletter les cadres de l'armée; les cohortes, les gardes départementales, sont également reclamées pour ces nouveaux combats. Campagne de Dresde. Batailles de Lutzen, de Bautzen, et de Wurchem, gagnées par les Français, sur les troupes russes et prussiennes; armistice conclu à la suite de ces victoires. Congrès convoqué à Prague; préliminaires de paix. François II se rend médiateur entre les Puissances belligérantes, mais ne pouvant concilier leurs intérêts avec les vues ambitieuses de Napoléon, il est lui-même forcé d'armer contre son gendre, et d'entrer dans la coalition qui veut reconquérir l'indépendance de l'Allemagne.

LA BONAPARTIDE,

ou

LE NOUVEL ATTILA.

LIVRE ONZIÈME.

Le déserteur d'Égypte, et des champs de Wilna, (1)
A vu ses bataillons, sur la *Bérésina*,
Tomber, comme les fruits, la fleur décolorée,
Tombent dans nos jardins, au souffle de Borée.
Trois cent mille Francais, guidés par la valeur,
Ont péri sous les yeux de cet usurpateur,
Aux lieux mêmes naguère illustrés par leurs armes.
A leurs mânes sacrés, Muse, donnons des larmes!
Deux cent mille alliés compagnons de leur sort,
Furent ensevelis sous les glaces du Nord,
Et les chefs, échappés à ce revers funeste,
De l'armée, assemblant le déplorable reste,
A peine ont pu compter dans les champs de Pluhnitz, (2)
Trente mille soldats au drapeau réunis.
D'aussi cruels revers sont, plus on les contemple,
Tels que la terre encor n'en offre point d'exemple;
Et cependant on vit l'auteur de tant de maux
A la patrie en deuil en forger de nouveaux.

Renfermé dans Paris alarmé de sa fuite,
Il veut justifier son horrible conduite :
Après avoir goûté quelques jours d'un repos
Cent fois plus agité que la mer et ses flots,
L'espérance en son cœur a remplacé la crainte,
De son Sénat vénal il aborde l'enceinte ; (3)
Morne, inquiet, rêveur, et de honte accablé,
Il adresse ces mots à ce corps assemblé :
« Sénateurs, avant moi déjà la renommée
» A dû vous informer des revers de l'armée ;
» Moscou, vous le savez, était en mon pouvoir :
» Le Russe, exaspéré par l'affreux désespoir
» Autant que par l'amour qu'il a pour sa patrie,
» Alluma sous ses toîts ce fatal incendie
» Dont la flamme, éteignant la foudre dans ma main,
» M'a de Saint-Pétersbourg interdit le chemin.
» Cet acte inattendu, dans la même journée
» D'Alexandre et de moi changea la destinée ;
» Devançant la saison, la neige et les frimas (4)
» Sont venus me surprendre en ces âpres climats ;
» Tous les fléaux ensemble ont, dans notre retraite,
» De mes soldats vainqueurs opéré la défaite.
» Justement alarmé, dans votre sein j'accours
» Déposer mes chagrins, réclamer des secours.
» Marchant à ma poursuite, et fort de ma disgrâce,
» Le Russe sent renaître aujourd'hui son audace,
» Il s'avance à grands pas, ses nombreux bataillons
» Des bords de la Vistule inondent les sillons ;
» L'orage se grossit et gronde sur nos têtes,
» Il pourrait nous ravir les fruits de nos conquêtes.

» La Prusse de mon joug désire s'affranchir ;
» La conduite d'Yorck qui vient de nous trahir (5)
» En joignant ses soldats aux troupes d'Alexandre,
» Des piéges de son roi m'oblige à me défendre ;
» Le perfide Guillaume est le moteur secret
» Et l'invisible chef de quelque noir projet ;
» Pour recouvrer ses droits en Saxe, en Westphalie,
» Au Czar, son protecteur, son intérêt le lie,
» Et je viens réclamer du fer et des soldats (6)
» Pour résister au choc de ces deux potentats
» Qui naguère tremblans, osent lever la tête,
» Tandis qu'à les frapper ma main encor s'apprête.
» Pensent-ils qu'un revers difficile à prévoir
» Ait pu jusqu'à tel point affaiblir mon pouvoir
» Qu'ils seraient dispensés d'en craindre l'influence ?
» Ah ! qu'ils perdent soudain cette vaine espérance,
» Je saurai les punir de m'avoir résisté,
» On ne m'outrage pas avec impunité.
» Le sort pour un moment a compromis ma gloire ;
» C'est en les enchaînant au char de la victoire
» Que je veux triompher des destins conjurés.
» L'Autriche, l'Allemagne, et mes confédérés,
» Mes sujets, sur la foi de qui je me repose,
» Sont tous intéressés à défendre ma cause ;
» Mais que dis-je, ma cause ? à mes destins liés,
» Français, n'êtes-vous pas mes plus chers alliés ?
» Ma gloire, mon honneur, mes destins sont les vôtres :
» Vous n'en sauriez douter, je n'en puis avoir d'autres,
» Et vous devez m'aider, par un sublime accord,
» A maîtriser encor l'inconstance du sort ;

» Ce peuple, objet constant de ma sollicitude,
» Aura bientôt repris sa brillante attitude ;
» Comme Empereur et Roi, je viens dans le Sénat
» Tenter tous les moyens propices à l'État. »
Il dit, et les soutiens de son funeste empire
Au décret du Tyran s'empressent de souscrire ;
Trois cents mille conscrits dévoués au trépas
Sont levés pour voler à de nouveaux combats.
Les cohortes d'urbains sont aussi réclamées (7)
Pour aller compléter les cadres des armées ;
Ce peuple confiant, crédule et valeureux,
S'arme encore en faveur de son chef orgueilleux,
Qui le sacrifiant au nom de la patrie
Se voit toujours l'objet de son idolâtrie.
Peuple, qu'il salua de grande nation,
Pour mieux t'associer à son ambition,
Tu sers de marche-pied à l'oppresseur du Monde,
Et c'est sur ta valeur que son espoir se fonde.
Mais c'est assez long-tems déplorer nos erreurs,
Laissons pour un moment la Muse des douleurs,
Reprenons des combats la lyre menaçante
Pour chanter des Français la valeur triomphante.
O France ! ô ma patrie ! ô mère des héros
Dont je consacre ici les immortels travaux !
L'amour que j'ai pour toi me dirige et m'enflamme :
Mais, en brûlant mon cœur de ta céleste flamme,
Répands sur mes écrits tes sublimes ardeurs !
Qu'elles puissent passer dans l'âme des lecteurs ;
Et pour me soutenir dans ma course infinie
Dérobe une étincelle au flambeau du Génie,

Daigne échauffer le mien jusques au dénoûment,
Et fournir à mes vers un nouvel aliment !
De Dresde va s'ouvrir la fameuse campagne,
Elle doit décider du sort de l'Allemagne,
Ou plutôt des destins de tout le Continent
Qu'envahit en espoir l'avide Conquérant.
Jusques ici l'Autriche, à ses traités fidèle,
La Saxe, la Bavière, embrassent sa querelle ;
Mais tous les autres rois, dont ce persécuteur
Ose, en les opprimant, se dire protecteur,
Brûlent de recouvrer leur pouvoir légitime.
Sous ses pas sourdement ils creusent un abîme,
Et leurs nombreux drapeaux ralliés à sa voix
Vont se mêler aux siens pour la dernière fois.
Le Tyran abusé par un espoir frivole
De ses derniers revers à l'instant se console.
Aux remparts de Mayence, aussi prompt que l'éclair, (8)
Ou comme l'aigle fend les vastes champs de l'air,
Il se rend, et rassemble une nouvelle armée
Qui du désir de vaincre est encore animée ;
Conscrits et vétérans, ensemble confondus,
A son œil exercé ne se distinguent plus !
Ses nombreux bataillons qu'on peut compter à peine,
Déployés à sa voix, manœuvrent dans la plaine :
L'ensemble de leur marche et de leurs mouvemens
Fait renaître en son cœur d'heureux pressentimens.
A leur aspect guerrier son âme est satisfaite,
Il s'apprête à venger sa dernière défaite ;
Et les braves soldats qu'il a sacrifiés
Se trouvant remplacés, déjà sont oubliés.

A des meurtres nouveaux soudain il se prépare,
Et se sent enflammé d'une valeur barbare ;
En parcourant l'armée il dit avec transport :
« Avec de tels guerriers je puis dompter le sort,
» Et prouver, en calmant les publiques alarmes,
» Que rien ne porte atteinte à l'éclat de nos armes.
» O Français que jamais nul péril n'étonna,
» Que les vaincus d'Eylau, de Friedland, d'Jéna,
» Tremblent à notre aspect ! nous allons les convaincre
» Que les élémens seuls, ou *Dieu* peuvent nous vaincre ;
» Mais que l'Europe armée, ainsi que tous ses rois,
» N'arrêteront jamais le cours de nos exploits.
» Marchons, dit-il ! » Il part. Son indomptable élite
L'entoure, et sur ses pas vole et se précipite.
Eugène, Lauriston, et le Duc d'Elchingen,
Souham, Girard, Marmont, sous les murs de Lutzen,
Ont déjà rallié, dans une plaine immense,
Tous les braves guerriers défenseurs de la France.
L'amour de la patrie enflammant leurs grands cœurs,
Les flatte de l'espoir de les rendre vainqueurs ;
Pour mieux les animer, on leur dit qu'Alexandre
De Moscou consumé vient pour venger la cendre.
A ces mots, les soldats de rage exaspérés,
Du sang des alliés paraissent altérés ;
Et plus ils sont nombreux, plus le Français se montre
Dévoré du désir d'aller à leur rencontre.
Accusant de ses chefs l'importune lenteur,
Rien ne peut contenir sa belliqueuse ardeur :
Tel un coursier fougueux, levant sa tête altière,
Sous la main qui le guide hérisse la crinière,

Mord le frein qui l'arrête, écume en hennissant,
Frappe du pied la terre et part en bondissant :
Ainsi chaque guerrier, quand la trompette sonne,
Brûle de s'élancer dans les champs de Bellone,
Et bravant, sans terreur, tous les foudres de Mars,
Meurt et s'immortalise en ces sanglans hasards.
Duroc et Durosnel, Morand, les Ducs d'Istrie,
De Trévise, Tarente, honneur de la patrie,
Barrois, Lobau, Bertrand, et mille autres héros
S'apprêtent à voler à des dangers nouveaux.
Enfin l'instant qui tarde à leur impatience
Est arrivé pour tous de montrer leur vaillance.
Un corps de Prussiens, en immense rideau,
Des champs de Poserna dominait le plateau.
Gravissant ces hauteurs l'intrépide Bessière,
D'un trait mortel atteint, a mordu la poussière ;
La foudre, en sillonnant le front de ce guerrier,
Le frappe, sans toucher à son noble laurier. (9)
Bellone, au champ d'honneur avant que de l'abattre,
Pourquoi l'avoir privé du plaisir de combattre ?
Tu dois cette faveur à tout brave Français
De l'immortaliser par un dernier succès.
Ah! tous ceux qui sont morts en servant la patrie,
Le jour de leur trépas, ont joui de la vie,
S'ils ont été témoins des regrets et du deuil
Qu'ils causaient au moment de descendre au cercueil :
Ils ont vu qu'ils mouraient pour vivre dans l'Histoire ;
Et que leurs noms, transmis au temple de Mémoire,
Par la main de Clio, qui les a recueillis,
Seraient ceints des lauriers que leurs mains ont cueillis.

Mais Bessières n'est plus.... Pour un moment sa chute
Des deux partis rivaux a retardé la lutte ;
C'est la première fois que l'on vit ce héros
Dans un jour de combat, sur un lit de repos ;
En cherchant les moyens de fixer la victoire,
Il meurt, comme Turenne, au chemin de la gloire.
Pleuré par ses soldats, couché sur des drapeaux,
Il semble présider encore à leurs travaux ;
Tous gardent près de lui le plus morne silence,
Son sang fumant, son sang qui coule pour la France,
En arrosant la plaine enfante des vengeurs ;
Tout le camp est en proie à de justes douleurs ;
Et le tambour couvert d'un crêpe mortuaire,
Annonce du héros la pompe funéraire :
De l'astre de la nuit le lugubre flambeau
Et les foudres de Mars éclairent son tombeau.
En fixant ce guerrier, Bonaparte s'écrie :
« Voilà donc ce qui reste, amis, du Duc d'Istrie !
» Respectons sa mémoire, et pour mieux l'honorer
» Il faut venger sa mort, et non pas la pleurer. »
Il dit, et dans l'instant, agit, dispose, ordonne.....
Bientôt de toutes parts le bronze guerrier tonne,
Les chefs et les soldats en bataille alignés
Se placent selon l'ordre aux postes assignés,
Le Tyran en réserve avec la vieille garde,
Mortier guide la jeune et marche à l'avant-garde ;
Souham à ses côtés, l'intrépide Valmi,
Pleins d'une égale ardeur, marchent à l'ennemi :
Tels on voit deux lions, rugissans de colère,
En se battant les flancs, hérisser la crinière.

Ney commande le centre, il se poste à Kaïa
Et Raguse à sa droite attaque Poserna,
De l'armée assemblée en cette vaste plaine
La gauche est confiée au valeureux Eugène :
Lauriston son second, en gloire son égal,
Le premier, du combat a donné le signal : (10)
Il est sous Leïpsick, et par une méprise
Qui cause à Bonaparte une étrange surprise,
Les nombreux ennemis qu'il y croit investir
Débouchant par Pigau, viennent tous investir
Marmont qui commandait la droite de l'armée,
Par la flamme et le fer prête d'être abîmée.
Mille traits à la fois partant de mille bras
Sur ce brave guerrier font pleuvoir le trépas.
Trop faible pour parer cette attaque imprévue,
Bonaparte soudain réparant sa bévue
Fait faire à son armée un changement de front,
Et vole avec sa garde au secours de Marmont
Qui résistant toujours, au centre de l'orage,
A des flots d'ennemis opposait son courage;
Des cohortes, les corps changés en légions,
A nos héros naissans joignant leurs pavillons,
Avec nos vieux guerriers rivalisent de gloire,
Et tous, le fer en main, disputent la victoire
Dans ces champs de carnage, aux soldats aguerris
De deux fiers potentats contre nous réunis.
Dans les murs de Kaïa, Ney guidant leur courage
Est repoussé trois fois ; ses soldats pleins de rage
S'élancent dans la place, et le retranchement
Du sang des deux partis est teint également. (11)

A son premier début, cette jeune milice
Veut prouver qu'au combat nul Français n'est novice :
Ils ne sont plus conscrits ; les derniers dans les rangs
Égalent de l'honneur les premiers vétérans.
Ney, Souham, et Girard, au fort de la tempête,
Dirigent tous les coups, et du centre à la tête
En se multipliant dans ce sanglant combat
Par leur exemple encore animent le soldat.
Dans ses retranchemens l'ennemi se concentre,
Et de nos bataillons il ravage le centre :
Par des chocs meurtriers nos carrés enfoncés,
Se trouvent de Kaïa constamment repoussés.
Nos braves grenadiers, fiers enfans de Bellone,
Arment leurs mains du glaive inventé dans Bayonne.
Dirigés par Blucher, mille foudres d'airain
Forcent les assaillans de céder le terrain.
Contre le nombre en vain luttant avec audace
Les Français sont contraints d'abandonner la place ;
L'ennemi s'y maintient malgré tous leurs efforts,
Et ces champs sont couverts de mourans et de morts.
Mais le son des clairons, des trompettes aiguës,
Et des bronzes grondans qui vibrent dans les nues,
Le cliquetis du fer sur le fer se croisant,
Le sifflement du plomb dans les airs sillonnant,
Étouffent à la fois les soupirs et les plaintes
Des combattans frappés de mortelles atteintes,
Et le bruit prolongé des lugubres échos
Vient augmenter l'horreur de ces affreux tableaux ;
On dirait que le ciel, ébranlé par la foudre,
Va crouler sur la terre et la réduire en poudre.

En guidant ses guerriers, l'intrépide Girard
Est frappé par Bellone en ce triste hasard,
Mais le sang sur son front à la sueur se mêle;
De salpêtre et de plomb il affronte une grêle,
Tout prêt à succomber et combattant toujours,
On veut qu'il se retire, et l'on craint pour ses jours :
» Non, non, je veux, avant de panser ma blessure,
» Que l'ennemi, dit-il, la paie avec usure.
» Dut-on sur un brancard me porter dans les rangs,
» Dut mon sang, de mon corps s'élançant par torrens,
» Tarir au même instant les sources de ma vie,
» Dans l'extrême danger où je vois ma patrie
» Le moment est venu de vaincre ou de mourir,
» Et je lui dois mon bras jusqu'au dernier soupir.
» Je finirai du moins noblement ma carrière,
» Si je venge la France, et la mort de Bessière. »
Il dit, et dans l'instant d'un bras plus affermi
Il ressaisit son glaive et vole à l'ennemi. (12)
Plus le danger est grand, plus grand est son courage
Sur Ney, Souham et lui, se déchaîne l'orage.
Concentrés dans Kaïa, *Yorck, Wittgenstein, Blucher,*
Vomissent dans nos rangs tous les feux de l'enfer :
Leurs nombreux escadrons, débouchant dans la plaine,
Rendent des plus vaillans la résistance vaine ;
Les débris de Moscou, blanchis sous les drapeaux,
Donnent en vain l'exemple à nos soldats nouveaux :
Sous ces terribles chocs nos troupes affaiblies,
Sans cesse se voyant par le nombre assaillies,
Et sans que nuls secours puissent les appuyer,
Vers les murs de Lutzen viennent se replier.

Sa ligne de bataille ayant trop d'étendue
Le tyran croit d'abord la bataille perdue,
En attendant qu'Eugène arrive à son appui :
Il voit le sang des siens refluer jusqu'à lui ;
Son centre est enfoncé, bientôt il cède et plie,
Il s'y porte lui-même, et soudain le rallie,
Et son génie actif qui préside en tous lieux
Doit le rendre du nombre encor victorieux :
Habile à réparer la faute qu'il a faite,
Il s'écrie aux soldats : « Amis, point de retraite,
» Ralliez-vous à moi, la victoire est à nous,
» Les ennnemis bientôt vont tomber sous nos coups: (13)
» Eugène accourt, il vient vous couvrir de son aile
» Et vous faire cueillir une palme nouvelle,
» Concentrez votre force et resserrez vos rangs,
» Les obstacles rendront nos succès plus brillans,
» Poursuivons l'ennemi dans Kaïa, dont l'enceinte
» Le cachant à vos yeux, vous découvre sa crainte ;
» Drouot et Dulauloi, vont, la flamme à la main,
» De ces murs, avec moi, vous r'ouvrir le chemin. »
Il dit, et refoulant sa ligne de bataille,
Il forme de son centre une épaisse muraille
Que sa garde intrépide encore fortifia ;
Puis Eugène et Mortier vont fondre sur Kaïa.
La nouvelle phalange, en hâte recrutée,
Rivalise en valeur cette garde indomptée :
Tel qu'un roc sourcilleux sur sa base affermi,
Elle résiste aux traits lancés par l'ennemi.
De cent tubes d'airain la tempête effroyable
Sort de ce mur d'acier aux coups impénétrable,

Tels qu'aux champs d'Aboukir, *Drouot* et *Dulauloi*, (14)
Dans les rangs alliés vont reporter l'effroi,
Y font pleuvoir la mort ; et leur cavalerie
Succombe sous le fer de notre artillerie,
Ainsi qu'on voit tomber sous la faux des moissons
Les abondans épis, trésor de nos sillons.
Eugène et Lauriston, Ney, Trévise et Tarente,
Signalant à l'envi leur valeur éclatante,
Enchaînent la victoire aux drapeaux de Lutzen,
Ils volent sur son aile aux plaines de Bautzen ; (15)
Reggio les seconde, et le brave Bruguière,
Kirgener et Duroc y perdent la lumière ;
Les alliés pleurant la mort de *Hesse-Hombourg*,
Poursuivis par Colbert, avec Latour-Maubourg, (16)
De Wurtchen à Gorlitz témoins de leur déroute,
Par des files de morts ont signalé leur route ;
Aux champs de Reichenbach, campés sur des hauteurs,
Ils n'ont pu rallentir l'essor de leurs vainqueurs ;
Dans leur rapide élan, les Français magnanimes
Ont gravi sous le feu ces ardueuses cimes,
Et l'ennemi vaincu, fuyant de toutes parts,
A laissé dans leurs mains ses nombreux étendards.
Bonaparte triomphe, et la nuit la plus sombre
Couvre, mais vainement, l'ennemi de son ombre ;
Nos guerriers, sans laisser reposer leur valeur,
Poursuivant les vaincus avec plus de chaleur,
Moissonnent en courant leurs troupes fugitives :
La plupart sont déjà détruites ou captives,
Et Gorlitz a reçu le vainqueur dans son sein ; (17)
Tous ses confédérés viennent des bords du Rhin,

De l'Elbe subjugué foudroyer le rivage,
Et sur leurs propres champs étendre le ravage.
Grâce à ses généraux, le fougueux Conquérant
A repris dans le Nord son funeste ascendant :
Déjà l'aigle cruelle, aux ailes étendues,
S'élance avec la foudre, elle franchit les nues
Et sur le continent va dominer encor.
L'impétueux Français reprenant son essor,
De l'oiseau destructeur suit le vol intrépide ;
Rien ne peut l'arrêter dans sa course rapide.
Russes et Prussiens, de ce torrent fougueux
Espérent contenir les flots tumultueux....
Mais leurs efforts sont vains, leur attente est déçue ;
Ils forment une digue, et la digue est rompue.
Yorck, Barclai, Bulow, Blucher et *Wittgenstein*, (18)
A l'orgueil d'Attila n'ont pu poser un frein.
Par nos vaillans héros, leur innombrable armée
Se trouve en trois combats vaincue ou désarmée.
Ivre de ses succès, le fier Dominateur
Revient, sous *Dresde,* asseoir son camp dévastateur,
Et la Russie encore, et la Prusse tremblante,
Présentent de la paix l'olive suppliante :
L'Autriche en leur faveur fait entendre sa voix,
Invite le vainqueur à borner ses exploits,
Où le menace enfin d'abandonner sa cause
S'il refuse un traité que l'équité propose.
Jusqu'ici de son gendre encore protecteur
FRANÇOIS de ce traité se rend médiateur. (19)
Le Tyran affectant la bonté, la justice,
A sa voix désarmé, conclut un armistice

Qui loin d'éteindre, hélas! la foudre dans leurs mains,
Rallume le courroux de tous les souverains.
C'est en vain que chacun se livre à l'espérance
De voir un terme heureux aux malheurs de la France,
Tant que Napoléon sur elle règnera,
Le sang européen à grands flots coulera.
En vain nos maréchaux, à la Gloire fidèles,
Se sont couverts vingt ans de palmes immortelles,
Avec l'Usurpateur, qu'ils n'espèrent jamais
D'unir à leurs lauriers l'olive de la paix.
Cent fois Napoléon, que son orgueil abuse,
A conquis cette paix, et cent fois la refuse,
Où ne l'accepte enfin qu'à des conditions
Qui doivent obliger toutes les nations
A servir son courroux pour dompter l'Angleterre ; (20)
Mais si son vaste plan, à l'Europe contraire,
N'est propice qu'à lui, doit-il donc se flatter
Qu'un sage souverain consente à l'imiter !
Ce serait donc par crainte, ou du moins par faiblesse?
Tout prince, qui ferait une telle bassesse,
De son peuple à l'instant se verrait désuni,
Verrait sa gloire éteinte, et son règne terni :
Ce n'est qu'en sa faveur qu'un souverain conspire.
L'Alexandre du Nord pour sauver son empire,
Brûla sa capitale; un désespoir si beau
Préluda ses succès, et fut notre tombeau.
Un Congrès s'assemblait, soudain il se disperse :
L'Europe de nouveau bientôt se bouleverse,
Et l'auguste François qui n'a pu la calmer,
Contre son sang lui-même est forcé de s'armer. (21)

Mais, tandis que sur l'Elbe un triomphe éphémère,
Flatte encor le Tyran, et nourrit sa chimère,
Près de *Vittoria*, le héros des Anglais
Obtenant sur Jourdan de solides succès,
Armé pour Ferdinand, le prince légitime,
De l'Univers entier sut conquérir l'estime,
Et glorieux vainqueur du vainqueur de Fleurus,
Il détrônait *Joseph*, et poursuivait l'intrus
Qui, sans or, sans soldats, comme sans espérance,
Regagnait, en fuyant, les rives de la France. (22)
Napoléon ne peut lui prêter son appui,
Louis, son autre frère, est déjà près de lui :
Ce Louis, en régnant sur le peuple Batave
De l'ennemi des rois est le premier esclave,
Et lassé de se voir, pour servir ses projets,
Obligé d'opprimer ses malheureux sujets,
On l'a vu de lui-même abandonner le trône,
Et remettre à son fils le poids de sa couronne ; (23)
Quand le Tyran, piqué d'un si cruel affront,
S'en empara soudain pour en ceindre son front.
Sur ce front réprouvé l'on voit sa perte écrite,
Et tout lui dit assez que sa race est proscrite.
Déjà la Westphalie a reconquis ses droits,
Chassé son jeune frère, et réclamé ses rois.
Le colosse d'airain dont la terre est foulée,
Voit du Nord au Midi sa puissance ébranlée ;
Mais enfant de l'Orgueil, et d'une faction
Produite par le Crime et par l'Ambition,
Loin de vouloir finir cette guerre intestine,
A subjuguer l'Europe il s'acharne, s'obstine,

Et croit pouvoir encor, maîtrisant les destins,
Triompher à son gré de tous les souverains
Qui, sans succès, vingt ans sont venus le combattre :
Mais ils vont tous s'unir ensemble pour l'abattre.
Quand la Suède seule osa lui résister,
Grands Monarques du Nord, il fallait imiter
L'exemple courageux que vous donnait Gustave.
Ce jeune souverain, aussi juste que brave, (24)
De son trône jamais ne serait descendu
Si contre le Tyran vous l'eussiez défendu.
Divisés l'un par l'autre, il fit votre conquête,
Et vous pouviez alors éviter la tempête
Dont plus que vous ce prince a ressenti les coups :
Sa cause était la vôtre et vous concernait tous.
Vous deviez, vous liguant contre son adversaire,
L'empêcher de briser un sceptre héréditaire ;
Vous eussiez arrêté les flots de ses soldats
Qui menaçaient alors d'inonder vos États :
Vos guerriers, refluant avant peu sur la France,
Pour recouvrer vos droits et votre indépendance,
Lui feront payer cher les dernières faveurs
Qu'obtient ici sur vous l'artisan des malheurs.
Les jeux sanglans de Mars sont une loterie,
Et l'on doit profiter d'une heureuse série ;
Mais l'avide joueur nageant dans des flots d'or
S'enivre du désir d'augmenter son trésor :
Plus la chance se montre à ses vœux favorable,
Moins il peut étancher sa soif insatiable :
Abusant des bienfaits qu'il reçoit du Destin
Il croit, doublant son jeu, pouvoir doubler son gain,

Il brusque le bonheur qui loin de lui déserte,
Et plus il le poursuit, plus il court à sa perte :
Un instant lui ravit plaisir, gloire, repos,
Et tous les fruits acquis par d'immenses travaux.
Tel le Corse suivant son affreuse tactique,
En France compromet la fortune publique,
Et va perdre en un jour les moissons de lauriers
Acquis depuis vingt ans par nos braves guerriers.
Ainsi leur sang versé, leur valeur, leurs services,
N'auront été pour lui que de vains sacrifices.
Ce farouche ennemi des peuples et des rois,
Croit, poursuivant le cours de ses cruels exploits,
Plus loin que *Tamerlan,* que *César,* qu'*Alexandre,*
Ravager l'Univers et le réduire en cendre.
Pour cueillir des lauriers, il n'était pas besoin
Au fier dévastateur d'aller courir au loin ;
Pour rendre notre gloire et la sienne durable,
Devait-il la graver sur la neige et le sable,
En Égypte, en Russie, où nous avons été
Lutter contre le froid, et l'ardeur de l'été ?
La valeur n'est valeur qu'autant qu'elle est utile
A préserver l'État de la guerre civile,
A repousser les coups d'un injuste agresseur,
Qui par la force veut s'en rendre possesseur ;
Un grand peuple et son roi faisant cause commune,
Peuvent avec succès défier la fortune,
Et maîtriser le sort qui veut les traverser ;
Rarement leurs rivaux ôsent les menacer
Quand ils sont concentrés dans les justes limites
Qu'à leurs prédécesseurs la sagesse a prescrites,

Mais tous les souverains devront toujours s'unir
Contre l'Usurpateur qui veut tout envahir.
Celui qu'avec terreur l'Europe encor contemple,
Au Monde entier bientôt en offrira l'exemple :
Oui, tous les potentats, fougueux Napoléon,
Poseront une digue à ton ambition,
Arrêteront le cours de ta frivole gloire,
Et te renverseront du char de la Victoire ;
De tes lauriers sanglans l'humanité gémit ;
Les flots de tes soldats rentreront dans leur lit ;
Rendus à leur famille, aux arts, à l'industrie,
Ils vivront pour servir l'honneur et la patrie ;
Et toi qui fus toujours l'effroi des nations,
Reçois d'avance ici leurs malédictions.

FIN DU ONZIÈME LIVRE.

SOMMAIRE DU LIVRE XII.

Armistice rompu; reprise des hostilités. Discours de Bonaparte au Conseil, au Sénat, pour réclamer de nouveaux secours, et repousser la croisade des rois coalisés contre sa puissance dévastatrice; dissolution du Corps législatif, qui lui fait des observations sages. Dernière Campagne en Saxe, en Bohème, et en Silésie; bataille devant Dresde, gagnée par les Français, sur la Prusse, l'Autriche, et la Russie. Mort du général Moreau, dirigeant l'armée des alliés. Succès et revers de Vandamme fait prisonnier à Kulm avec son corps d'armée; retraite des Français sur Leïpsick; ils perdent cette bataille à jamais célèbre, où après avoir lutté trois jours contre toutes les armées alliées et réunies dans cette vaste plaine, ils succombent glorieusement, accablés par le nombre et la trahison des troupes confédérées, qui sortent de leurs rangs, et vont grossir ceux de l'ennemi; défection de l'armée; fuite de Bonaparte; explosion du pont de Lindenau sur la Pleisse; mort de Poniatowski; évacuation de la Saxe par les Français; ils franchissent le défilé de Kœsen, triomphent à *Hanau*; Marmont protège leur retraite, ils repassent le Rhin; suite de revers; capitulation de Dantzick; les vaincus perdent la Hollande, la Belgique, et regagnent leur territoire; invasion de la France, restreinte aux anciennes frontières; guerre intestine; chute de l'Usurpateur, et retour des *Bourbons*.

LA BONAPARTIDE,

ou

LE NOUVEL ATTILA.

LIVRE DOUZIÈME.

Vainement, pour sauver la fortune publique,
Du Français indompté la valeur héroïque
Vient de se signaler par des exploits nouveaux ;
La paix ne sera point le prix de ses travaux.
L'altière Ambition, cette hydre dévorante
Qui renaît au moment qu'on la croit expirante,
Insensible à la voix de la Patrie en pleurs,
De l'infâme Discorde entretient les fureurs ;
Toutes deux, s'abreuvant et de sang et de larmes,
Renversent les faisceaux, et l'on revole aux armes.
Encor tout enivré de ses derniers succès,
Le Corse audacieux, l'Attila des Français,
Toujours plus altéré de la soif des conquêtes,
Provoque de nouveau la foudre et les tempêtes ;
Tant qu'il lui reste à vaincre, il croit n'avoir rien fait ;
Son criminel orgueil n'est jamais satisfait.
O ma chère patrie, aux beaux jours de ta gloire,
Sous l'astre des Bourbons, une seule victoire

Donnait à tes enfans un siècle de repos,
Mais sous l'Usurpateur, ce peuple de héros,
Et qui depuis vingt ans vainqueur chaque journée,
Lasse les vains efforts de l'Europe étonnée,
A perdu tout espoir, après mille combats,
De voir un terme heureux à ses sanglans débats !
Nos guerriers, le front ceint d'une immortelle palme,
Si dans un quart de siècle ils n'ont pas un jour calme,
Succomberont bientôt, la plupart accablés
Sous le poids des lauriers par leurs mains cumulés.
La guerre se rallume avec plus de furie,
Et bientôt de Moscou le fatal incendie
Peut du Nord au Midi, poussé par l'aquilon,
Du continent d'Europe embrâser l'horison.
Sous l'aigle des Français la Saxe encor captive,
A leurs combats sanglans prend une part active.
Secondant, malgré lui, les projets du Tyran,
Auguste, sous son trône, allume le volcan,
Et Bonaparte doit l'entraîner dans sa chute,
S'il vient à succomber dans la terrible lutte
Que son ambition l'engage à soutenir ;
Pour l'abattre plus tôt un monde va s'unir.
Telle une bête fauve, et de sang altérée,
Ravage les troupeaux de toute une contrée,
Et reporte, en fuyant dans le sein des forêts,
Les plus riches toisons, trésors de nos guérêts.
Dans le commun danger tout le monde s'empresse
D'aller à sa rencontre, on l'entoure, on la presse,
Et le monstre cerné, surpris, enveloppé,
Succombe sous les traits dont il se sent frappé.

Voyant que contre lui l'Europe se déclare,
A soutenir le choc le Corse se prépare.
Du monarque il revêt le pompeux appareil,
Et prononce ces mots aux Chambres, au Conseil :
« Ministres, Conseillers, Maréchaux, Dignitaires,
» Vous du peuple Français fidèles mandataires !
» Du champ de la Victoire en votre sein j'accours
» Pour réclamer vos soins et de nouveaux secours.
» Les soutiens invaincus de mon immense empire
» N'ont pu faire cesser des rois le long délire ;
» Nous sommes entourés de nombreux ennemis,
» Contre moi, contre vous ensemble réunis :
» Il faut qu'avant trois mois mon bras vous en délivre,
» Ou bien votre empereur aura cessé de vivre ;
» Il vous fait le serment de vaincre ou de mourir ;
» Ce serment de l'honneur, il saura le remplir.
» Pour dissiper plus tôt cette affreuse tempête,
» Père de mes soldats, je revole à leur tête ;
» Par ma voix la Patrie appelle ses enfans,
» Et doit les rendre encore avant peu triomphans.
» Des ingrats, attachés au char de ma fortune,
» Qui devaient avec moi faire cause commune,
» Prétendent arracher le sceptre de mes mains !
» François même, François seconde leurs desseins !
» Contre nous en ce jour vainement tout se ligue !
» A ces flots d'ennemis opposons une digue ;
» Et forte de mon bras, la grande Nation
» Renversera des rois la coalition. »
Un des Corps de l'État a le noble courage
D'inviter le Tyran à conjurer l'orage (1)

En bornant sagement le cours de ses exploits,
Pour ne point attirer la croisade des rois,
Qui pourraient tout-à-coup, usant de représailles,
Accourir ravager nos champs et nos murailles.
« Je braverai, dit-il, leurs impuissans efforts !
» Si vous me secondez, nous serons les plus forts,
» Et cette France encor, par moi victorieuse,
» Dictera les accords d'une paix glorieuse. »
Le président, alors, au prétendu héros
S'adresse, et noblement réplique par ces mots :
« Sire, que cette paix par l'Europe implorée,
» Si long-tems attendue, et toujours différée,
» De vingt ans de succès soit l'heureux résultat !
» Des flots de sang versés ont épuisé l'État.
» Instruit par le malheur et par l'expérience,
» Concentrez seulement vos moyens de défense !
» Montrez-vous vraiment grand : que votre ambition
» Se borne à repousser l'injuste agression
» Des princes ennemis de notre territoire.
» Nous défendrons ce trône et votre propre gloire :
» Elle est celle du peuple ; et la Patrie en pleurs
» A besoin de repos après de longs malheurs. »
Voyant qu'à ses desseins on se montre contraire,
De rage transporté, le Corse sanguinaire
Au seul nom de la paix sent doubler son courroux,
Et s'écrie en fureur : « Que me proposez-vous ?
» Depuis douze ans et plus que je suis votre maître,
» N'avez-vous point encore appris à me connaître ?
» Moi céder ! moi fléchir ! mes nombreux ennemis
» Occuperaient demain les hauteurs de Paris !

» Mille foudres d'airain gronderaient sur nos têtes !
» Je ne céderais pas une de mes conquêtes.
» Législateur, guerrier, comme empereur et roi,
» De Dieu seul et du Sort je subirai la loi.
» Ce peuple existe en moi, c'est moi qui suis le trône, (2)
» Vous, fragiles soutiens de ma vaste couronne,
» Ne pouvant aujourd'hui me reposer sur vous,
» Par un décret suprême ici je vous dissous.
» J'annule dès ce jour votre vaine existence,
» Et vais de mon Sénat réclamer l'assistance :
» Lui seul a le pouvoir, le droit exécutif. »
Il dit, et dans l'instant le Corps législatif
Est annulé pour prix de son patriotisme.
Mais les dignes soutiens de son fier despotisme,
Les membres du Sénat nommé *Conservateur*,
Serviles instrumens de cet usurpateur,
Souscrivent à ses vœux pour conserver leurs titres.
Du destin des Français ces dangereux arbitres
Accordent au Tyran l'or, le fer, les soldats
Qu'il ose réclamer pour de nouveaux combats ;
Et plus lâches cent fois que les consuls de Rome,
Vont lui sacrifier jusques au dernier homme,
Pomper le dernier sang, boire les derniers pleurs
Des riches citadins, des pauvres laboureurs.
De nos champs dévastés, au danger accourue,
Une foule agricole a quitté la charrue
A la voix d'Attila qui s'en fait un rempart;
Et de force ou de gré, pour le servir, tout part.
Avec les mots sacrés *gloire, honneur et patrie*,
A son drapeau sanglant ce peuple se rallie,

A ces noms, qui toujours à son cœur ont parlé,
On sait que le Français n'a jamais reculé :
Le Tyran, à son gré, de ces saints noms abuse ;
Peuple, voilà son crime, et voilà ton excuse !
Tu crois servir la France, et déchires son sein
En servant d'aliment à ce tigre inhumain.
Mais ce vieillard ailé qui du palais des Heures
Parcourt, sans s'arrêter, les égales demeures,
Le Tems, que suit la Mort, qui, comme elle, en sa main
Tient la faux redoutable, et suivant son chemin,
Moissonne sans pitié dans le champ de la vie,
Le Tems qui détruit tout et qui réédifie,
Que l'on voit renverser, sans respect et sans choix,
La chaumière du pauvre et le palais des rois,
Le Tems qui des humains précéda la naissance,
Doit des Bourbons un jour rétablir la puissance,
Et ramenant la paix au séjour des mortels
De la Religion relever les autels.
Mais sur les champs saxons s'assemblent les nuages
Qui dans leurs vastes flancs recèlent les orages.
Penché sur des écueils, triste jouet du sort,
Le vaisseau de l'État est encor loin du port,
Et l'art des matelots, leur zèle, leur courage
Ne pourront le sauver du plus affreux naufrage :
Le pilote imprudent va le précipiter
Dans le sein des dangers qu'il pouvait éviter.
Cependant, c'est en vain qu'il se le dissimule ;
L'orage, autour de lui, grossit et s'accumule ;
Mais l'erreur, sur le front de l'Attila nouveau,
Pour le perdre plus tôt, épaissit son bandeau.

Loin de fuir au danger qui partout le menace,
A défaut de prudence, il redouble d'audace,
Et croit pouvoir, aidé de ses confédérés,
Repousser tous les rois contre lui conjurés ;
Quand les peuples témoins de cette ligue auguste,
Brûlent de se ranger du parti le plus juste.
Contre Oudinot et Ney qui, le fer à la main,
De Berlin à grands pas se r'ouvraient le chemin, (3)
Bernadotte, vengeur de la Poméranie,
Protecteur de la Prusse, et de la Germanie,
Guidait les Suédois qui l'avaient adopté
Pour défendre leurs droits avec leur liberté.
Des princes alliés embrassant la querelle,
Né français, à la France il demeurait fidèle,
Quoiqu'il parût rangé parmi ses ennemis ;
Il méritait un trône à sa valeur promis,
En délivrant l'Europe, ainsi que sa patrie,
Sous les fers d'un despote accablée et meurtrie.
Souham et Lauriston se portant sur Golberg,
Attaquent cette ville, ils enlèvent Wolsberg.
Mais tandis que Blucher défend la Silésie
Qui, sans son bras vainqueur, allait être envahie,
Que le brave Puthod succombait à Plawitz, (4)
D'immenses bataillons débouchent par Tœplitz,
Et sur *Dresde* qu'il croit pouvoir réduire en poudre,
Schwarzemberg irrité lance le premier foudre.
L'Autriche au Prussien joignant ses étendards,
S'avance avec le Russe autour de ces remparts,
Par cent mille assaillans la ville est investie ;
Ney, Trévise et Saint Cyr, font, dans une sortie,

Reculer loin des murs les nombreux ennemis
Contre leur corps d'armée ensemble réunis :
Bonaparte soudain avec sa garde arrive,
Et l'Elbe voit le sang rougir encor sa rive ;
Ses Naïades ont fui, les nymphes de ses eaux
Vont cacher leur effroi dans les épais roseaux.
La tempête a grondé : bientôt la nuit obscure
Aux regards des humains dérobe la nature ;
Le silence succède au bronze mugissant,
Au bruit tumultueux de l'écho gémissant ;
Nos rivaux sont campés, leur armée innombrable
Se prépare à livrer un assaut formidable,
Et les Français, de Dresde en regagnant les murs,
Espèrent obtenir des triomphes plus surs.
L'aurore enfin paraît, Bonaparte s'avance ;
La Mort marche avec lui, la Terreur le dévance ;
A son aspect, les cris de vive l'Empereur !
Redoublent des soldats l'énergique fureur.
« Français, les ennemis de votre indépendance,
» Leur dit l'Usurpateur, sont en votre présence ;
» Mais bientôt sous nos coups, rompus, disséminés,
» Leurs nombreux bataillons seront exterminés ;
» Repoussant aujourd'hui d'odieux adversaires,
» Vengez et la patrie et le sang de vos frères ;
» De ces derniers assauts dépendent pour jamais
» La liberté, l'honneur, le repos des Français. »
Hors des retranchemens à ces mots il s'élance,
Et sur les alliés fond avec violence.
Sur un léger coursier aussi prompt que les vents,
En tête de sa garde il enfonce leurs rangs ;

Mille chefs imitant son intrépide audace,
S'empressent à l'envi de voler sur sa trace.
De rapides torrens dans les airs suspendus, (5)
Sur l'une et l'autre armée à grands flots répandus,
Inondent à la fois et les champs de Bellone,
Et les dons de Cérès, et les fruits de Pomone,
Mais ne suffisent pas pour éteindre les feux
Que la Discorde allume en ce jour désastreux.
L'éclair brille, sillonne, et le glaive étincelle,
Le sang va se mêler à l'onde qui ruisselle,
L'Humanité gémit sur le sort des mortels
Qui vont en arroser ses augustes autels.
L'immuable Destin qui règle toute chose,
Est quelquefois contraire à la plus juste cause;
Dispensant à son gré le bien comme le mal,
Souvent propice au crime, à la vertu fatal,
Il oppose au Tyran un terrible adversaire,
Dont le juste courroux vient servir la colère
De tous les souverains contre lui réunis :
Moreau, qui, retiré dans les États-Unis,
Vivait paisiblement et dans l'indépendance,
Cet illustre proscrit que regrettait la France,
Ennemi déclaré du fier Napoléon,
S'arme encore et conspire en faveur d'un Bourbon.
Contre un rival à peine il a tiré l'épée,
Qu'il éprouve soudain le sort du grand Pompée;
Blessé mortellement dans ce sanglant combat,
Il a la gloire au moins de finir en soldat.
Ce héros si long-tems victime de l'envie,
A son dernier moment semble ternir sa vie;

Mais comme il n'était point de terme à son exil,
Regrettant son pays qu'il voyait en péril,
Le cœur navré des maux de la mère patrie,
Il brûlait d'employer son talent, son génie,
A l'affranchir du joug de son persécuteur,
Et vient mourir Français au poste de l'honneur :
Car il ne s'est armé contre la tyrannie
Qu'à la voix de son prince ; et tout le justifie,
S'il est vrai, comme dit plus d'un vil partisan
Qui, pour justifier les crimes du Tyran,
A plaisir sur Moreau répand la médisance,
S'il est vrai que l'amour qu'il avait pour la France,
Bien moins que la vengeance entrât dans son grand cœur.
N'importe, en se vengeant, il fut notre vengeur.
Des exploits du héros la Russie informée,
Pour rétablir la paix dans l'Europe alarmée
Réclama son secours ; l'Alexandre du Nord
L'appelant près de lui, fut cause de sa mort :
Il en fait son ami, son Mentor et son guide,
L'âme de ses conseils, et le prend pour égide ;
Ce prince appréciant dans ce nouveau Nestor
La prudence d'Ulysse, et la valeur d'Hector,
Lui témoigne soudain toute sa confiance,
Et veut s'en rapporter à son expérience,
Afin d'accélérer les heureux résultats
Qui doivent décider du sort des potentats.
Il le charge du soin de diriger l'armée
Qui doit rendre un Bourbon à la France opprimée ;
Alexandre pressent qu'en revoyant Moreau,
Les Français croiront voir soudain d'un jour nouveau

Pour eux à l'horison briller la douce aurore ;
La moitié de l'armée et du peuple, aime, honore
Ce valeureux guerrier justement regretté,
Et qui ne combattit que pour la liberté.
C'est pour combattre encor contre la tyrannie
Qu'il brave les dangers, qu'il expose sa vie,
Et vient de s'arracher aux charmes du repos.
Alexandre par lui peut juger un héros :
Il croit que ce guerrier modeste, juste et sage,
Unissant la prudence au plus mâle courage,
Fera plus tôt tomber les armes de nos mains,
Puisqu'il vient pour changer nos malheureux destins.
Ce monarque sourit à la douce espérance
De triompher de nous, sans subjuguer la France ;
Il préfère le nom de pacificateur,
Au titre redouté de barbare vainqueur.
Dans son auguste main son épée est tirée,
Mais c'est pour obtenir cette olive sacrée
Dont la Paix en tout tems décora ses autels,
Et que de l'autre il vient présenter aux mortels ;
Il ne prévoyait pas que la même journée
Devait du général trancher la destinée ;
Ces deux héros, guidés par leur noble valeur,
N'envisageaient qu'un but, de nous rendre au bonheur,
Bravant tous les dangers au milieu des tempêtes
Et des foudres grondans qui menaçaient leurs têtes,
A travers la fumée et les nombreux éclairs
Qu'on voyait se croiser, sillonner dans les airs,
Tels que le nautonnier dans le fort de l'orage
Consulte sa boussole avec calme et courage,

Nos héros observaient du côté des Français
Ce qui pouvait servir ou nuire à leurs succès.
Tout-à coup la Discorde et la Haine implacable,
Pour servir de Moreau le rival redoutable
Sortirent à l'envi du séjour des enfers,
Et leur funeste main, favorable aux pervers,
Dirige un trait mortel sur ce nouveau Turenne ;
Il tombe renversé sur la sanglante arène ;
Alexandre soudain le reçoit dans ses bras, (6)
Et voit son front couvert des ombres du trépas.
De ce coup imprévu la nouvelle est semée
Et circule bientôt de l'une à l'autre armée ;
Elle devient publique, et fait, des deux côtés,
Cesser pour un moment toutes hostilités.
Tandis qu'à la douleur Alexandre est en proie,
Napoléon savoure une barbare joie,
Et voudrait à loisir repaître ses regards
D'un rival mutilé, dont les membres épars (7)
S'offriraient en spectacle à son âme ravie ;
Il ne peut sur ce point voir sa rage assouvie ;
Mais il sait que de l'art les stériles secours
Sont offerts à Moreau ; c'en est fait de ses jours ;
Son sang à gros bouillons de ses veines brisées
S'élance par torrens, et bientôt épuisées
Les sources de sa vie, hélas ! vont se tarir ;
Il souffre mille morts avant que de mourir.
Alexandre touché, tout son camp en alarmes,
Portent à ce héros le tribut de leurs larmes ;
Calme au bord de la tombe, il dit à ces guerriers :
« Ne pleurez pas Moreau tombant sous des lauriers !

» C'est là le seul trépas, amis, qui lui convienne;
» La chûte d'*Attila* suivra de près la mienne;
» Guidez-vous sur mon plan, la victoire est à vous.
» Je ne vous cèle pas qu'il m'aurait été doux
» De pouvoir en ce jour l'exécuter moi-même,
» Et de rendre à Louis l'autorité suprême,
» Mais de nos vains projets l'Arbitre souverain
» M'empêche d'accomplir ce généreux dessein ;
» Il me rappelle à lui, c'est au grand Alexandre
» D'achever ce qu'ici je voulus entreprendre,
» Et le Dieu de Clovis, protecteur des Français,
» L'a choisi pour leur rendre un Bourbon et la paix ;
» Je descends avec joie aujourd'hui dans la tombe,
» Si j'apprends en mourant que le crime succombe.
» Reprenez donc le cours de ce sanglant combat,
» Moreau vivant encore attend son résultat. »
On emporte Moreau ; le combat recommence
Avec acharnement dans une plaine immense,
Et Bellone à l'envi signalant ses fureurs,
Répand sur les deux camps la mort et ses horreurs.
Jour affreux où l'on vit la Discorde en sa rage
Se repaître de sang, s'abreuver de carnage ;
Où l'enfer et les cieux secondant son dessein,
Paraissaient déclarer la guerre au genre humain;
Bientôt des bataillons tous les rangs s'éclaircissent
Et d'un bruit belliqueux les échos retentissent ;
Sous les pieds des coursiers, l'un sur l'autre pressés,
Tombent de toutes parts les morts et les blessés.
Atômes orgueilleux dont le destin se joue,
Sans cesse tourmentés sur ce globe de boue,

Vous n'avez qu'un instant d'existence ici bas,
Pourquoi vers le tombeau précipiter vos pas?
Eh! n'est-ce pas assez que le tems nous moissonne,
Sans nous armer encor du glaive de Bellone?
Sujets et potentats, puissiez-vous désormais
Vivre dans les liens d'une éternelle paix!
Mais je vous parle en vain: vos esprits en délire
Sont sourds à mes accens; les cordes de ma lyre
Ne rendent que des sons plaintifs, mal assurés,
Et qui n'arrivent plus à vos cœurs égarés.
Reprenons nos pinceaux, et contemplons l'orage
Qui s'accumule au loin, pour en tracer l'image;
Encor s'il ne frappait que le cruel Tyran,
Des malheurs de l'Europe odieux artisan!....
Mais combien, pour venger ses droits illégitimes,
De leur zèle pour lui vont être encor victimes.
Déployant des combats l'appareil infernal,
Mars, du meurtre en tous lieux a donné le signal;
A la voix de l'Honneur, au cri de la Patrie,
L'un et l'autre parti s'acharne avec furie;
La flamme, le salpêtre, et l'airain frémissant
Dans le creux des vallons au loin retentissant,
Rendent des assaillans la tentative vaine;
Nos bronzes foudroyans ont ravagé la plaine,
Et Murat et Marmont guidant leurs cuirassiers
Écrasent l'ennemi sous des chocs meurtriers;
Secondé de Barrois, Mortier détruit, renverse
La moitié d'une armée, et l'autre se disperse;
Nos bataillons, au nombre opposant la valeur,
Viennent de rendre encor Bonaparte vainqueur.

C'est la dernière fois qu'au gré de son caprice
La Fortune se montre à ses armes propice.
Voyant sur tous les points l'ennemi culbuté,
Ou fuir, à son aspect, d'un pas précipité,
Il se repaît encor de l'espoir chimérique
De soumettre l'Europe à son joug tyrannique ;
Et s'écrie aux soldats : « Le Monde est convaincu
» Que le Français, par lui, ne peut être vaincu.
» De la Russie en vain l'aigle s'est réunie
» A celles de la Prusse et de la Germanie,
» Toutes trois, s'éloignant de ces sacrés remparts,
» De la nôtre n'ont pu soutenir les regards :
» Tels les Grecs, les Romains aux assauts formidables,
» Repoussaient des Persans les hordes innombrables;
» Vainqueurs en cent combats de vingt peuples divers
» Les Français indomptés, dompteront l'Univers. »
Il rentre alors dans *Dresde* ; avec faste il étale
Du plus grand des héros la pompe triomphale,
Tandis que les vaincus attendent des renforts
Afin de lui porter bientôt des coups plus forts.
Vandamme, cependant, avec son corps d'armée,
Des fureurs de Bellone ayant l'âme enflammée,
Aux plaines de Pyrna, de Freyberg, Kœnigstein,
Dans leur fuite arrêtait Blucher et Witgenstein ;
Sur tous deux remportant un premier avantage,
Dans les rangs d'Ostermann il porte le ravage, (8)
Et bravant les dangers dont il est menacé,
Sans relâche poursuit l'ennemi dispersé,
Saisit ses étendards ; mais pendant la nuit sombre
Les fuyards ont doublé leurs forces et leur nombre ;

Vandamme avec les siens, près de lui repliés,
Est bientôt entouré de cent mille alliés ;
A Kulm disputant vainement la victoire,
A se montrer Français il met encore sa gloire ;
Succombant, à la fin, par le nombre accablé,
Fatigué de combattre, il a capitulé :
Il s'aperçoit trop tard de son imprévoyance,
Et voit que la valeur n'est rien sans la prudence.
Ainsi que lui, bientôt, sans prévoir les revers,
Le Tyran va tomber dans des piéges couverts ;
Car, de ce général apprenant la défaite,
Il devait opérer prudemment sa retraite ;
Mais comme de nos maux il est l'unique auteur,
Pour s'en montrer aussi le seul réparateur
Et servir les Bourbons, en son délire extrême,
Contre lui, chaque jour, il conspire lui-même.
Ses braves Maréchaux lui conseillent en vain
De concentrer l'armée et de franchir le Rhin :
« Non, dit-il, de la Prusse, à mes destins fatale,
» Je veux reconquérir encore la capitale ;
» Je vois de l'ennemi les forces se grossir,
» Et pour en triompher il le faut affaiblir :
» Marchons contre Blucher! Je veux, je dois l'abattre
» Et lui ravir l'espoir de jamais nous combattre !
» Si je puis de Berlin aborder le rempart,
» Beningsen contre moi arrivera trop tard. » (9)
Pour atteindre Blucher en ces alternatives,
Il s'épuise lui-même en vaines tentatives ;
Bientôt sur tous les points constamment repoussé,
Et de périls plus grands se voyant menacé,

Abandonné déjà par le Dieu des batailles,
De Dresde promptement il quitte les murailles ;
Et c'est à Leïpsik, que Dieu, dans son courroux,
Réserve à son orgueil les plus terribles coups.
Nation de héros, ô Français magnanimes !
Vous, dont j'ai célébré les triomphes sublimes,
Pardonnez si je vais retracer dans mes vers
Vos désastres sanglans et vos cruels revers !
Un Corse, fatiguant l'aile de la Victoire,
Va vous ravir ici les fruits de votre gloire ;
Et riches du présent, mais pauvres d'avenir,
Vous n'en jouirez plus que par le souvenir.
Trois cent mille alliés réunis dans la plaine,
Jaloux de s'affranchir d'une honteuse chaîne,
Vont bientôt renverser ce colosse effrayant
Qui les menace encor de son poids accablant.
Bientôt les deux partis se trouvent en présence ;
Le signal est donné, la bataille commence ;
Mille foudres d'airain sur leurs affuts roulans
Et qui portaient la mort dans leurs superbes flancs,
Sous leurs coups redoublés faisaient trembler la terre ;
D'une épaisse fumée ils couvraient l'atmosphère
Qu'éclaircissait bientôt un déluge de feux
Près duquel pâlissait l'astre brillant des cieux.
Là, de vingt nations les nombreuses armées,
Contre une seule armée à combattre animées,
Veulent en leur faveur faire changer le sort ;
Et leurs chefs ont juré la victoire ou la mort.
L'espérance les guide, et leur âme ulcérée,
Ainsi qu'à la vengeance, à la haine est livrée.

La Discorde agitant son funeste brandon,
Dans les rangs des Français sème la trahison ;
Et les confédérés, à leurs traités parjures,
S'apprêtent à venger leurs communes injures.
Bientôt de toutes parts on se mêle, on combat :
Ce jour doit décider du destin de l'État.
A Wachau, Ney, Mortier, et le duc de Bellune,
Oudinot, Lauriston, pour fixer la fortune,
Dans ces terribles chocs où balance le sort
Contre les alliés font un dernier effort ;
Macdonald et Marmont, ces soutiens de la France,
Kellermann, Augereau secondant leur vaillance,
Rivalisent de gloire, et Poniatowski
Fait Merfeld prisonnier, et poursuit Bianchi. (10)
Les deux partis rivaux, pleins d'un même courage
Se disputent deux jours l'honneur de l'avantage,
Et comme l'Océan dans son flux et reflux,
On les voit tour-à-tour et vainqueurs et vaincus.
Bonaparte un moment croit fixer la victoire,
Tout-à-coup, ô revers ! et qui l'aurait pu croire ?
En sortant de ses rangs, Saxons et Bavarois,
Las d'appuyer sa cause et ses prétendus droits,
Embrassent le parti qu'ils combattaient naguères
Et se rangent parmi ses nombreux adversaires :
« Les traités, malgré nous, jusqu'ici respectés,
» Disent-ils, par la force ont été contractés,
» Et la force en ce jour peut aussi les dissoudre. »
A ces mots, dans nos rangs ils font voler la foudre.
Le tyran fond sur eux et brave le danger,
Guidé par le désir qu'il a de se venger ;

Quand le traître Murat, son coupable beau-frère,
Servant des alliés la haîne auxiliaire,
Déserte son parti de ses soldats suivi,
Et va grossir celui de ses fiers ennemis.
Il a perdu moitié de son artillerie,
Qui sur lui se dirige et tonne avec furie;
Badois, Vurtemburgeois, imitant les Saxons,
Du sang de ses guerriers inondent les sillons.
Trahi de toutes parts, il écume de rage;
Sur la valeur française il fonde son courage,
Et prêt à succomber, conserve dans son cœur
Le chimérique espoir d'être encore vainqueur.
Sur le vaste Océan, tel un rocher terrible
Aux flots tumultueux long-tems inaccessible,
Voit la vague à ses pieds se briser en éclats,
Bondir, et dans les airs jaillir avec fracas;
Lorsque de la nature une physique cause,
Sappe le point d'appui sur le quel il repose,
Cet immense rocher, dont le front orgueilleux
Brava long-tems la foudre et les flots écumeux,
S'écroule sur sa base; il se dérobe au monde
Et la mer le reçoit dans son urne profonde......
Tel on verra bientôt le tyran englouti,
Rentrer dans le néant dont il était sorti.
Par la défection notre armée affaiblie,
Soudain sous Leïpsick en ordre se replie,
Là, nos braves guerriers fidèles à l'honneur,
Font inutilement des excès de valeur;
Dans leurs retranchemens, par leur noble défense,
Ils se montrent encor la gloire de la France,

Saint-Cyr et Lauriston, Marmont, Latour-Maubourg,
Combattent à leur tête, et couvrent le fauxbourg.
Les alliés, grossis par les troupes saxonnes,
Dirigent à la fois leurs nombreuses colonnes
Sur ces remparts fumans, en proie à mille assauts:
Chaque soldat français s'y défend en héros.
Dans la ville, livrée au plus affreux carnage,
On n'entend que les cris, les accens de la rage,
Les clameurs des vaincus, les plaintes des blessés;
Les morts et les mourans ont comblé les fossés;
De cent globes de feu le déluge effroyable
En rend aux assiégeans la brèche praticable;
Il s'élancent; la mort vole de toutes parts;
Les vainqueurs de leur sang ont teint les boulevards.
Mais tous les habitans, dans ce séjour d'alarmes,
Sur les Français vaincus tournent aussi leurs armes. (11)
Ces derniers, assiégés au dedans au dehors,
Pour triompher du nombre ont perdu leurs efforts,
Et prêts à succomber en ce commun naufrage,
De la Pleisse, en fuyant, ils gagnent le rivage;
Un pont leur offre encore un espoir de salut;
Ils vont pour le franchir.... ils atteignaient le but...,
Quand tout-à-coup ce pont, dans ce moment horrible,
Disparaît à leurs yeux avec un bruit terrible; (12)
Par la foudre, en éclats dispersé dans les airs,
De ses débris fumans les guérêts sont couverts.
Bonaparte fuyant en tête de sa garde,
Compromet le salut de son arrière-garde;
A peine il a franchi ces bords ensanglantés,
Que ses ordres cruels, trop tôt exécutés,

Dans l'unique dessein d'assurer sa retraite,
Du reste de l'armée opèrent la défaite.
Là Poniatowski, ce prince polonais,
Digne par sa valeur du beau nom de Français,
Qui venait d'obtenir des mains de la Victoire
Pour prix de ses exploits le sceptre de la gloire,
De l'ennemi vainqueur repousse les assauts,
Et scelle de son sang l'honneur de nos drapeaux ; (13)
Accablé par le nombre, et fort de son courage,
Dans les rangs alliés se frayant un passage,
Il aborde la Pleisse, et le fleuve est franchi.
A peine d'un péril il se voit affranchi,
Qu'un autre tout-à-coup à ses yeux se présente ;
Il rejoint Lauriston, et le duc de Tarente,
Comme lui poursuivis dans ces cruels momens,
Et l'Elster les reçoit dans ses flots écumans ;
Les deux guerriers français à l'autre bord arrivent,
Et pour combattre encore, à leurs dangers survivent :
Mais le prince a vécu.... Dans la plaine lancé,
Tel nous voyons un cerf par les limiers pressé,
Pour éviter leurs dents précipiter sa fuite ;
Lorsque l'ardent chasseur s'acharne à sa poursuite,
Il cherche haletant son salut dans les eaux ;
Il y trouve la mort..... Tel finit le héros :
Mais son nom, surnageant sur le gouffre des âges,
De la postérité mérite les hommages.
O Dieu juste et puissant ! l'artisan des malheurs
Échappera-t-il seul à tes carreaux vengeurs ?
C'est souffrir trop long-tems que l'innocent périsse
Sous les coups du fléau dont s'arma ta justice !

Que dis-je ? l'enfer seul arma tous les humains
Du fer dont on les voit ensanglanter leurs mains !
La Paix et la Vertu sont ton heureux ouvrage ;
La Discorde enfanta la Guerre dans sa rage ;
L'Ambition, l'Orgueil, ont pour te détrôner,
Grand Dieu, contre toi-même osé se déchaîner !
Tu les précipitas dans la nuit éternelle ;
Signale encore ici ta bonté paternelle !
Prends pitié de la France et change son destin !
La perte d'un tyran est due au genre humain.
Pour regagner le Rhin, *Drouot*, sans intervalles
Guide l'airain tonnant sur les troupes rivales ;
Devant lui Schwarzemberg, Dewrede ont reculé ;
Nansouty de Kœsen franchit le défilé,
Et Marmont sous Hanau protégeant leur retraite,
Du reste des Français empêche la défaite.
Aux murs de Leïpsick *Dorsenne* est prisonnier,
Ainsi que *Lauriston*, Bertrand, Aubri, Reynier ; (14)
Par des revers nombreux notre armée affaiblie,
De Francfort sur Mayence en hâte se replie.
Nos héros, mutilés par les foudres de Mars,
Sont traînés sans secours au sein de ces remparts,
Ils en sont encombrés, et dans leur triste enceinte,
Des blessés, des mourans, retentissent les plaintes.
Sur les chemins sanglans, couverts de nos soldats,
Le râle de la mort s'entend à chaque pas. (15)
A cet affreux tableau la France désolée,
Sous les crêpes du deuil en pleurant s'est voilée.
Partisan, malgré lui, du Tyran couronné,
Auguste, roi de Saxe, est déjà détrôné ;

Ses sujets, d'Alexandre implorent la clémence;
Ce prince méconnaît la haine et la vengeance,
Et Saint-Cyr vers Torgau dans sa marche arrêté, (16)
Éprouve le premier sa magnanimité;
La Pologne, la Saxe, ainsi que la Bavière
Ont vu tous les Français fuir loin de leur frontière.
Mais cent mille guerriers vieillis dans les combats,
Dispersés loin de nous dans différens climats,
Retranchés dans les murs conquis par leur vaillance,(17)
Font encore une longue et vaine résistance;
Le Corse imprévoyant les a sacrifiés
Dans les places, les forts à leurs soins confiés.
Tel sur le sein des mers un courageux pilote
Qui se voit entouré d'une innombrable flotte,
A Dantzik investi, Rapp dans divers combats,
Défit plus d'ennemis qu'il n'avait de soldats;
Et Wurtemberg, entrant dans cette citadelle,
Cherche sa garnison quand elle est devant elle. (18)
Nos soldats prisonniers en vingt climats épars,
Laissent à découvert la France et ses remparts.
Cet empire est restreint aux anciennes frontières.
Le Tyran, replié sous ses aigles altières,
A fini de rêver d'envahir l'univers.
Cachant dans son palais sa honte et ses revers,
Forcé de recourir aux lois de la prudence,
Il songe maintenant à sa propre défense.
D'un million d'ennemis, en torrent débordés,
Les rivages français se trouvent inondés;
Nos villes, nos remparts sont en état de siége.
Le tyran veut encor nous dérober le piége

Dans lequel il ne peut éviter de tomber,
Et prétend avec lui nous y voir succomber.
Nos temples, nos lieux saints, aux faux bruits de sa gloire,
Retentissent encor des chants de la victoire;
Par son ordre semés, des écrits imposteurs, (19)
Quand nous sommes vaincus nous proclament vainqueurs.
Le besoin de secours le tourmente et le presse :
Il appelle l'enfance ainsi que la vieillesse,
Et se flatte qu'aidé de ces faibles renforts,
Il va des ennemis repousser les efforts
Et rendre encor le sort à ses désirs propice.
Mais fol et vain espoir ! l'éternelle justice,
Qui seule est immuable en ses divins arrêts,
De cet usurpateur abrogeant les décrets,
A signalé l'instant où, renversé du trône,
L'Europe doit briser sa sanglante couronne.
De ce trône d'airain sur sa base ébranlé,
Je le vois qui descend, l'Éternel a parlé :
A cette voix tonnante, au Pontife suprême
Le profane remet son triple diadême; (20)
Et déjà Ferdinand à l'Ibère rendu,
Prouve l'effroi qui règne en son cœur éperdu.
Pour la dernière fois embrassant la Chimère,
Il tombe. Il est tombé le géant éphémère;
Mais il veut entraîner dans sa chûte aujourd'hui
Le reste des guerriers ralliés près de lui.
En affectant l'audace il décèle sa crainte.
Du superbe Paris fortifiant l'enceinte,
Il veut combattre encor dans l'espoir du succès,
Et se faire un rempart des ossemens français !

Celui qui provoqua la publique infortune,
Prétend lier sa cause à la cause commune,
Afin de repousser la croisade des rois
Qui veulent mettre un terme à ses sanglans exploits.
Pour les rendre odieux, son infernal génie
Sur leurs intentions répand la calomnie. (21)
« Braves Français, dit-il, les barbares du Nord
». Viennent nous apporter l'esclavage ou la mort.
» Des rois que j'ai vaincus forment dans leur vengeance
» Le sacrilége vœu de subjuguer la France,
» Qui, pour sa liberté, s'arme ici de nouveau.
» Que ces vils étrangers y trouvent leur tombeau.
» Ils veulent de l'état partager les ruines,
» Et nous faire passer sous les fourches *caudines*. (22)
» Mais c'est sur moi, Français, pour aller jusqu'à vous,
» Qu'ils prétendent d'abord porter les premiers coups !
» Ne formons qu'un faisceau robuste, indivisible,
» Un mur à leurs assauts funeste, inaccessible,
» Et nous triompherons. Empereur et soldat,
» Je marche à votre tête, et je défends l'état. »
Sa cause par ces mots devient nationale ;
La valeur des Français de nouveau se signale ;
Une digue s'élève, et nos vaillans héros,
De cette irruption, seuls contiennent les flots,
Et repoussent encor les ligues mutinées
De trente nations contre nous déchaînées.
En vingt lieux opposés on voit tous nos soldats
Se porter en un jour, et livrer cent combats,
Soutenir fièrement cette lutte inégale,
Arrêter des vainqueurs la marche triomphale,

Les vaincre quelquefois, leur résister toujours,
Balancer leurs succès, en retarder le cours.
Montmirail et Vauxchamps attestent là vaillance
Des derniers boucliers de l'honneur de la France,
Alsusief prisonnier, les siens, leurs étendards,
Sont traînés en triomphe au sein de nos remparts.(23)
Celui qui tant de fois viola la victoire
A Brienne brûla le berceau de sa gloire; (24)
A Craone, enivré par un demi-succès,
Pour la dernière fois il refuse la paix. (25)
Soudain à Châtillon se rassemblent les princes
Dont il a si long-temps dévasté les provinces,
Ils tirent leur épée, et jurent devant Dieu
Qu'elle ne rentrera désormais en son lieu
Q'après avoir puni, dans leur juste colère,
Le coupable artisan des malheurs de la terre.
Sa perte est conjurée, et les rois outragés,
De ce dévastateur veulent être vengés.
C'est en vain que de *Laon*, ses aigles orgueilleuses
Ont tenté de franchir les cimes ardueuses;
Ces oiseaux destructeurs, sur ces monts escarpés,
Sont tombés par Blucher mortellement frappés. (26)
Il va cesser enfin le règne affreux du crime,
Et nous verrons bientôt notre roi légitime.
En Espagne, Suchet et Soult sont repoussés;
Nos remparts et nos champs sont partout menacés.
Wellington vers Bordeaux dirige ses cohortes;
D'Angoulême paraît, la ville ouvre ses portes.
A l'aspect imprévu du neveu de Louis,
Elle arbore soudain le pavillon des lis. (27)

Enfin pour le tyran sonne l'heure fatale,
Ses nombreux ennemis sont dans la capitale.
L'ALEXANDRE du Nord qui ne s'arma jamais
Que dans l'espoir heureux de conquérir la paix,
Loin d'abuser des droits que donne la victoire,
D'un peuple belliqueux y respecte la gloire.
« Ne craignez rien, dit-il, d'un modeste vainqueur
» Qui sait dans les vaincus respecter la valeur;
» *Je ne viens point ici, guidé par la vengeance,*
» *Dans l'odieux dessein de subjuguer la France,*
» Mais secondant le plan par l'Europe adopté,
» D'abolir du tyran l'empire illimité.
» Que tous les bons Français aux alliés s'unissent,
» Pour briser avec nous les fers dont ils gémissent;
» Et que ce peuple grand soit libre dans le choix
» De son gouvernement, ainsi que de ses lois. »
Ces mots ont dissipé les épaisses ténèbres.
Au milieu des tombeaux et des clameurs funèbres,
Au cri de la nature et de l'humanité,
On voit du fond du puits sortir la vérité.
De son flambeau divin la lumière céleste,
Si favorable aux bons, aux méchans si funeste,
A nos yeux dessillés, dans toute sa noirceur,
Montre de l'univers le coupable oppresseur.
Par ses vils conseillers, complices de ses crimes,
Il ose reclamer de nouvelles victimes.
Un sénat factieux, pour la première fois,
Contre l'Usurpateur élève enfin la voix,
L'accuse hautement des maux de la patrie.
Ceux qui, naguère encor, exaltaient son génie,

Et rampaient à ses pieds, tous ces hommes pervers
Qui lui devaient offrir, même dans les revers,
De leur attachement mille preuves nouvelles,
Cessent à leurs sermens de demeurer fidèles;
Et lui font annoncer que son règne est passé (28).
Par ceux qui l'élevaient le *Corse* est renversé :
Le Français, reprenant son antique énergie,
S'affranchit de ses fers, sort de sa léthargie,
Rappelle les Bourbons, ses légitimes rois;
Louis-le-Désiré va rentrer dans ses droits.
Le Tyran furieux et frappé d'anathème,
En horreur à l'Europe, odieux à lui-même,
Est forcé d'abdiquer un sceptre que ses mains
Avaient rougi du sang des malheureux humains.
Il voit de son orgueil s'écrouler l'édifice,
Et le bonheur public commence son supplice.
Le fier dominateur qui crut tout asservir,
Et jurait au sénat de vaincre ou de mourir,
Dans une île exilé consent à se survivre.
De son joug accablant quand le Ciel nous délivre,
De nos malheurs passés gardons le souvenir.
Mais pour nous préparer un plus doux avenir,
Le calme enfin renaît et succède aux tempêtes
Qui, cinq lustres et plus, ont grondé sur nos têtes.
La Discorde frémit, voyant l'Usurpateur
Renversé de ce trône où siégeait la Terreur.
L'airain ne tonne plus, ou s'il résonne encore
C'est pour fêter le jour qui doit bientôt éclore.
Iris, l'aimable Iris, messagère des cieux,
Imprime sur l'azur ses pas silencieux,

En offrant, aux regards de la nature entière,
De son arc diapré l'éclatante lumière.
L'espoir, dans tous les cœurs, a remplacé l'effroi,
Et partout retentit ce cri, Vive le Roi !
Présage de la paix si long-tems attendue,
Une douce vapeur dans les airs épandue,
Épure l'horison, Phœbus plus radieux
Perce le voile obscur qui le cachait aux yeux.
Déjà cette Déesse, entr'ouvrant le nuage,
Fait voir à découvert son auguste visage.
A son aimable aspect la nature sourit,
La Terre est consolée et le Ciel applaudit.
Ce ciel comble les vœux du monde et de la France;
Tout un peuple, enivré de joie et d'espérance,
Fait de ses sentimens éclater les transports;
D'Artois de ce concert prélude les accords. (29)
Frère du souverain, ce prince magnanime
Entend les bons Français, d'une voix unanime,
Répéter à l'envi : *Vive le Roi Sauveur!*
Ce cri frappe à la fois son oreille et son cœur;
Et l'écho prolongé de la Seine soumise,
Le reporte à Louis au bord de la Tamise.
L'odieuse Anarchie, et tous les noirs Forfaits,
Ces monstres, ennemis des Lis et de la paix,
Rugissent, et vers Blois fuyant d'un vol agile, (30)
Pleurent l'Usurpateur qui cingle vers son île.
Quand le Roi, digne objet de regret et d'amour,
Pour se rendre à nos vœux, presse enfin son retour.
De toutes les Vertus l'escorte l'environne;
Il est accompagné de sa noble Antigone,

Des derniers rejettons des *Condé*, de Berri
Le plus jeune des fils de son frère chéri.
Il revient protégé par Éole et Neptune,
Le Ciel pour lui, pour nous, fait changer la fortune,
Il va monter au trône où régnaient ses ayeux;
Le vaisseau qui le porte a fixé tous les yeux :
Majestueusement il s'avance, et la joie
Du peuple et du monarque à l'envi se déploie,
Et le bronze guerrier, l'airain religieux,
Mêlent au cri public leur bruit harmonieux ;
Louis-le-Désiré aborde le rivage,
De la terre natale il touche enfin la plage (31);
Et, les larmes aux yeux, ce bon roi tend les bras
A la foule qui vient au-devant de ses pas.
Thémis marche avec lui; Minerve qui le guide,
Couvre le souverain de sa brillante égide ;
Et l'essaim des plaisirs, et des jeux, et des ris,
En essuyant ses pleurs, le suivent à Paris.
Mais sur le sol Français quelle métamorphose?
Où croissait le cyprès viennent naître les roses,
Les BOURBONS dans leurs droits sont enfin rétablis;
L'olivier va fleurir encore auprès du lis.
Fidèle au testament de son auguste frère,
A des fils égarés Louis pardonne en père ;
Et fort de son pouvoir, moins que de ses vertus,
Après un Attila nous promet un Titus.
A son avènement, sa bonté se signale
Par une Charte juste autant que libérale,
Son vrai titre de gloire à la Postérité,
Et le palladium de notre liberté (32).

Des mœurs, de la justice il rétablit l'empire;
A régner par des lois tout son orgueil aspire:
Son trône est dans nos cœurs. Ah! puisse l'Éternel
Affermir dans ses mains son sceptre paternel!
Conserve-nous Louis, céleste Providence!
Veille sur les destins du sauveur de la France!
Ses fidèles sujets joignent leurs vœux aux miens:
Un monarque clément est le plus grand des biens.

FIN DU LIVRE DOUZIÈME ET DERNIER.

NOTES DU PREMIER LIVRE.

(1) Tel dans un tube étroit deux verres adaptés
Offrent le même objet à leurs extrémités.

Je compare la Poésie épique et la Peinture en perspective à une lorgnette qui éloigne, rapproche, augmente ou diminue les objets qu'on veut faire envisager sous un point de vue plus ou moins favorable : mais l'Histoire est un miroir fidèle, qui réfléchit avec impartialité l'image du bien et du mal.

(2) Alexandre, César, les sages de la Grèce,
Commirent quelque crime, eurent quelque faiblesse.

Alexandre a souillé ses lauriers du meurtre de Clitus ; César fut surnommé par les satyriques de son siecle, *le mari de toutes les femmes, et la femme de tous les maris* ; Sénéque fit preuve d'avarice et de cupidité, en composant son mépris des richesses ; les philosophes des différentes sectes d'Athènes et de Rome ont offert un mélange bizarre de vices, de sagesse, de crimes et de vertus.

Mais à l'humanité, si parfait que l'on fut,
Toujours par quelque faible on paya le tribut.

Piron, Métromanie.

(3) Dont il paraît l'idole aux regards des Romains.

Il est constant que ces deux héros ont eu l'avantage d'être chantés par deux poëtes plus grands que leurs exploits. Que serait aujourd'hui le siége de Troie, qui dura dix ans, auprès du siége de Dantzick ? Achille, et tant de héros fabuleux, sans le génie d'Homère, figureraient maintenant avec *Barbe-bleue*, et *Richard sans peur*, dans la Bibliothèque des Enfans. Ah ! qu'Hector me paraît bien plus grand, plus valeureux que son cruel vainqueur, qui, fier de son *invulnérabilité*, dont il devait au moins avoir le pressentiment, se présentait toujours fièrement au combat avec la presque

certitude de vaincre, ou du moins de n'y courir aucun danger.
Quant à César-Auguste, quoiqu'il fût le protecteur des Arts, et
qu'il cherchât, sous un masque populaire, à faire oublier les excès
qu'il commit sous le nom d'Octave, dans le cours de son triumvi-
rat, par l'Histoire il jouirait de l'immortalité du crime ; mais la
Poésie, et surtout la poésie de Virgile l'a divinisé en l'associant à
la gloire du poëte.

(4)   Triste, et portant le deuil des enfans d'Apollon.

Allusion aux poëtes célèbres que la mort a moissonnés depuis
quelques années au Parnasse français, et dont l'Institut déplore
journellement la perte : tels que *Delille*, Parny, Boufflers, Le
Gouvé, Ducis, etc.

(5)   Et, parés des bienfaits du Despote abattu,
L'insulter lâchement pour prouver leur vertu.

Des hommes de génie, et qui ont acquis une juste célébrité
dans la carrière littéraire, mais dont la plume est vénale, n'ont
fait que changer de masque depuis trente ans, après avoir, selon
leurs passions ou leurs intérêts, servi tous les partis, et sacrifié
tour à-tour à toutes les idoles qui se sont emparées du pouvoir,
depuis Robespierre jusqu'à Bonaparte. Constans dans leur inconstance, ils ont été les premiers à fouler aux pieds ce colosse abattu,
qu'ils encensaient la veille, et à le couvrir de boue, au risque de
s'éclabousser eux-mêmes : s'ils s'étaient bornés à en médire, ils
n'eussent été qu'ingrats ; mais ils l'ont calomnié en lui refusant
toute espèce de moyens, après avoir exalté son vaste génie. L'em-
pressement qu'ils ont mis à célébrer sa chute, leur a fait perdre,
avec le souvenir de ses bienfaits, celui des éloges qu'ils venaient de lui prodiguer : les ingrats ont si peu de mémoire !.. Ils
ont cependant à leur boutonnière un petit *memento* qui atteste les
titres, les honneurs dégradés qu'ils en reçurent, pour prix d'une
basse adulation. Mais si l'on veut les en croire, eux seuls sont ex-
clusivement Français et partisans de la légitimité ; ils se disent
éminemment des hommes monarchiques, en essayant chaque jour
de porter atteinte à la Charte, qui est la base du gouvernement
paternel et représentatif qu'adopta le monarque, qui veut faire
cause commune avec son peuple, en ne régnant que par les lois.
Mais on sait à quel point on doit croire à la doctrine et à la bonne

foi de ces caméléons, qui ont acquis un double titre au dictionnaire des girouettes et au mépris public.

(6) *Et dont il seconda les barbares excès.*

Ce fut à son début, au siége de Toulon, qu'il signala à-la-fois ses talens militaires et sa férocité. Après avoir concouru à la reprise de cette place tombée au pouvoir des Anglais, il préluda aux massacres de Vendémiaire, en faisant mitrailler une partie des habitans, et tous les émigrés tombés entre ses mains. Pour prouver son républicanisme, et gagner la confiance de Fréron et de Robespierre jeune, alors représentans en mission dans cette partie de la France insurgée, il leur adressa la lettre suivante :

Citoyens Représentans,

C'est du champ de la gloire, marchant dans le sang des traîtres que je vous annonce avec joie que vos ordres sont exécutés, et que la France est vengée : ni l'âge ni le sexe n'ont été épargnés ; ceux qui avaient seulement été blessés par le canon républicain, ont été dépêchés par le glaive de la Liberté, et par la baïonnette de l'Égalité. Salut et admiration. *Signé* Brutus Bonaparte, *Citoyen sansculotte.*

Cette lettre et sa conduite donnèrent dès lors la mesure de ce que l'on devait attendre de lui dans l'avenir, s'il acquérait plus d'influence ; et c'est ce qu'il a depuis constamment justifié.

(7) *Le peuple sous le joug rêvant la liberté,*
Prend une fraction de souveraineté.

C'est dans ces temps orageux de trouble et d'anarchie, qu'en divisant les cœurs et les esprits frappés par la terreur, le gouvernement plaça ces trois mots pour exergue dans les pièces de cinq francs, *Union et Force.* Cette devise était dérisoire, dans un moment où le frère divisé d'opinion, s'isolait de son frère, et où la mort était sans cesse à l'ordre du jour.

(8) *Et trois partis rivaux dans son sein chaque jour*
Lutter, à l'échafaud se pousser tour à tour.

En 93, trois partis opposés s'étaient élevés dans le prétendu sanctuaire de l'égalité : on les désignait sous les noms *du Marais, de la Plaine,* et *de la Montagne*; cette dernière, semblable à l'Etna, vomissait la mort autour d'elle ; et dans leur cours orageux, les deux autres partis venaient briser leurs flots à ses pieds, et refluaient jusqu'à la Place de Louis XV, dite de la Révolution, où ils allaient se perdre comme dans un gouffre incommensurable. La guillotine y était permanente.

(9) Un monstre furieux, dans le crime affermi,
     Du peuple, en l'égorgeant, s'osait dire l'ami.

Marat, Représentant du peuple, un des plus acharnés révolutionnaires de la Convention, et conséquemment régicide, était rédacteur d'une feuille incendiaire intitulée *l'Ami du Peuple*; les plus honnêtes citoyens s'y trouvaient journellement dénoncés, et victimes des plus atroces calomnies; ils étaient arrêtés, mis en jugement, condamnés sans preuves, et souvent même, sans présomption, envoyés à la mort dans les vingt-quatre heures.

(10) Digne rival d'Hébert, ennemi du remord,
      Toujours de l'homme juste il demandait la mort.

Hébert, natif d'Alençon, chef-lieu du Département de l'Orne, autre Représentant et régicide, était aussi publiciste, et rédacteur d'une feuille incendiaire intitulée *le Père Duchêne*. Cet aboyeur littéraire fut sacrifié par la faction même dont il était l'organe et l'instrument, et qui commençait à craindre sa funeste influence.

(11) Caen leur offre un asile; et le Fédéralisme
      S'arme, mais vainement, contre le Vandalisme.

Au printems de 1793, le Général Wimphen qui avait honorablement défendu Thionville contre les attaques des Prussiens, commandait le Département du Calvados, et s'éleva avec les habitans contre le système de terreur qui régnait dans la Convention; la ville de Caen, comme Lyon, s'insurgea, et offrit un asile aux députés proscrits dans la journée du 31 Mai, au nombre desquels se trouvaient Henri-Larivière, Gorsas, Péthion, Buzot, le célèbre Vergniaux, Barbaroux, et notamment l'honorable Lanjuinais, aujourd'hui Pair de France, et qui faisait alors partie de cette minorité pure, signalée par la faction de la Montagne présidée par *Robespierre*, et contre laquelle il osa lutter avec un courage qui lui valut l'honneur d'être mis *hors la loi*. Il échappa comme par miracle au sort de beaucoup de ses collègues qui ont péri sur l'échafaud, tels que les Condorcet, les Camille-Desmoulin, les Héyault de Séchelles, et autres partisans d'une liberté sage.

Mad.lle Charlotte-Corday, native de St.-Saturnin près de Caen, et issue d'une noble famille, était âgée de 24 ans, et l'ornement de son sexe ; belle, spirituelle, très-instruite, d'une taille majestueuse, et douée d'un grand caractère dont elle fit preuve, elle partit furtivement, et sans informer personne de son dessein, alla trouver *Marat* ; et sous le prétexte de lui dénoncer des fédéralistes de son département, après quelques obstacles, elle fut secrètement admise auprès de lui, et le frappa dans son bain, et à plusieurs reprises, d'un grand couteau à gaîne, dont elle avait fait emplette la veille de ce meurtre, en arrivant à Paris. Le monstre n'eut que le tems de tirer la sonnette en se débattant ; elle pouvait l'arrêter ou fuir pendant qu'on viendrait inutilement à son secours ; mais voulant se repaître à loisir du spectacle de sa mort, et fière d'en avoir délivré sa patrie, cette nouvelle Judith attendit avec sang-froid le résultat de sa téméraire entreprise. Les apôtres du crime ne tardèrent pas à envelopper l'héroïne, à s'en saisir, et à l'envoyer à l'échafaud ; elle conserva son sang-froid au tribunal révolutionnaire composé des adhérens de ce tigre. Marat fut proclamé martyr de la Liberté, et son corps porté en pompe funèbre au Panthéon, à côté des grands hommes qu'honore la Patrie ; il en fut arraché au 9 Thermidor suivant pour être précipité dans l'égoût Montmartre : quelle transition et quelle translation subite !...... Si Charlotte-Corday eût différé de quelques jours l'exécution de son dessein hardi, elle serait peut-être encore l'ornement de sa famille et de la société ; car Marat, miné par une maladie interne et incurable, allait dit-on y succomber ; son cadavre animé et livide était déjà putréfié ; mais Charlotte, vivante pour ses contemporains, serait morte pour la postérité.

(12)   Moreau sur l'échafaud a vu monter son père,
         Tandis qu'il abaissait les remparts de Courtrai.

Le père du vertueux Moreau fut condamné à mort par le tribunal révolutionnaire, pour s'être appitoyé sur la mort de Louis XVI, et avoir donné asile à un émigré. Le jour de l'exécution, son fils remportait dans la Belgique une victoire signalée en combattant pour la République.

(13) Et la Loire, et l'Escaut dans leur cours arrêtés,
Roulaient, en mugissant, des corps ensanglantés.

Chacun est instruit des crimes de ces deux féroces Représentans : les mariages, appelés par Carrier mariages républicains, se faisaient en accouplant les victimes : attachées dos à dos, embarquées la nuit dans le fatal bateau à soupape, et abandonnées au courant, au signal funéraire elles étaient tout-à-coup précipitées dans les flots de la Loire, alors rougis du sang français.

(14) Mais par ses propres feux le volcan consumé,
Sous son poids homicide est enfin abîmé.

Cette Montagne horrible s'écroula sur elle-même au 9 Thermidor an 3 de l'odieuse République, à la chute de Robespierre. Que ne s'est-elle abîmée dès le jour de sa naissance monstrueuse ! nous n'aurions pas à pleurer aujourd'hui la mort du roi martyr.

(15) Le cratère qu'il couvre au neuf de Thermidor
Se r'ouvre en Vendémiaire ainsi qu'en Fructidor.

Le noir cratère parut comblé pour un moment par le *Directoire*, mais il se r'ouvrit au 18 Fructidor de l'An 5 : cette journée offrit le 2.ᵉ acte du 13 Vendémiaire; *Pichegru, Villot*, etc., accusés d'avoir conspiré en faveur des Bourbons, furent déportés à Cayenne; le noble Pair, M. le Marquis de Barthélemi, qui avait été membre de ce même Directoire, au retour de son ambassade en Suisse, fut compris dans la déportation avec le fidèle Letellier son domestique; un capitaine américain favorisa leur fuite. Le Général Ramel pour avoir pris part à cette insurrection, en marchant contre le Directoire, était de ce nombre, et fut assassiné à Toulouse, en Juillet 1815, pour prix de son royalisme anticipé. L'estimable Tronçon-Ducoudray, l'abbé Brottier, Lavilleurnois, Barbé-Marbois, Portalis, qui plaida en 1796 en faveur des émigrés naufragés à Calais, Aubry, et une foule de bons Français transportés au mépris des lois à Sinamary, y supportèrent leur sort avec courage et résignation; sans espoir de revoir jamais leur patrie, ils attendirent patiemment la mort, qu'ils ont enfin trouvée dans cette terre d'exil, vrai tombeau des vivans.

(16)   Que de pays conquis par Moreau, Pichegru,
       Que depuis, en un jour, leur rival a perdu.

La bataille de Léipsick, perdue en 1813 par Bonaparte, qui refusant obstinément la paix, attira toutes les puissances alliées dans le centre de la France.

(17)   La France, en se plaignant de ce mauvais Ministre,
       Pleura sur tes revers et sur ta fin sinistre.

Les déprédations de ce Général qui avait été Ministre de la Guerre, avaient épuisé le trésor public, et désorganisé nos armées, en proie à tous les besoins; il fut accusé, dans le tems, d'avoir livré à vil prix nos arsenaux à l'ennemi, et d'être l'auteur de tous nos revers; il ne prit pas même la peine de s'en justifier, et le brave Championet, après d'honorables succès, obtenus momentanément en Italie, las de solliciter vainement des secours d'un gouvernement dilapidateur, fut obligé d'opérer sa retraite; et consumé de chagrins, abreuvé de dégoûts, payé d'ingratitude, il se retira à Antibes, où il mourut du poison le 19 Nivose an 8 (8 *Janvier* 1800). On soupçonna le Directoire de cet attentat.

(18)   C'est alors que partout le cri de la Patrie
       Réclamait Bonaparte, exaltait son génie.

J'ai promis d'être historien fidèle, et je tiens parole. Le tyran commandait alors l'admiration publique. Je n'en suis ici que *l'écho*. S'il n'eût été généralement aimé, regretté, et le *Directoire* universellement haï, le général Bonaparte ne l'aurait pas si facilement renversé pour s'élever au consulat; mais en rappelant une foule d'émigrés il capta tous les suffrages. On le laissa s'emparer des rênes du Gouvernement, persuadé qu'il allait les remettre aux mains des Bourbons, nos Princes légitimes. Qu'on ne s'étonne donc pas de me voir relater ici les éloges qu'il arracha dans le tems à la multitude. Le premier écu de 5 francs frappé à son coin signala son ambition, et le meurtre de l'infortuné Duc d'Enghien a dû dessiller tous les yeux, affliger tous les royalistes, et consolider le parti de l'usurpateur.

(19)   Digne soutien du peuple et père du soldat.

On ignorait alors que ce prétendu père des soldats venait de les abandonner aux périls les plus grands, et de faire empoisonner dans les hôpitaux les pestiférés de Jaffa, pour se dispenser de leur prodiguer les soins dus à l'humanité et au malheur; ce n'est pas ainsi que Saint-Louis, le père des Bourbons, se conduisit avec les Français qui le suivirent dans les mêmes climats.

On a su depuis que Bonaparte avait brigué cette expédition dans l'espoir de conquérir l'Égypte à la tête de 40,000 braves, de couper aux Anglais leurs relations commerciales avec les peuples du Levant, de se faire couronner roi de Jérusalem, à l'aide des Arabes qu'il essaya d'insurger contre le Grand-Seigneur, en arborant le turban et prêchant l'alcoran au nom du Saint Prophète, dont il se disait l'envoyé. Lisez ses proclamations en style oriental; j'en connais une commençant par ces mots profanes :

Au nom du père qui n'a point de fils, etc.

Et voilà celui qui depuis fut couronné empereur par le Saint Pontife de Rome, et proclamé le restaurateur de la religion !

Sans ses pertes multipliées aux combats d'Aboukir, sans les revers de ses armées au siége de St-Jean-d'Acre, le Corse, déguisé en mahométan, aurait rendu long-tems la cour de Constantinople victime de sa mascarade.

(20) En nous affranchissant du joug de cinq tyrans,
     D'un Directoire infâme et de ses vils agens.

Plusieurs membres du Conseil des anciens, en lutte avec celui des Cinq cents et le Directoire, favorisèrent Bonaparte à opérer la journée du 18 Brumaire, persuadés que, fort de la confiance du peuple et de l'appui de l'armée, lui seul pouvait sauver la France de l'anarchie. Le modeste Moreau lui-même seconda son ambitieux rival, sans prévoir son ingratitude et sa déloyauté.

(21) Etaient de cet état le soutien et la gloire ?

Le Corse a fait son procès ce jour-là par anticipation, comme l'a justement observé M. de Châteaubriand lors de la première abdication de cet usurpateur ; on pouvait lui répliquer avec ses propres paroles, « et toi qu'as-tu fait depuis douze ans de l'or et de la population européenne que tu as dévorés pour appuyer ta cause et tes prétendus droits? »

(22) Où régnaient le Croissant et l'Aigle des Césars.

Dans les champs d'Arcole, au pont de Lodi, où, précédé d'Augereau, il planta un étendard sous les batteries de l'ennemi, foudroyant et repoussant les plus braves bataillons français, qui ne tardèrent pas à suivre l'exemple de leurs chefs, et affrontèrent la mort avec une intrépidité qui les fit triompher de tous les obstacles.

FIN DES NOTES DU LIVRE PREMIER.

NOTES DU SECOND LIVRE.

(1) *En impose à la terre et se perd dans les cieux.*
Le mont Saint-Bernard.

(2) *Au plus haut du passage il trouve un monastère.*

Le Couvent où Bonaparte établit son quartier-général, est situé au point le plus élevé du passage, à 750 pieds au-dessus de la mer ; la crête du mont excède de 500 pieds le monastère.

(3) *Le chien remplit l'auguste et sacré ministère.*

Je voudrais, mais en vain, trouver une épithète plus noble pour désigner ce fidèle ami de l'homme ; malheureusement ces utiles animaux ont été, il y a quelques années, engloutis sous la neige, et la race en est, dit-on, perdue.

(4) *Emoussent dans leurs mains tous les traits qu'ils aiguisent.*

En 99, le prince Charles, par une suite de la mésintelligence qui régnait entre les deux armées, détacha les 40 mille Autrichiens qu'il commandait, et alla mettre le siége devant Philisbourg. Korsakow général russe, affaibli par cette division, et livré à ses seules forces, fut complètement battu par Masséna, près de Zurick. Suwarow accourant du centre de l'Italie au secours de son lieutenant-général, eut le même sort, en voulant traverser la Suisse. Les troupes françaises se couvrirent de gloire en combattant quinze jours contre des forces supérieures. Les deux armées russes mises en pleine déroute, ne purent se rallier qu'après leur entière défection, et Suwarow ne survécut pas long-tems à sa gloire flétrie.

(5) *Fidèle à ses sermens, et de l'honneur esclave.*

Les Suisses l'ont particulièrement prouvé dans la journée du 10 août, où la plupart sont morts au poste de l'honneur, et victimes de la foi du serment.

(6) *Malgré les vains efforts de mon rival Mélas.*

Mélas, général en chef de l'armée autrichienne, faisait le siége de Gênes, dont il allait s'emparer au moment où Bonaparte effectuait ce passage pour aller au secours de la garnison française épuisée de forces et de munitions. Il s'empara de Milan ; tels furent les préliminaires de la célèbre bataille de Marengo.

(7) Où le seul Annibal soit encore parvenu.

Annibal franchit les Alpes le premier, en marchant contre Rome ; mais ce ne fut point au mont Saint-Bernard qu'il effectua ce terrible passage.

(8) Lannes et Macdonald, fameux en tant d'assauts,
Watrin et Gassendi dirigeaient ces travaux.

Le chef de brigade Gassendi, indiqua le moyen de transporter les pièces de canon ; on les démontait de leurs affuts, on les couchait dans des arbres creusés en forme d'auge, et de cette façon on les traînait plus facilement sur la neige.

(9) Il rentre dans Milan quand Gène est assiégée.

Pendant que Masséna capitulait dans Gène, Bonaparte rentrait vainqueur à Milan.

(10) Et leurs débris sanglans sont sur la terre épars.

La Garde consulaire que Bonaparte appelait *sa redoute de granit*, se couvrit d'une gloire immortelle, en résistant seule et long-temps au choc de l'armée autrichienne qui s'acharnait à la détruire. Ces braves, sans reculer d'un pas, et resserrant leurs rangs éclaircis par l'ennemi, formaient encore, après leur mort, un carré qui attestait leur indomptable valeur.

(11) Succombent avec gloire ou sont faits prisonniers.

Vers les quatre heures du soir l'armée française, battue sur tous les points, se retirait en désordre, quand Desaix arrivait avec sa réserve, enfonça le centre de l'ennemi, le culbuta, et ramena la victoire sous nos drapeaux ; mais au moment de son triomphe, il reçut le coup mortel, et fit une fin glorieuse sur le champ de bataille qu'il venait d'illustrer par le plus beau fait d'armes. Kellermann, aujourd'hui Duc de Valmy, acheva par une charge de cavalerie la défaite des grenadiers hongrois, qu'il fit prisonniers ; les

Généraux Victor, Duc de Bellune, Boudet, Rivault, etc., secondèrent sa valeur, et l'explosion d'un caisson français ayant achevé de porter le désordre et la mort dans les rangs ennemis, les cris de *victoire*, partis de toute notre ligne, l'impétuosité et l'ensemble de cette dernière attaque de la part de nos soldats, le feu de notre artillerie, tout contribua à terminer à l'avantage de l'armée française la sanglante et funeste journée, qui décida du sort de cette campagne.

(12) Craignant d'avoir peu fait pour la Postérité.

Le héros expirant adressa ces paroles à ceux qui l'entouraient : *Allez dire au premier Consul que je meurs avec le regret de n'avoir point fait assez pour la France et pour la postérité.*

(13) Notre or payait le prix de sa neutralité.

Chacun sait que le Directoire paya long-tems au roi de Prusse le prix de la neutralité. Ce prince y gagnait doublement : d'un côté il palpait les millions de la France, et de l'autre il voyait avec complaisance abaisser l'Autriche sa superbe rivale, sans se douter qu'un jour l'Usurpateur irait à son tour ravager ses états; et que la bataille d'Jena le mettrait à deux doigts de sa perte. Il s'en est bien vengé depuis ; *et vice versâ*.

(14) Par un heureux traité l'Empire germanique
Une seconde fois renonce à la Belgique.

Joseph Bonaparte, alors conseiller d'état, fut chargé de négocier le traité de paix avec l'Allemagne : il fut conclu à Lunéville, et ratifié à Paris en 1802.

(15) A Jacquelin unis d'une amitié si pure.

Toute la France connaît ces belles paroles du jeune marquis de la Roche-Jacquelin qui, à dix-huit ans, commandait les troupes vendéennes : « Mes amis, leur dit-il au moment de combattre : *Si j'avance, suivez-moi; si je fuis, tuez-moi; si je meurs, vengez-moi!* » Son frère mourut ainsi que lui pour la cause royale, dans la dernière insurrection de la Vendée, le 6 Juin 1815.

(16) Qui sous un joug de plomb les retenait esclaves.

La barbarie des colons, qui n'étaient pas plus partisans des idées libérales que le Grand Turc, et qui se croyaient tous des petits sultans, n'a pas peu contribué à provoquer l'insurrection des noirs ; la plupart peuvent dire aujourd'hui *meâ culpâ*.

(17) Polverel, Santhonax, agens de la terreur,
Du nègre, chaque jour, excitent la fureur.

Ces deux farouches Représentans envoyés par la Convention pour proclamer la liberté des nègres dans la colonie, y apportèrent la licence, et y allumèrent un affreux incendie qu'ils ne purent plus éteindre ; ils y communiquèrent cette fièvre révolutionnaire dont ils étaient dévorés, et qui, d'un pôle à l'autre, avait gagné tous les esprits, ils faillirent eux-mêmes en être victimes. Les bornes de cet ouvrage ne me permettant pas de m'étendre davantage sur les troubles qu'ils ont causés au Cap, en y proclamant les droits de l'homme, je renvoie le lecteur à l'histoire de cette Colonie.

(18) On croit que le poison a terminé sa vie.

Que Toussaint-Louverture soit mort du poison ou autrement, ce qu'il y a de constant, c'est qu'il a péri par les ordres de Bonaparte, à qui Le Clerc l'avait envoyé prisonnier au mépris des traités les plus saints ; car ce chef des insurgés était venu de confiance, et sur la foi du serment, pour entrer en conférence avec le Général qui le fit prisonnier, et le livra à son coupable beau-frère, qui préluda sur lui au meurtre de Pichegru, et à l'assassinat de l'infortuné Duc d'Enghien. Mais les nègres informés de la fin tragique de leur Général, firent choix de *Dessalines*, qui vengea sur Le Clerc la mort de Toussaint-Louverture, et signala sa fureur sur tous les blancs, sans distinction de sexe ni d'âge, et même sur les créoles, ou sur les hommes de leur couleur qui refusaient de prendre part à l'insurrection de leur caste.

(19) Rigaud par un miracle échappe à sa furie,
Et rentre dans le sein de la mère-patrie.

Le Général Rigaud qui était resté après la mort de Le Clerc, à St.-Domingue, avec une partie des troupes qu'il ralliait autour de lui pour résister au choc des insurgés, dont le nombre et les forces alimentés par les Américains, grossissaient tous les jours, quand les siennes s'affaiblissaient à chaque instant ; Rigaud tenta de se réunir aux troupes du Général Ferrant, qui s'était illustré en 1794 pa la belle défense de Valenciennes, et commandait une partie de l'île : mais ces deux Généraux, divisés bientôt d'intérêt, et dirigés par un sentiment de jalousie et d'ambition, qui leur faisait briguer également l'honneur de la suprématie, loin de se réunir, allumèrent entre eux une guerre de partisans, qui, jointe à la guerre intestine qui dévorait cette colonie, achevèrent de la perdre, avec le reste des blancs confiés à leurs ordres; ils ne purent s'y maintenir ni l'un ni l'autre. Chassés tous deux de position en position, Rigaud revint en France, avec une poignée de blancs échappés au massacre général; Ferrant se réfugia à Santo-Domingo, dans la partie espagnole de l'île; les noirs proclamèrent leur indépendance; Dessalines régna seul sur cette terre de deuil, arrosée du sang des milliers de Français; nous perdîmes la plus belle partie de notre escadre, et le corps du Général Le Clerc est tout ce que nous avons sauvé de cette funeste expédition.

FIN DES NOTES DU LIVRE SECOND.

NOTES DU TROISIÈME LIVRE.

(1) C'est Pallas qui le vient couvrir de son égide.

L'ex-Vicomtesse de Beauharnais, Madame Bonaparte, avant de concevoir l'espoir de parvenir au rang suprême, avait donné des preuves constantes d'amour conjugal. Sa surveillance active se manifesta surtout envers son époux, lorsqu'à son retour d'Égypte, et craignant pour ses jours menacés, elle préparait elle-même ses alimens, et les goûtait pour s'assurer de leur salubrité, avant que de les lui offrir, et le garantir ainsi des atteintes du poison.

(2) Joséphine à ses yeux est une autre Égérie.

Numa-Pompilius consultait Égérie dans la forêt sacrée; et Bonaparte parvenu au rang de premier consul, trouva dans Joséphine un ange tutélaire, qui le dirigeait souvent dans le sentier du bien, l'alimentait de ses conseils et de ses exemples, l'accompagnait dans nos ateliers, dans nos manufactures, au sein de nos fabriques, et encourageait avec lui d'une main libérale toutes les productions de l'industrie française ; en la perdant, il perdit ce qu'on nomme vulgairement son bon génie.

(3) Malthe en est le prétexte, et les Bourbons la cause.

Bonaparte, dit-on, dans un article secret du traité d'Amiens, avait fait ratifier par son frère Joseph, et son plénipotentiaire au Congrès, la promesse qu'il fit à l'Amiral Nelson qui facilita son retour d'Égypte en France, de travailler au rétablissement des *Bourbons* : les Anglais qui s'étaient emparés de l'île de Malthe, que le Vainqueur d'Arcole et de Lodi avait envahie à son passage, sous le prétexte d'y faire de l'eau, les Anglais, dis-je, attendaient que Bonaparte effectuât sa promesse, pour rendre cette île au gouvernement français, selon un des articles du traité; mais le premier Consul, jaloux de travailler pour lui-même, saisit cette occasion de réclamer publiquement l'île de Malthe, sans s'occuper de remplir la condition secrète, et sur le refus du cabinet britannique, la guerre se ralluma avec plus de furie entre les deux puissances, et dès lors Bonaparte conçut le projet chimérique de sa descente, fit travailler à la construction des péniches, et établit son camp de Boulogne, que l'on peut comparer à un épouvantail placé dans un jardin pour en écarter les oiseaux ; les Anglais, vrais oiseaux de mer, malgré leur jactance et leur force navale, effrayés au seul nom du Conquérant, prirent toutes les mesures que le machiavélisme leur suggéra, pour opérer une diversion qui le détourna de son dessein, comme on le verra dans la suite.

(4) Ceux qui par la terreur de leur toit exilés,
Ont perdu tous leurs biens, à sa voix rappelés,
Jouissent, près de lui, du calme après l'orage;
Il leur rend les débris échappés au naufrage,
Les droits d'hérédité dont ils furent privés,
Et ceux de citoyen qu'il leur a conservés.

En rappelant les émigrés pour grossir son parti, et écraser celui des Jacobins qui, par son influence, aurait pu l'entraver dans sa marche, il fit restituer aux exilés rentrés les débris de leurs biens échappés au torrent révolutionnaire, et offrit du service à ceux qui, ayant perdu le patrimoine de leurs ayeux, se rallièrent à l'homme bienfaisant qui leur rendait, avec le titre de citoyens français, le droit de pétition, celui d'éligibilité à toutes les places civiles et militaires, et se montrait le réparateur des maux de la patrie. Qu'il était grand alors! Il pouvait l'être encore plus ; mais à force d'ambition il va devenir gigantesque, et grandissant comme une ombre, le géant éphémère disparaîtra bientôt, comme elle, aux regards de ses contemporains, quand il pouvait fixer ceux de la postérité la plus reculée.

(5) Le Corse contre lui se plaît à conspirer,
Et trouve le moyen de grossir sa cabale
En dirigeant sur lui la machine infernale.

Toute la France eut connaissance de l'explosion de la machine infernale, ainsi nommée dans le tems, et qui éclata rue St.-Nicaise le 3 Nivose an 9, 23 Décembre 1801, la deuxième année du Consulat. Bonaparte sortait des Tuileries pour se rendre à l'Opéra, où l'on donnait la première représentation de l'Oratorio d'Haydn ; les glaces de sa voiture ainsi que les vitraux des maisons voisines du lieu de la scène furent fracassés par la commotion, mais quelques passagers, et l'innocent conducteur de la charette qui contenait le réchaud volcanique, furent seuls atteints du salpêtre enflammé. On a prétendu que, comme un grand acteur, qui, fort de l'opinion publique dont il se cuirasse, se fait siffler par un tiers au plus beau moment de son rôle, pour doubler l'intérêt qu'il prétend inspirer, et le nombre de ses partisans, parmi lesquels il est sûr de trouver des vengeurs, Bonaparte était l'auteur anonyme du prétendu complot tramé contre ses jours ; si le fait n'est pas vrai, il est du moins vraisemblable ; il a joué des scènes moins innocentes pour parvenir à son but. Soudain on doubla sa garde, afin de garantir sa sûreté personnelle, et en doublant les forces du Tyran, on lui aplanit la voie du trône où il brûlait de monter.

(6) Le Sénat au Tyran vient, selon son envie,
Décerner les honneurs du Consulat à vie ;
Il accepte soudain ce qu'il avait brigué,
Et le peuple par lui va se voir subjugué.

Voici la réponse qu'il fit modestement à la députation du Sénat qui venait de le proclamer consul à vie :

« La vie d'un citoyen est à sa patrie : le peuple français veut que
» la mienne toute entière lui soit consacrée, j'obéis à sa volonté. »

(7) Georges et Pichegru, tant d'autres conjurés
Dont les noms aujourd'hui se trouvent honorés,
Périrent par le meurtre, ou bien par les supplices.

Personne n'ignore aujourd'hui que le malheureux Pichegru fut étranglé dans sa prison par quatre mamelouks de la garde de Bonaparte.

(8) Tous ceux qui de leur mort se sont rendus complices
En servant d'Attila les coupables fureurs,
Leur rendirent depuis de funèbres honneurs.

A la première restauration (en Juillet 1814), les autorités civiles et militaires, et notamment le tribunal criminel du département de la Seine, depuis appelé cour d'assises, les mêmes juges qui avaient condamné Georges-Cadoudal et consors, à périr sur l'échafaud pour avoir conspiré contre *Bonaparte* en faveur des *Bourbons*, assistèrent en pompe au service funèbre que l'on célébra solennellement à Paris pour le repos de l'âme de ces martyrs de la royauté.

(9) Du sang d'un ennemi fut contraint d'être avare.

Toutes les troupes, rangées en bataille dans la cour du palais de justice, à Paris, présentèrent simultanément les armes au général Moreau, quand il sortit de la prison, appelée la Conciergerie, pour monter au tribunal. Averti par *Murat*, alors gouverneur de Paris, et par le grand-juge *Regnier*, de ces dispositions favorables à l'accusé, Bonaparte n'osa le faire périr; il le fit condamner à la déportation : mais Moreau, redoutant le ressentiment du Corse qui ne faisait que différer sa vengeance, réclama la déportation, l'obtint, et se retira aux États-Unis.

(10) Et sans le désarmer il fléchit sa rigueur.

La lettre justificative qu'il écrivit à Bonaparte, consul, porte l'empreinte de la modestie et du sang-froid qui caractérisent le véritable grand homme; il s'élève en s'abaissant devant le superbe; tout en lui reprochant son ingratitude, il lui fait sentir que s'il eût été ambitieux à son exemple, il ne l'aurait pas secondé dans la journée du 18 Brumaire, pour renverser le Directoire et occuper une place qui lui avait été offerte, mais qu'il avait cru devoir refuser, parcequ'il lui appartenait de servir son pays, non de le gouverner.

(11) Obéit sans scrupule à l'ordre clandestin
    D'arrêter, de conduire, et de livrer d'Enghien.

Un Colonel, Ordenner, Allemand d'origine, et capitaine de la garde de Bonaparte, fut l'instrument passif employé pour accomplir ce forfait sans exemple. Un nommé Charlot, capitaine de la gendarmerie d'élite, et Fuirion, le secondèrent dans son opération; les principaux personnages qui les firent mouvoir restèrent cachés derrière le rideau; le crime aime à porter ses coups dans l'ombre; c'est à la main de l'impartiale et sévère postérité qu'appartient seule le droit de soulever le voile dont ils se couvrent; la Vérité, à l'aide de son flambeau, ne l'a déjà rendu que trop transparent; plein de respect pour ces paroles sacrées émanées d'une bouche royale, *oubli du passé, union présente....* signalons le grand coupable, et plaignons les serviles instrumens de sa tyrannie, en les abandonnant à leurs remords. Leurs noms, connus des contemporains, ne peuvent échapper aux pages de l'histoire ; ils y seront inscrits en lettres de sang.

(12)   Son cœur a peine à croire
         Qu'un vainqueur pût commettre une action si noire.

Le Vainqueur de l'Italie, le Pacificateur de la Vendée, le Restaurateur de la Religion, jouissait alors d'une gloire usurpée ; l'éclat dont il brillait aux regards de l'Europe, avait fait disparaître quelques taches de sa vie; le Duc d'Enghien, lui-même, était l'admirateur du plus grand ennemi de sa famille, de celui qui brûlait de verser son sang ; et loin de le soupçonner capable d'un tel crime, il lui supposait au moins la première vertu qui doit caractériser le grand homme et le héros, la justice.

Ce jeune Prince, jugeant d'un héros par lui-même, et se croyant victime d'un acte arbitraire commis à l'insu de Bonaparte, demandait à le voir, à lui parler, persuadé qu'il punirait ses persécuteurs de l'infraction faite au droit des gens, et des mauvais traitemens exercés sur son auguste personne !... Combien il se trompait !.... Sa noble confiance, en prouvant la candeur de son âme, ajoute encore à nos justes regrets.

(13)   Dautencourt et Barrois, Rabb, Bazancourt, Molin,
       Guiton et Savary, Ravier ainsi qu'Hulin.

Ces officiers supérieurs, choisis par Murat, composaient la commission militaire chargée de juger le Prince ; la plupart, convaincus de son innocence, hésitèrent sur le parti qu'ils avaient à prendre; ils écrivirent au Tyran pour savoir sa résolution définitive. On tint conseil aux Tuileries ; Cambacérès opina pour qu'on n'immolât pas cette illustre victime : « Depuis quand, répondit Bonaparte, êtes-vous devenu si avare du sang des Bourbons ? » et il renvoya la lettre qui lui avait été adressée, avec ces trois mots qu'il écrivit au bas, et qui seront pour lui une tache ineffaçable : *condamné à mort* ; et l'arrêt fut exécuté dans la même nuit du 20 Mars 1804, à 4 heures du matin, dans les fossés du château de Vincennes, où e Prince était arrivé la veille à 5 heures du soir.

(14)   Grâce au ciel je mourrai de la mort d'un soldat.

Ce sont les propres paroles du digne petit-fils du grand *Condé*, quand il aperçut l'appareil militaire qui l'attendait au lieu de l'exécution, où sa fosse était déjà creusée.

(15) Ne me refusez pas dans mon affliction,
  Le secours consolant de la religion.

Le Prince ayant demandé un confesseur, que l'on eut l'inhumanité de lui refuser à son dernier moment, s'agenouilla, éleva son âme vers le créateur ; puis se relevant fièrement, marcha à la mort, et prouva que la religion n'est pas incompatible avec le véritable héroïsme.

C'est donc à tort que *Murat* lui adressa ces paroles impies : *Est-ce que tu veux mourir en capucin* ?

(16) Il ose l'insulter à son dernier moment.

Au moment d'être frappé, le héros debout, et de l'air le plus intrépide, dit aux gendarmes en présentant sa poitrine : *Allons mes amis ! Tu n'as point ici d'amis*, lui répartit encore la même voix. Un autre de ses juges, Savari, aussi présent à l'exécution, arracha des mains d'un soldat une tresse de cheveux, une lettre et un anneau, que le Prince l'invitait à remettre, ou à faire parvenir à une personne qui lui était extrêmement chère ; « Personne ne doit faire ici les commissions d'un traître », s'écria ce juge barbare, qui refusa au digne descendant des preux, le dernier service qu'il avait droit d'attendre d'une main française.

(17) Lorsque vous rappelant par son ambassadeur,
  Il vous fit proposer la paix et le bonheur.

Tout le monde sait que Bonaparte, encore premier Consul, avant le meurtre du Duc d'Enghien, et se justifiant d'être étranger à celui de Louis XVI, fit proposer à son auguste frère, aujourd'hui Louis-le-désiré, une province de l'Italie, alors subjuguée par les armées françaises, et qu'il lui abandonnait en toute propriété, pour lui et sa famille, s'il voulait renoncer à ses droits au trône de la France.

Le Roi répondit que, « sans confondre M. Bonaparte avec les régicides qui avaient alors ouvert la source des plus affreux ravages, il ne pouvait faire cette concession sans compromettre sa dignité et les intérêts des princes de sa maison ; que d'ailleurs, en l'invitant à renoncer à ses droits, c'était en reconnaître la légitimité. »

La lettre de S. M., dont j'ai tiré ce paragraphe substantiellement, fut rendue publique, à sa rentrée en 1814, par la voie des journaux.

FIN DES NOTES DU LIVRE TROISIÈME.

NOTES DU QUATRIÈME LIVRE.

(1) Ils conçoivent sur lui de violens soupçons,
Le plus grave est celui du rappel des Bourbons.

Ce Sénat était composé d'une partie des membres de l'ex-convention, parmi lesquels se trouvaient les principaux régicides, qui exigèrent dit-on, de Bonaparte une garantie effective, qu'il ne travaillait pas au rappel des Bourbons, dont ils craignaient le retour et le ressentiment. Ah! qu'ils connaissaient mal les dignes tiers du trône et des vertus d'Henri IV.

(2) Il semble dans Paris, avoir transporté Rome.

Les chefs-d'œuvres de l'école romaine, fruits de ses conquêtes en Italie, enrichissaient alors le muséum de Paris, et la France possédait déjà, avec les belles statues d'Apollon, de Vénus et de Laocoon, les quatre superbes chevaux de Corinthe, enlevés à Venise, et attelés depuis au char de la Victoire, qui planait sur l'arc de triomphe, élevé au Carrousel en l'honneur du conquérant, pour caresser son orgueuil, aux dépens de la gloire nationale.

(3) Qu'emporta dans la tombe avec lui lord Nelson.

L'amiral Nelson, trouva la victoire et la mort, au combat de Trafalgar, et emporta avec lui dans la tombe les débris de la marine française ; le vice-amiral *Villeneuve* s'y battit en désespéré, et livra le combat contre le vœu de Bonaparte, qui venait de lui envoyer sa destitution ; ce guerrier disgracié au moment où il appareillait, voulant se distinguer, avant sa retraite, par une action d'éclat, se hâta de mettre à la voile, et d'aller au devant de l'ennemi; il succomba dans cette lutte glorieuse et désespérée; prisonnier des anglais, il ne survécut pas long-tems à sa défaite, et se suicida, pour échapper à la vengeance du tyran qui le réclamait en échange, et l'aurait infailliblement livré à un conseil de guerre, pour avoir combattu sans son ordre et contre son vœu.

(4) Autour de lui formant un mur inaccessible,
Lui valurent long-tems le titre d'invincible.

Quel plus bel éloge peut-on faire de cette foule de braves qui ont acquis leur noblesse sur les champs de bataille, et cimenté leur brevet de leur sang versé pour la patrie, qu'en montrant à leur tête le vaillant Macdonald, qui a siglorieusement acquis le titre de Duc de Tarente, en présidant nos indomptables phalanges! qu'en citant le nom de Louis XVIII qui, en se décorant de cet ordre consacré à la valeur, a fait choix du héros qui licencia l'armée de la Loire, pour recréer celle qui doit maintenant servir de rempart à son trône auguste? le Chancelier de la Légion d'honneur a su l'y rallier dans un tems difficile et sous un ciel orageux; grand guerrier, grand pacificateur, les cœurs et les esprits qu'il a conciliés et conquis au meilleur, au plus clément des Monarques, dont il a fait connaître et apprécier les vertus, sont la plus grande, la plus glorieuse victoire du Duc de Tarente; il a conquis la paix. Honneur lui soit rendu!

(5) *De l'état chaque jour tu r'ouvres la blessure.*

Les abus et les persécutions résultant de cette loi homicide sont assez connus pour n'avoir pas besoin d'être détaillés; on a vu de malheureux conscrits, rachetés jusqu'à trois fois par leur famille, être obligés de marcher en dernier analyse; et d'autres qui étaient tombés sur le champ de bataille, ou morts chez l'étranger, dans un coin ignoré, ou dans un hospice, être portés comme déserteurs sur les contrôles, et reclamés de leurs infortunés parens dont on expropriait les biens, s'ils survivaient à leurs blessures, ou s'ils résistaient aux fatigues de la guerre; comme elle était sans fin leurs maux étaient sans terme, et leur engagement forcé était un bail à vie, fait avec la misère. Quelle différence entre cette loi monstrueuse et destructive, et celle du recrutement établie par le Roi, pour la défense de la patrie et du trône légitime, auxquels tout bon Français doit prêter gratuitement et bénévolement son bras, pour les garantir de toute atteinte étrangère!

(6) *Ou bien dans un cachot il va finir des jours,*
Dont la douleur bientôt terminera le cours.

Cette loi de sang ne devait point frapper le fils unique, dont le père ou la mère étaient âgés de soixante-dix ans; mais après des pertes multipliées, et de grandes masses d'hommes sacrifiées, on a vu Bonaparte, pour maintenir sa puissance usurpée et chancelante, réduit à emprunter sur l'avenir, et anticiper même sur les conscrits qui n'avaient pas encore atteint l'âge requis; il ne respectait ni celui de leurs parens, ni leurs infirmités; plus d'un vieillard exproprié et persécuté, a fini ses jours dans une prison ou dans un hospice, en arrosant de ses larmes le dernier morceau de pain offert par la charité, pour n'avoir pu, ou voulu livrer l'appui, la consolation, l'espoir de sa vieillesse, entre les mains d'un gendarme, qui venait le réclamer, et l'arracher à ses foyers, comme un boucher arrache à son étable une bête de somme, qu'il conduit liée et garrottée au lieu du sacrifice.

(7) C'est Dieu qui me la donne, et gare à qui la touche !

Cette scène est la relation exacte de sa conduite à Milan, où il se fit couronner Roi d'Italie ; il saisit lui-même la couronne de fer, en ceignit son front, et proféra ces paroles solennelles, mais profanes dans sa bouche.

(8) Trente mille soldats, indignes de ce nom,
Inclinent leurs faisceaux devant Napoléon.

Le général Mack, qui commandait en chef l'armée autrichienne, à l'aspect subit et imprévu des troupes françaises, qui, des rives de l'Escaut, arrivèrent avec la rapidité de la foudre, sur les bords du Danube, fut tellement frappé de stupeur, qu'après une faible résistance, il se renferma dans *Ulm* qu'il n'eut pas le courage de défendre, et dont, à la première sommation, il fit ouvrir les portes ; il capitula sous les murs de la ville ; 30,000 prisonniers, 5,000 chevaux, 80 pièces de canon, furent le résultat de cette victoire.

Ce général indigne de la confiance de son maître, jugé militairement coupable de félonie, de trahison, ou de lâcheté, fut condamné à la dégradation et à la détention, châtiment justement infligé.

(9) Phébus en divergeant ses rayons lumineux.....

Le soleil était si radieux le jour de la célèbre bataille d'Austerlitz, qu'il fut, pour Bonaparte, le présage heureux de la victoire; et que depuis, aimant à profiter de tout, il saisit l'occasion de rappeler l'éclat de ce jour à ses vaillans soldats, pour leur en prophétiser une non moins signalée (celle de la Moskowa), parce que cet astre se levait, selon lui, sous les même auspices.

(10) Il l'append en trophée, et l'expose aux regards,
Sous le dôme pompeux des vétérans de Mars.

Bonaparte, pendant son séjour à Postdam, s'empara de l'épée du baudrier et du cordon de l'aigle noir, que portait le grand **Frédéric**, pendant la guerre de sept ans; le maréchal Moncey fut chargé d'apporter à Paris cette précieuse dépouille, qui fut déposée et exposée en trophée, au dôme des invalides; mais les Prussiens l'ont rachetée de leur sang plutôt que reconquise, à la dernière bataille de Fleurus, et au Mont-S.¹-Jean, où l'armée française, entraînée par l'erreur, combattit avec une opiniâtreté de courage, qui fit acheter aux alliés chèrement la victoire qui fut long-tems incertaine; mais où le ciel enfin se déclara pour la plus juste cause.

(11) La Vistule demande à couler sous ses lois.

Les députés polonais vinrent trouver Bonaparte dans son camp d'Iéna, et il leur promit, du sein de son bivouac, de protéger leurs droits et leur indépendance.

(12) Sur les bords du Niémen, ils s'embrassent en frères.

Ce fut sur le radeau construit au milieu de la rive, que les deux Empereurs se rendirent et préparèrent entre les deux armées rivales, le fameux traité de Tilsitt, qui, loin de donner la paix au continent, l'embrâsa de nouveau, en allumant dans l'âme du vainqueur cette soif ardente de conquêtes, que rien ne pouvait assouvir; et qui devait le dévorer. C'est de cette époque, que date le projet d'exécuter le plan du blocus continental dirigé par lui, contre l'Angleterre; c'est enfin de ce moment, où sa gloire militaire était à son apogée, que nous l'avons vu décliner d'une manière sensible.

(13) Et préféra l'exil à de fausses grandeurs
Passagères ainsi que des songes trompeurs.

On se rappellera que, dans le tems, **Lucien** fut disgracié avec sa mère, pour avoir désapprouvé le meurtre du duc d'Enghien, et blâmé l'ambition démesurée de son coupable frère.

«Les ressorts de ta politique cruelle, lui dit-il un jour, en tirant «sa montre, sont aussi fragiles que ceux qui font mouvoir ce «méchanisme; comme eux, ils vont se détraquer, comme eux, ils «seront brisés, écrasés, et ne pourront se rétablir.» A ces mots, il la jeta sur le plancher, et la foula aux pieds. Bonaparte, loin de profiter de l'exemple et des conseils fraternels, exhala son courroux, proscrivit le censeur pour prix de sa leçon, et continua de marcher à sa perte.

FIN DES NOTES DU LIVRE QUATRIÈME.

NOTES DU CINQUIÈME LIVRE.

(1) En resserant les nœuds qui des deux nations
Unissaient sous *Derlaing* leurs nobles pavillons.

On sait que sous Louis XVI, les flottes françaises et espagnoles combinées, travaillèrent de concert à affaiblir la puissance Britannique, en aidant les Américains à la conquête de leur liberté.

(2) Oubliant un moment qu'il est né d'un Bourbon,
Demande à s'allier au fier Napoléon.

Don-Emmanuel Goudoy, surnommé le *Prince de la Paix*, issu de famille plébéienne, s'étant élevé de la classe des courtisans au rang de premier ministre, et de favori de Charles IV, osa porter ses vues ambitieuses jusqu'à vouloir devenir beau-frère de l'héritier présomptif de la couronne; il proposa la sœur de sa femme pour épouse à Ferdinand VII, alors Prince des Asturies. Ce dernier humilia le superbe, et rejeta la proposition avec dédain, mais pour se soustraire aux reproches de son auguste famille, qui autorisait les prétentions du favori, il crut devoir politiquement s'abaisser à rechercher l'alliance d'un ennemi redoutable, dans l'espoir de s'en faire un puissant protecteur, et de parer le coup dont il était menacé. En conséquence, conseillé par le prince Eugène Beauharnais, alors ambassadeur à Madrid, et qui avait ses instructions, Ferdinand demanda la main d'une des nièces de Bonaparte, fille de son frère Lucien.

(3) Elle dut voir son front ceint du bandeau royal,
Et s'assoir fièrement au trône de l'Ibère,
Que Ferdinand venait d'obtenir de son père.

Bonaparte qui avait d'autres desseins, entra en négociation pour cette alliance, et feignit d'y souscrire; mais il différa cet hymen, que Charles IV et son ministre furent forcés d'approuver, et partit pour envahir la Toscane.

(4) Les Algarves, promis à sa cupidité,
Doivent être le prix de sa déloyauté.

De retour à Fontainebleau, après le traité de Tilsitt, Bonaparte feignant de croire aux assertions amicales du Prince de la Paix, qui avait jeté un cri de guerre, que le Conquérant avait entendu de son camp d'Iéna, et auquel il s'apprêtait à répondre d'une manière perfide, pour mieux tromper ce ministre imprudent et ambitieux, le mit dans ses intérêts, et conclut avec l'Espagne un traité par lequel il promettait donner à la reine d'Étrurie les Provinces situées au nord du Portugal, sous le titre de Royaume de Lusitanie, en échange de la Toscane dont il voulait la dépouiller en faveur de sa sœur, qu'il nomma grande Duchesse; et promit au prince de la Paix les Provinces du sud, sous le nom de Royaume des Algarves.

(5) Ce traître à son pays, fut l'instrument servile
Qui sema la discorde et la guerre civile.

Il divisa la famille royale au point que le peuple de Madrid s'insurgea, et sa haine pour le favori fut telle qu'il proclama Ferdinand VII roi des Espagnes; la cour fut contrainte de se retirer au château d'Aranjuez, où les troubles se manifestèrent d'une manière si alarmante, que Charles IV, toujours instigué par le ministre perfide qui les occasionnait en favorisant les desseins hostiles de Bonaparte, fit arrêter son fils, comme sujet rebelle à son autorité paternelle et souveraine.

(6) Par un décret du roi, Ferdinand arrêté,
Ne dut qu'à ses aveux sa mise en liberté.

L'arrestation de Ferdinand allumant la colère du peuple, qui soupçonnait le Prince de la Paix d'en être l'auteur, les troubles augmentent, et pour apaiser l'orage qui allait éclater sur la tête de son ministre, Charles IV crut devoir non seulement pardonner à Ferdinand, mais encore, en lui rendant la liberté, il abdiqua solennellement le sceptre en sa faveur.

(7) Mais déjà les Français volent sur leurs frontières,
Tiennent en leur pouvoir Pampelune, Figuières,
Saint-Sébastien, Gironne; et cet affreux signal
Prouve qu'on veut l'Espagne avec le Portugal.

Toutes ces forteresses furent envahies presqu'en même tems,

sous prétexte qu'elles devaient servir de garantie aux clauses du traité de *Fontainebleau*; et Murat, qui s'était approché de Madrid avec un corps de troupes françaises, au moment où l'insurrection se manifestait à Aranjuez, entre dans la capitale; et sous l'apparence d'y rétablir le bon ordre, et pour prouver qu'il était digne d'être allié au sang de Bonaparte, il renouvelle la scène de Vendémiaire, en faisant mitrailler dans les rues de Madrid un peuple insurgé qui criait à bas le Prince de la Paix, et proclamait ou réclamait son roi, car les chefs de la famille royale étaient déjà prisonniers à Bayonne.

Mais la forteresse de Pampelune tomba en notre pouvoir par une surprise, qui ne peut s'appeller ruse de guerre, puisqu'elle fut exercée envers un peuple ami. On a raison de dire que les plus grands effets naissent souvent des plus petites causes.

Des soldats français, casernés dans cette forteresse où ils avaient été admis comme alliés, feignirent de s'amuser entr'eux, et faisaient la petite guerre en se bombardant avec des boules de neige. La garnison espagnole, sans méfiance, voulut prendre part à leurs jeux, et abandonna ses armes; les Français s'en emparèrent, ainsi que de la place dont ils se rendirent maîtres.

C'est ce qui fit dire à des plaisans qu'on pourrait bien prendre toute l'Espagne avec des balles de liége, puisqu'on avait pris une de leurs plus fortes places, la capitale de la Navarre, avec des boules de neige. La plaisanterie était hors de saison.

(8) Le mépris qu'il inspire est son seul châtiment.

Ce vers et le précédent furent faits en 1809, à Marseille, où Charles IV, prisonnier, honorait encore de sa faveur ce ministre perfide et prévaricateur; le lecteur doit se reporter à cette époque, retracée ici avec fidélité.

(9) Quand de Napoléon un agent secondaire......

Le général Savary, duc de Rovigo, fut chargé de cette mission, et s'en acquitta avec ce zèle ardent et cette discrétion qui lui valurent depuis l'honneur d'être ministre de la police inquisitoriale de ce fléau des nations.

(10) Eh! ne venait-il pas d'envahir la Toscane?

Pendant que Ferdinand attendait la conclusion du mariage arrêté entre lui et la nièce de Bonaparte, ce dernier, conformément aux dispositions du traité de Fontainebleau, venait d'envahir la Toscane, et de l'organiser en département, dont Florence était le chef-lieu.

(11) Allons prince abdiquez, c'est la vie ou la mort.

Ce sont les termes pressans dont il se servit envers ce prince qui persistait dans ses refus constans, à l'abdication qu'il exigeait. Un brigand sur un grand chemin ne s'y prend pas autrement, quand il demande au voyageur surpris, *la bourse ou la vie*; l'alternative est aussi brusque que cruelle; il faut opter : la seule différence qu'il y a c'est la morale qui accompagna la demande de Bonaparte.

Le roi Charles IV et la reine son épouse, qui croyaient aveuglément que ce dernier voulait, en fidèle allié, leur faire restituer un trône que Murat leur faisait journellement regretter, se joignirent à l'usurpateur pour accabler ce fils, d'injures et de reproches sanglans; odieux résultat des calomnies du Prince de la Paix.

(12) Laisse cette famille au milieu de la France,
Languir dans un état voisin de l'indigence.

Personne n'ignore l'état de détresse dans lequel gémissait Ferdinand, reclus au château de Valançai, tandis que son auguste père réduit à la parcimonie, vivait à Marseille du produit de ses diamans qu'il fut obligé de vendre pour s'alimenter, ainsi que le peu de personnes qu'il avait à sa suite.

(13) L'onde en est imprégnée et le glisse en nos veines.

L'eau des puits, des citernes, des fontaines, était empoisonnée, et nos soldats allaient y puiser la mort, en cherchant à s'y rafraîchir, ou à s'en procurer pour préparer leurs alimens.

(14) Regrettant des sujets qui le rendaient heureux.

On assure que ce roi de théâtre, s'était fait aimer, par sa popularité, des Napolitains qu'il appelait ses sujets.

(15) Ordonne de traiter, comme sujets rebelles,
Les braves Espagnols à leurs princes fidèles.

Les ducs d'Arenda, d'Infantado, et beaucoup de grands d'Espagne, de magistrats, et d'officiers généraux, de fonctionnaires publics civils et militaires, furent mis *hors la loi*, et leurs biens confisqués, par un décret de l'usurpateur, pour avoir refusé de reconnaître ses prétendus droits.

(16) Jamais Napoléon ne régnera sur nous.

Ce même duc d'Infantado, lui dit à Bayonne, en présence de Charles IV. : « Napoléon, si tu viens parmi nous en fidèle allié, tu trouveras paix, union, amitié sincère. Si tu viens au contraire avec des desseins hostiles, souviens-toi de *Numance*, on a pu la détruire et jamais la dompter ; si le sort trahit nos vœux, tu ne recueilleras aucun fruit de ta victoire, et tu régneras sur les Espagnes, mais jamais sur les Espagnols. » Cette prophétie s'est accomplie.

(17) Le soc de la charrue et le fer des rateaux,
  En défrichant la terre ouvriront vos tombeaux.

    (Vers imité de Virgile.)

(18) D'un despote cruel que rien n'a convaincu
  Qu'en ses généraux même il puisse être vaincu.

Toute la France connaît les mauvais traitemens qu'à la première expédition, en 1808, éprouva le général Dupont, qui, après quelques succès obtenus dans l'Andalousie, cerné par plusieurs armées combinées anglaises et espagnoles, grossies par les insurgés des provinces voisines, dénué de vivres et de munitions de guerre, ayant non seulement à lutter contre la force et le nombre qui venaient l'accabler, mais encore contre la faim et la soif, qui, dans ce climat brûlant, moissonnaient ses bataillons, la plupart formés de conscrits, capitula enfin avec armes et bagages, pour conserver au moins trente mille Français qu'il aurait infailliblement sacrifiés par une résistance inutile. Pour prix de sa valeur et de son humanité, ce brave et loyal militaire fut sacrifié au ressentiment du Corse, et déclaré indigne de servir sous ses sanglans drapeaux. Quel brevet d'honneur qu'une telle proscription, et pour un pareil motif !

Si le tyran eut fait ainsi le procès à tous les généraux qui ont été vaincus en Espagne, depuis le comte Dupont, il aurait été obligé d'aller se faire battre lui-même ou de renoncer à cette guerre aussi injuste que funeste aux deux nations.

FIN DES NOTES DU LIVRE CINQUIÈME

NOTES DU SIXIÈME LIVRE.

(1) Le Tyran effrayé du spectacle sublime
Qu'offre aux yeux la Vertu luttant contre le Crime.

Bonaparte a offert à l'Europe le spectacle d'une fanfaronnade qui caractérise son faux héroïsme. Ce prétendu César, après la bataille de *Villa-Viciosa*, gagnée par le Maréchal Bessières, qui, comme il le dit lui-même, venait d'ouvrir à son frère Joseph le chemin du trône des Espagnes, alla l'y installer à la tête d'une armée formidable; mais quand il vit par lui-même à quel degré était le thermomètre de l'insurrection chez ce peuple indocile et si justement exaspéré, craignant d'y rencontrer le poignard de Brutus, il s'enfuit plus rapidement qu'il n'était venu, et alla chercher sa sûreté au palais des Tuileries, et passer des revues fréquentes de sa garde invincible, au milieu de laquelle il était plus tranquille qu'à la table de Joseph, au palais de Madrid; et se promit bien de ne pas lui faire une seconde visite.

(2) Voit déjà l'Allemagne en soulevant ses fers,
S'apprêter à venger les maux qu'elle a soufferts.

L'Autriche se refusa solennellement à marcher contre l'Espagne; on peut en juger par la proclamation du Prince Charles à ses soldats, datée du 6 Avril 1809.

« Sur vous, mes chers compagnons d'armes, sont fixés les destins du Monde entier, etc. Vous ne partagerez jamais la honte d'être les instrumens de l'oppression; vous ne ferez jamais la guerre dans des climats éloignés pour satisfaire à une ambition dévastatrice; vous ne verserez point votre sang pour satisfaire à l'avidité d'autrui; sur vous ne tombera jamais la malédiction d'avoir exterminé des peuples innocens, et d'avoir frayé à un étranger le chemin à travers les cadavres des défenseurs de leur patrie, pour atteindre un trône usurpé. Vos frères germaniques attendent de vous leur délivrance; la lutte est juste, sans quoi je ne serais pas à votre tête. »

NOTES.

(3) Car par les nœuds du sang, au conquérant unie,
    Elle devait marcher contre la Germaine

Allusion au mariage du prince Eugène, alors vice-roi d'Italie, avec la princesse Auguste Amélie, fille du roi de Bavière.

(4) Sur un pont embrâsé le vaillant Claparède.

En 1809, le lieutenant-général Claparède, aujourd'hui inspecteur de la première division militaire, était en tête de l'avant-garde de la grande armée, commandée par Bonaparte en personne, et se dirigeait sur Vienne après la bataille de Ratisbonne.

Un corps autrichien de 35,000 hommes, se trouvait en avant de la Traun; menacé d'être tourné dans sa position, par le duc de Montebello, ce corps se hâta de repasser la droite du fleuve et prit position sur les hauteurs d'Ebersberg qui dominent la ville de ce nom et le cours de la Traun; mais son arrière garde atteinte par 700 hommes formant l'avant-garde du général Claparède, fut culbutée sur le pont même qu'elle n'eut pas le tems de détruire: canons, voitures, hommes, chevaux, tout fut précipité dans la rivière.

(5) Les uns sont prisonniers; les autres se dispersent.

L'intrépide avant-garde pénètre dans Ebersberg et fait prisonniers 4,000 autrichiens; la division Claparède passe toute entière et se porte à l'attaque du château qui dominait la ville; 800 hommes qui le défendaient y périssent dans les flammes.

Les 30,000 autrichiens retirés sur le plateau sont instruits que les ducs d'Istrie, de Rivoli, et de Reggio, vont arriver à Ebersberg; ils mettent le feu à la ville bâtie en bois, l'incendie gagne le pont, l'embrâse, et pour empêcher son entière destruction, les troupes françaises qui arrivaient vers la rive gauche du fleuve, sont elles-mêmes forcées de couper les premières travées.

(6) Viennent tous à l'envi, dans ces champs de carnage,
    De ce nouveau Bayard seconder le courage.

Resté avec 7,000 hommes et 4 pièces de canon, sur la rive droite du fleuve, l'intrépide Claparède résiste avec succès au choc d'une armée de 30,000 autrichiens, les repousse vigoureusement, à la bayonnette, et se maintient inébranlable dans sa position, jusqu'à ce que le pont rétabli permette aux généraux le *Grand* et *Durosnel* de venir à son secours, et de completter la victoire de ce jour qui prépara celle d'Esling. La courageuse défense du général Claparède, victorieux d'une si forte masse d'ennemis, est un trait digne d'être recueilli par la plume de l'histoire, et ajoute à la réputation militaire qu'il s'était déjà acquise, et qu'il a conservée jusqu'à ce jour.

(7) Et le fait renoncer aux titres souverains,
D'empereur d'Allemagne, et de roi des Romains.

François II, empereur d'Allemagne, roi de Hongrie et de Bohème, etc., fut restreint à cette époque au seul titre d'empereur d'Autriche. Bonaparte avait déjà des vues sur les états romains, puisque, dans le même moment, il envahissait le domaine de Saint-Pierre, et faisait enlever le pape.

(8) Il sort, en écumant, de son lit dévasté.

Les eaux du Danube, ayant crû de 16 pieds dans une nuit, ont rompu tous les ponts de communication, et dérangé toutes les opérations de l'armée française.

(9) Tu blâmes dès long-tems la franchise importune
D'un soldat qui suivit le char de ta fortune
Et condamna toujours tes barbares excès.....

Le duc de Montebello fut, de tous ses généraux, celui qui conserva avec lui son franc-parler, qui lui dit souvent des vérités dures, et qu'il ne put jamais accoutumer à ce ton de respect, à cette soumission qui ne sont dus qu'à la légitimité, ou à la vertu, source de la vraie grandeur. Il avait toujours suivi le prétendu César et sa fortune, il vivait avec lui dans une familiarité choquante, et qui blessait journellement l'orgueil de sa majesté Corse; aussi, depuis long-tems, Bonaparte méditait l'occasion de s'en défaire d'une manière honorable pour tous deux. Lannes était brave à l'excès ; il ne s'agissait plus que de l'exposer constamment au poste le plus périlleux. C'est ce qui arriva le 22 mai vers les 6 heures du soir; un boulet emporta la cuisse de ce grand capitaine, qui ne survécut que quelques heures à sa blessure. Bonaparte parut pourtant sensible à cette perte, des larmes mouillèrent sa paupière, et ses adieux furent touchans. On connaît les paroles mémorables qu'il articula au moment de s'en séparer pour jamais.

(10) **Au palais Quirinal cherche sa sûreté.**

Sa Sainteté s'y était retirée depuis quelque tems, croyant se soustraire aux persécutions dont elle avait le pressentiment.

(11) **Eh! ne le vit-on pas, arborant le turban,**
En Égypte jadis professer l'alcoran?

Dans sa première proclamation à Alexandrie, il s'exprimait ainsi : *Quadhis, Imans, dites au peuple que nous sommes de vrais musulmans. N'est-ce pas nous qui avons détruit le pape, qui disait qu'il allait faire la guerre aux musulmans? N'est-ce pas nous qui avons détruit les chevaliers de Malte, parceque ces insensés croyaient que Dieu voulait qu'on fît la guerre aux musulmans?*

Quelle foi! quelle croyance pouvions nous avoir dans la religion d'un profane qui se faisait un jeu de les professer toutes, et de ne croire à aucune? qui, après s'être glorifié d'avoir détruit l'ancien pape, revient se faire sacrer empereur et roi par son successeur, à qui, pour récompense, il réservait le même sort?

(12) **Il connaît le palais qu'il habitait naguères.**

Ce François Bossola avait servi naguères dans ce même palais, où il fut arrêté pour avoir volé un des membres du sacré Collége et résident près de Pie VII. La clémence du S.t Père avait arraché le coupable au gibet, et récemment échappé des galères, il se mit à la tête des factieux qui devaient livrer le souverain Pontife entre les mains de l'oppresseur de son pays.

(13) **Le Pontife sacré, dans un calme trompeur,**
D'un repos passager savourait la douceur.

Ceci est au figuré. Le pape était en prière, et allait seulement se mettre au lit; mais on devait l'y présumer, car il était une heure du matin quand le général Radet commandant la gendarmerie à Rome, pénétra dans son appartement.

(14) **Il vous faut renoncer aux états de l'église,**
Abdiquez tous vos droits à ses possessions.

On voit par cette sommation avec quelle persévérante fureur, depuis le refus de Louis XVIII qu'il fit solliciter vainement par ses agens, en 1802 à Varsovie, Bonaparte s'acharnait à demander l'abdication des souverains légitimes, pour en créer de sa façon.

(15) *Et que sa volonté s'accomplisse dans moi.*

Ce sont les propres paroles de Pie VII, que j'ai scrupuleusement et religieusement conservées, ainsi qu'une foule d'autres expressions consacrées dans ce dialogue, et qui attestent son admirable conduite, et le grand caractère que le Pontife romain a développé dans cette circonstance difficile.

(16) *Retourne en ses foyers conduit par des gendarmes.*

Il fut reconduit en effet dans son palais par deux gendarmes, pour l'empêcher d'ébruiter cette violation du droit des gens, et éviter une insurrection populaire qui aurait pu en être le résultat.

(17) *A peine de la terre effleurait la surface.*

Le soir du même jour sa Sainteté avait parcouru 36 à 40 lieues de France.

(18) *Du fer de l'esclavage il la scella soudain.*

Le général Radet mit lui-même un cadenas à la portière de la voiture, s'assit sur le siége, à côté du cocher, et la dirigea vers Florence.

(19) *Et pour les affaiblir le Tyran les divise.*

Le Cardinal Pacca, séparé du chef de l'Église romaine qu'il avait voulu accompagner, fut envoyé à Usès, sous la surveillance des autorités, et le Pape à Savonne. Sa Sainteté fut transférée en dernier lieu à Fontainebleau, dans le même palais où son persécuteur fut peu de tems après forcé d'abdiquer lui-même un trône usurpé. Il semble que la justice divine ait placé le châtiment au lieu même où le Tyran impie et sacrilége, l'outragea dans la personne auguste de son premier ministre.

FIN DES NOTES DU LIVRE SIXIÈME.

NOTES DU SEPTIÈME LIVRE.

(1) *Du vrai roi des Romains il demande la fille.*

Le maréchal Berthier, prince de Wagram, fut chargé de négocier ce *mariage*.

(2) *Pour la seconde fois à la Seine il s'unit.*

Allusion au mariage de Louis XVI avec Marie-Antoinette, aussi archiduchesse d'Autriche.

(3) *L'aimable archiduchesse enfin se sacrifie,*
Au salut de son père, au bien de sa patrie.

Il est constant que la princesse Marie-Louise fut une victime sacrifiée à l'ambition de Bonaparte et au repos de l'Autriche ; quand François II, son auguste père, lui proposa cet hymen, elle répondit avec une soumission respectueuse, que le bonheur du peuple et le repos de sa famille étaient pour elle une loi ; et elle se dévoua au salut de tous.

(4) *Mais l'empereur français, lié par d'autres nœuds,*
A recours, pour les rompre, au divorce honteux.

Bonaparte, par un raffinement cruel et qui caractérise son astuce et sa duplicité, choisit précisément le jour où le prince Eugène, son fils adoptif, était reçu pair de France, et venait de prêter le serment d'usage, pour annoncer solennellement son divorce, qu'il était sûr de faire sanctionner par un *sénatus-consulte*, organe de ses décrets suprêmes. Joséphine, répudiée, se résigna à son sort avec une modestie qui ajoute encore à son éloge ; elle descendit du faîte des grandeurs sans regrets et sans bassesse, comme elle y était montée sans orgueil ; elle semblait prévoir qu'un jour son époux ambitieux en serait précipité. On se rappelle ces paroles mémorables qu'elle lui adressa au retour de *Marengo*, quand il conclut la paix de Lunéville, et que la saine partie de la France aspirait au retour des Bourbons : *Citoyen consul*, lui dit-elle, *voulez-vous être le premier homme de la France ? soyez-en le second.* Que n'a-t-il suivi ce conseil ?

Le prince Eugène, quelque sujet de mécontentement qu'il pût avoir de la conduite de Bonaparte envers sa mère, ne se rallentit point ; sa valeur, son zèle, son dévouement pour celui qui l'avait adopté, égalèrent sa tendresse filiale, et son nom glorieux retentit encore dans le cœur des braves ; son souvenir, celui de Joséphine, seront toujours chers à tous les bons Français.

(5) Où sur l'airain conquis par l'ennemi des rois,
Sont gravés des Français les immortels exploits.

La colonne trajane élevée en forme pyramidale au milieu de la place Vendôme, les bas reliefs dont elle est revêtue, et qui retracent nos principaux faits d'armes, sont le produit de 1200 pièces de canon prises à l'ennemi dans les campagnes de 1806 et 1807.

(6) L'intrépide Junot, ce valeureux français,
Pour la seconde fois peut t'en rouvrir l'accès.

Le maréchal Junot, duc d'Abrantès, à la tête de l'armée française, s'empara du Portugal, et fit son entrée dans Lisbonne le 30 Novembre 1808.

(7) Confie à l'océan le soin de sa fortune.

On sait que partout, comme à Quiberon, l'Anglais a toujours la sage précaution de se ménager une retraite par la mer, et de regagner ses vaisseaux quand il n'est pas le plus fort sur le continent qu'il embrase ; et que, prodigue du sang de ses rivaux, pour ménager le sien, il se fait un rempart des alliés dont il embrasse la cause ou qui servent la sienne.

(8) Triompher de Victor est un titre à la gloire.

Citer le nom glorieux de Victor, c'est faire l'éloge du duc de Bellune. Dans un ouvrage historique, on doit être juste et impartial même envers ses ennemis. Mais, tout en rendant justice aux talens militaires de Wellington, je suis fier d'être né chez un peuple qui m'offre cent héros à opposer au seul général que l'Angleterre ait jugé digne de leur valeur. Honorons un grand homme de quelque nation qu'il soit ; lui contester son mérite, c'est affaiblir celui de ses rivaux ; c'est annuler la gloire qu'ils ont eu d'en triompher souvent.

(9) Des vainqueurs d'Azincourt, de Créci, de Poitiers.

Les Anglais, depuis cette époque honteuse de nos annales, n'ont jamais eu la gloire de nous battre sur notre territoire, pas même à Toulouse, où, le 10 avril 1814, Wellington, avant d'y pénétrer, perdit ses plus braves phalanges; la terre était jonchée des cadavres des siens; et 20,000 Français réunis sous les ordres du maréchal Soult, résistèrent à 80,000 Anglais, Espagnols et Portugais; les premiers ne perdirent que trois mille des leurs, et Wellington comptait 18,000 hommes de moins dans ses rangs en entrant dans la place; si on peut appeler cela une victoire, c'est l'acheter bien cher!...... Que de sang versé sous l'olivier de la paix, qui, déjà, étendait ses rameaux de la Seine aux Pyrénées; car le duc d'Albufera venait de faire arborer, à Perpignan, la cocarde blanche à son corps d'armée, le 10e régiment en faisait partie, et, grâce à l'exemple de M. le maréchal de-camp, comte d'Ambrugeac, alors son colonel, il ne s'en est jamais séparé depuis.

Toute la France connaît la conduite que ce régiment a tenue au 20 mars. Dévoué à la cause royale, il suivit monseigneur le duc d'Angoulême au pont de la Drôme, et lui servit d'égide jusqu'au moment de sa capitulation avec l'usurpateur.

(10) Vengeaient tous les affronts sur eux accumulés.

Louis XIV, ce grand monarque, si digne de gouverner une nation belliqueuse, jaloux de faire respecter l'honneur de son pavillon, fit deux fois bombarder Alger, et humilia l'orgueil des puissances barbaresques, en balayant la mer des pirates dont elle était infectée.

FIN DES NOTES DU LIVRE SEPTIÈME.

NOTES DU HUITIÈME LIVRE.

(1) Tandis qu'ils défendaient le frère du grand homme,
Dans le sein de Paris naquit le roi de Rome.

Bonaparte, en dépouillant François II, son beau père, du titre de roi des Romains, en investit le nouveau né, héritier présumé présomptif de sa sanglante couronne.

(2) Paraissait enrichir la planète de Mars.

Il naquit le 20 mars 1811. Ce 20 mars fait doublement époque dans nos annales; en ce temps parut la fameuse comète qui précéda celle qui luit aujourd'hui sur notre horison; puisse ce nouveau météore être moins funeste à la France, ébranlée par tant de convulsions.

(3) Pour offrir à l'enfant le tribut de leurs ondes.

Ces vers guillemettés sont en partie tirés des différentes pièces de poésie publiées dans le temps par des muses françaises et éminemment impériales, fort estimables d'ailleurs, mais éblouies d'un éclat éphémère. *Autre temps, autres soins.*

(4) Il le brise en éclats, et frémit de s'y voir.

Plusieurs membres de son conseil, et même du sénat, lui firent souvent, dit-on, des représentations sages qui ne furent point écoutées.

(5) Les ordres du Tyran, son devoir, tout le presse.

C'est à Tarragonne, en juin 1811, que M. le comte Suchet, depuis duc d'Albuféra, gagna le bâton de maréchal. Toute l'armée fut témoin de la sensibilité de ce général en chef, qui, les larmes aux yeux et fixant le cadran de sa montre, voyant expirer le terme du délai qu'il avait accordé aux habitans prêts d'être victimes de leur courageuse et vaine résistance, s'écria avec douleur : *Les malheureux, ils sont perdus; j'ai voulu les sauver, hélas! il n'est plus temps!* A ces mots, il s'élança vers la brèche, et livra le dernier assaut sous lequel tous les assiégés ont succombé. Sagonte, Valence, Alcyra, Saint-Philippe, Gaudia et Denia, furent prises et se rendirent successivement au vainqueur de la Catalogne et de l'Arragon.

(6) Retranchés dans les lieux au culte destinés,
Ils étaient au combat encor plus acharnés.

En 1808, à Sarragosse investie par le maréchal Lannes, duc de Montebello, les couvents et les églises étaient fortifiés et crenelés comme des citadelles ; les moines, armés et la mèche à la main, mettaient eux-mêmes le feu aux canons braqués et dirigés sur les troupes françaises. Cinquante-quatre mille assiégés, soldats et habitans, périrent dans ce siége qui dura cinquante-deux jours. Hommes, femmes, vieillards, enfans, se défendirent et se retranchèrent dans chaque maison qu'il fallut miner et faire sauter l'une après l'autre de rue en rue pour parvenir au centre de cette place, qui, démantelée de toutes parts, et voyant ses murs écroulés, résistait encore.

(7) Sut conquérir l'amour des insurgés soumis.

Le duc d'Albufera, après avoir rendu, en 1813, Ferdinand à son peuple, avant d'évacuer la Catalogne qu'il avait conquise ainsi que l'Arragon, fut regretté et pleuré de la plus grande partie des habitans, qu'il avait francisés par la sage discipline qui distingua son corps d'armée.

(8) Que de sages traités nous avaient bien acquis.

Les Belges ont prouvé à la chûte de Bonaparte et depuis, prouvent encore journellement le regret qu'ils ont de n'être plus Français.

(9) Méditent en secret des moyens de vengeance.

Ils les mirent à exécution à Leïpsick.

(10) Atteint sur son coursier par les foudres de Mars.

Le maréchal duc de Raguse ayant eu le bras fracturé au commencement de la bataille des aropyles, livrée à Wellington le 1 juillet 1812, remit le commandement au général Clausel.

11) Qui, dans cette journée, ont mordu la poussière.

Les généraux le Marchant et Thomière perdirent la vie dans cette journée funeste aux armées françaises. Clausel et Bonnet furent eux-mêmes blessés dans le fort de l'action, et ne cessèrent de combattre en ralliant l'armée et opérant sa retraite. Les résultats de cette bataille furent favorables aux Anglais, qui chassèrent Joseph de Madrid, et en rouvrirent les portes aux insurgés.

Le maréchal Soult fut obligé d'évacuer l'Andalousie; mais le maréchal Suchet se maintenait en Catalogne.

(12) *Résiste seul au choc de nombreuses armées.*

La résistance du général Dubreton, qui défendit avec sa faible garnison le château de Burgos contre les attaques réitérées de l'armée de Wellington, fait le plus grand honneur à ce grand capitaine, qui donna le temps au duc de Dalmatie de venir à son secours, et de faire lever le siège de cette place.

(13) *Smolensk sur ses remparts, voit de Napoléon flotter les étendards.*

Les troupes françaises franchirent le Niémen, le 24 juin et le 18 août. Elles avaient conquis la ville de Smolensk qui n'offrait plus qu'un amas de ruines et le tableau de la dévastation. Witepsk, qui, par sa position, ferme le passage entre le **Boristhène** et la **Dwina**, était à notre pouvoir depuis le 27 juillet.

FIN DES NOTES DU LIVRE HUITIÈME.

NOTES DU NEUVIÈME LIVRE.

(1) Le soleil d'Austerlitz brillant sur nos drapeaux,
Réfléchit notre gloire aux yeux de nos rivaux.

Le 6 septembre, l'horison commençait à peine à blanchir, que chaque chef renouvelait ses dispositions pour continuer la fameuse bataille de la Moskowa, dont la veille offrit les préliminaires; dans ce moment, le soleil qui s'était levé derrière les brouillards, les dissipa et parut radieux; Bonaparte, jouant l'inspiré, saisissant cette occasion d'exalter le soldat, s'écrie avec enthousiasme aux troupes qui l'environnaient : *Mes amis, voilà le soleil d'Austerlitz!* Bientôt l'armée est rangée en bataille; le signal est donné; le carnage commence.

(2) Dans ses retranchemens se croit inexpugnable.

Les Russes, dans une position avantageuse, dominant les hauteurs de Borodino, foudroyaient nos carrés : un bataillon du 61e régiment, qui, la veille, avait voulu gravir ces pentes escarpées, était disparu sous le feu de l'ennemi. Bonaparte passant ce régiment en revue le lendemain, au moment de livrer la bataille, demanda au colonel ce qu'il avait fait d'un de ses bataillons : *Sire, il est dans la redoute,* lui répondit cet officier.

(3) Ils sont, diverses fois, conquis et reconquis.

Dans cette bataille sanglante qui devait décider du sort de la Russie, les Russes, désespérés, rivalisèrent constamment de valeur avec les troupes françaises; des bataillons entiers écrasés par le feu meurtrier de trois cents bouches à feu qui vomissaient la mort dans leurs rangs, s'élançaient sur nos batteries; et, vaincus, disséminés, se ralliaient, reprenaient l'offensif, et résistaient seuls au choc d'une armée victorieuse, et qui, par sa composition, pouvait être comparée à celle de Xerxès, quand il marchait pour subjuguer la Grèce avec les différens peuples rangés auxiliairement sous ses drapeaux. Bonaparte pouvait compter près de six cent mille combattans, et soixante mille chevaux ; et il se plaindra plus tard de la croisade des rois qu'il provoque en ce moment, en les armant tous de force contre un seul peuple, dont le chef se montra constamment son ami.

(4) Des grêlons amassés après un long orage.

M. Eugène Labeaume, ingénieur géographe, dans ses mémoires de la campagne de Russie, m'a fourni beaucoup de détails exacts, et assure qu'on ne pouvait faire un pas dans ce champ de carnage sans marcher sur les boulets, les biscaïens, les éclats d'obus et les cadavres sanglans.

(5) Du fier Bagration dans ce jour mémorable,
La Russie à pleuré la perte irréparable.

Le prince Bagration, guerrier qui réunissait à l'éclat d'une illustre naissance de grands talens militaires, a péri dans cette journée, où le général Kutusow déploya également une grande valeur, ainsi que les troupes qu'il commandait. De notre côté, le prince Eugène, Ney, Murat, Grouchi, Mortier, Poniatowski en tête des Polonais, s'exposèrent constamment, et animèrent les troupes françaises par leur exemple. Davoust, Lauriston, Gérard, Friand, et tous les chefs de l'armée se portèrent aux points les plus périlleux, et enlevèrent enfin cette fameuse redoute qui nous fermait le chemin de Moscou; les canonniers russes, massacrés sur leurs pièces, ne la laissèrent en notre pouvoir qu'en s'éteignant avec le feu de leurs batteries.

(6) Qui sert bientôt de phare au Tyran des Français.

Le gouverneur Rostopchin mit lui-même le feu à son palais pour donner l'exemple du dévouement au prince et à sa patrie, et encourager les incendiaires qui ne tardèrent pas à l'imiter. La flamme de Moscou éclaira bientôt le camp des Français.

(7) Ces tubes consacrés à dispenser les eaux.

Tous les Russes en état de porter les armes, en s'éloignant de la ville pour se joindre à la grande armée, emmenèrent avec eux les pompes; ainsi nul espoir de salut pour les vainqueurs, qui, dès ce moment, devaient opérer leur retraite.

(8) Dans ces asiles saints, refuges du malheur.

Les hospices, les prisons, les maisons de mendicité, rien ne fut épargné; tout périt sans secours, et fut la proie des flammes.

(9) Il permet le pillage et le saccagement.

Rien n'est aussi révoltant que le sang-froid avec lequel chaque chef présidait au pillage qui fut tour à tour exercé par chaque corps d'armée, et par ordre de Bonaparte; sa garde en eut les prémices, ce qui excita un murmure général dans le camp, qui éprouvait déjà des privations; bientôt le désordre et la confusion, fruits de cette préférence, en bannirent la discipline; tout entra dans la ville embrasée, et se livra aux plus affreux excès.

(10) Plusieurs sont affublés ainsi que du turban.

Ce mélange bizarre de vingt nations travesties, offrait l'image du carnaval de Venise. Tous ces peuples confondus ne se reconnaissaient plus entre eux que par le langage, et ne paraissaient soldats que par leurs armes; sourds à la voix des chefs, avides de pillage, à défaut d'autres alimens, ils se nourrissaient de sucre, de sirops, de confitures, de liqueurs fortes, et vendaient ou troquaient contre un morceau de pain, les objets les plus précieux qu'ils avaient pillés dans le bazar.

(11) Dans l'asile sacré planant sur des tombeaux.

Les Russes avaient autant de respect pour le *kremlin*, cet antique palais des Czars, que les Romains pour le capitole; ils avaient toujours regardé cet asile comme sacré et inviolable; c'est pourquoi Bonaparte l'avait choisi pendant son séjour, persuadé qu'il y était en sûreté, même au milieu de ses ennemis.

(12) Il convoque à la fois Thalie et Melpomène.

Pour trancher du César, faisant marcher de front le plaisir et les affaires, Bonaparte, en négociant la paix, du sein du Kremlin, s'occupait de rédiger un réglement pour le Théâtre-Français, et convoquait à la fois mesdemoiselles Georges et Mars pour jouer la tragédie et la comédie au milieu de ces vastes ruines. Quel sang-froid! quelle sécurité! ou quel charlatanisme!

(13) Il propose la paix, et n'est point écouté.

Le général Lauriston fut envoyé au camp de Kutusow pour demander une armistice, et entrer en négociation au nom de Bonaparte. Ses propositions ne furent point écoutées, il fallut songer à la retraite.

(14) *Se montrent saintement à ses ordres rebelles.*

Parmi ces illustres victimes, on m'a raconté que le fils d'un boyard, condamné à mort par la commission militaire chargée de juger les incendiaires, fut conduit à Bonaparte qui lui voulut faire grâce de la vie pour en arracher quelques aveux; il n'en obtint rien que des reproches, des injures et des menaces. Ce jeune héros refusa obstinément son pardon ainsi que l'aveu de son nom, et voulut mourir ignoré; il répondit fièrement au tyran qui le pressait de questions : *J'ai tous les Russes et mon prince pour complices et pour vengeurs.* Cette anecdote, fausse ou vraie, étant vraisemblable, m'a fourni le sujet de cette épisode. Le général Mallet, accusé de conspiration contre Bonaparte et sa dynastie, fit, à cette époque, à Paris, la même réponse, à peu près, au tribunal qui lui demandait quels étaient ses complices. *Si j'avais réussi, j'aurais pour complices l'Europe, la France et vous-même.*

(15) *Retombe sur la terre en éclats dispersés.*

M. le maréchal duc de Trévise, commandant la jeune garde, fut chargé par Bonaparte de faire sauter le palais du Kremlin, que les prisonniers français ont, depuis, aidé à reconstruire.

FIN DES NOTES DU LIVRE NEUVIÈME.

NOTES DU DIXIÈME LIVRE.

(1) *Et Murat, le premier se présente à sa vue.*

Parmi les complices de la mort du duc d'Enghien, et qu'il ne m'est pas permis de citer, je crois pouvoir faire figurer ici celui que l'histoire a signalé comme insultant à ses derniers momens auxquels il présida comme pour s'assurer que sa victime ne pouvait lui échapper. Le héros de cette tragédie nationale a besoin, comme un héros de théâtre, d'un zélé confident; et je n'ai pu mieux choisir que de le prendre parmi les morts, pour ne pas irriter les vivans, qui, fâchés de se reconnaître dans ce miroir de vérité, crieraient à la calomnie, quand je ne ferais qu'en médire, et encore, par ricochet; car j'ai lu, avant d'avoir conçu l'intention de me faire lire, et ce qui est écrit est écrit.

(2) *Les principaux auteurs de la mort de d'Enghien.*

Ceci n'est qu'une fiction pour honorer la mémoire de mon héros, à qui je veux même supposer des remords dont je crois ses complices moins susceptibles que lui.

(3) *Quand il est couronné n'est plus un attentat.*

C'est avec ces sophismes que des flatteurs ont créé des tyrans, ou qu'ils justifient journellement tous les crimes qu'enfantèrent l'ambition, l'orgueil, l'intérêt et la politique. Qu'on ne s'étonne pas si je prête à Murat un langage un peu érudit dans ses citations; fils d'un petit aubergiste de Labastide, près Cahors, il avait reçu de ses parens une éducation soignée, au séminaire de cette ville, avant d'embrasser la carrière militaire dans laquelle son intrépide valeur le fit avancer à pas de géant.

(4) *La croix de saint Iwam terminait le cortége.*

Cette croix était en vénération à Moscou comme l'Oriflamme à Saint-Denis, ou la sainte-Ampoule à Reims.

(5) *En vain fondaient sur eux des bandes de cosaques.*

Ces bandes, dirigées par L'hetman Platow, ne sont àcraindre que dans une déroute; un escadron ou un bataillon bien serré en ordre de bataille, se fait aisément jour à travers.

(6) *Un rire convulsif a signalé sa fin.*

On voyait ces infortunés, au moment d'être frappés de mort, signaler leur fin par un rire convulsif, pleurer, gémir, courir, faire d'horribles contorsions, et tomber tout à coup en poussant des cris affreux, vouloir se relever et retomber ensuite pour expirer.

(7) *Et ces affreux fanaux s'élevaient des cités,*
Des bourgs et des hameaux par nos mains dévastés.

Bonaparte, en fuyant avec sa garde, incendia des villages entiers pour réchauffer les hommes et les chevaux, et ne laissait derrière lui que l'image du néant, ou le tableau hideux de la dévastation. Le désespoir, la mort et le deuil marchaient constamment à sa suite.

(8) *Leurs braves généraux les rendent plus légers.*

Le prince Eugène encore donna l'exemple, et tous les chefs qui faisaient partie de son corps d'armée partagèrent, en parcourant à pied comme le moindre soldat, toutes les fatigues et les dangers de cette funeste et terrible retraite.

(9) *La tour et son beffroi planent sur des débris.*

Ceci est historique. C'est encore M. de la Beaume qui m'a fourni ce trait anecdotique, ainsi que le suivant; je n'ai fait que changer le lieu de la scène, en la transportant du champ de bataille de la Moskowa auprès de Smolensk, où, à ce période de la retraite, le froid était à son plus haut degré, et la misère, ainsi que le désastre de l'armée, presqu'à son comble.

(10) *En prononçant encore à ses derniers momens*
Le nom de son pays, celui de ses parens.

On entendait de jeunes conscrits, naguères enlevés à leurs foyers, prononcer en tombant sous les traits de l'aquilon, le nom de leur pays, et de leurs parens qui les pleurent encore.

11) *Et restent encombrés sous les glaces du Nord.*

De mille à douze cents pièces de canon, huit à neuf cents, au moins, enclouées et renversées de leurs affuts, à défaut d'hommes et de chevaux pour les traîner, restèrent encombrées dans les neiges ou sous la glace.

(12) *Forment un escadron de valeureux guerriers.*

De la plus belle cavalerie que l'Europe ait vu sur pied, les chefs que je désigne ici, arrivés à Smolensk, n'ont pu former que quatre compagnies de cent cinquante hommes; les généraux en étaient capitaines, les colonels étaient lieutenans ou sous-officiers; cet escadron sacré, commandé par le général Grouchi sous les ordres de Murat, sauva les derniers débris de l'armée, et protégea le reste de nos braves.

(13) *Repoussent Wittgenstein ainsi que Kutusow.*

Ce ne fut qu'après des efforts pénibles, des combats multipliés, des pertes incalculables, et des preuves constantes de valeur et de courage, que cette armée en désordre, privée d'une grande partie de son matériel, parvint à franchir le Borysthène, poursuivie par les élémens et des ennemis victorieux. Elle franchit le Niéper, et arriva enfin aux bords de la Bérésina, où Kutusow comptait opérer son entière défection. Sans le dévouement et l'intrépidité de ses chefs, pas un Français n'aurait pu nous rapporter des nouvelles de ce désastre. Cependant beaucoup d'entr'eux se demandaient : *Où est l'Empereur? Ses jours sont ils en sûreté?* Quel fanatisme! quel délire insensé! O France! ô ma patrie!

(14) *Et vont se rallier au feu de l'ennemi.*

Cette division ne s'aperçut de sa méprise que quand on la fit prisonnière : elle ne fut pas la plus à plaindre.

(15) *Sur deux fragiles ponts précipite ses pas.*

Pour ajouter à ce tableau, qu'on se figure les Russes foudroyant cette multitude errante sur ces bords glacés; des femmes, des employés, des enfans mitraillés dans les bras de leur mère; et ni armes, ni forces pour répondre à ces attaques, ne pouvant plus même résister aux assauts du malheur.

(16) *Aux mêmes lieux où Charle a perdu son armée.*

Bonaparte qui aimait les rapports, et les rapprochemens, a dû être frappé de cet effrayant parallèle.

18

(17) Il gravit, en fuyant, trois montagnes de morts.

Ce fut en traîneau qu'il s'éloigna de ces bords glacés, gagna, avec son favori, la route de Wilna, et se rendit à Warsovie, où M. l'abbé de Pradt et autres courtisans l'attendaient pour lui faire leurs complimens de condoléance.

(18) A périr près d'un trouc qu'ils veulent embraser.

Beaucoup de ces infortunés se précipitaient par groupe dans le foyer qu'ils venaient d'allumer, d'autres leur succédaient, ou les regardaient se consumer; couchés sur les cadavres de leurs camarades, trop faibles pour porter le bois nécessaire à entretenir les feux, ils se serraient autour d'un tison prêt à s'éteindre, et s'éteignaient avec lui. Enfin la plume se refuse à tracer ces tableaux dont nos yeux ont été témoins, et que la postérité se refusera à croire, ou croira exagérés, quand ils ne sont qu'esquissés. Je renvoie le lecteur aux mémoires de M. de la Beaume, pour en voir le complément.

FIN DES NOTES DU LIVRE DIXIÈME.

NOTES DU ONZIÈME LIVRE.

(1) Le déserteur d'Egypte et des champs de Wilna.

C'est à Wilna que définitivement Bonaparte abandonna son armée en débris, et qu'il se rendit à Warsovie, et de là à Paris où il arriva incognito avec Caulincourt, duc de Vicence, son favori, qui, dans la route, le fit passer pour son secrétaire.

(2) Trente mille soldats au drapeau réunis.

Le 30 décembre le quartier-général s'établit à Pluhnitz qui reçut dans son sein après cinquante jours de marches, de combats, cette armée épuisée de fatigues et de privations, affaiblie par ses pertes et ses revers inouis, traînant à sa suite ses malades et ses blessés.

Les Russes arrivèrent bientôt sur les bords de la Vistule, et forcèrent cette poignée de Français, échappés à la destruction générale, de continuer leur retraite qu'ils n'exécutèrent qu'en défendant le terrain pied à pied ; et, s'affaiblissant encore dans ces combats partiels, ils regagnèrent enfin Hambourg, et les frontières de la Saxe ; ils prirent position entre l'*Elbe* et l'*Oder*. Ce fut là qu'ils reçurent des renforts, que les généraux réorganisèrent l'armée, que son matériel fut recréé, et qu'elle se prépara à rouvrir une nouvelle campagne.

(3) De son sénat vénal il aborde l'enceinte.

C'est là que de vils adulateurs, par l'organe de leur président, le félicitèrent de son retour, et de sa retraite qu'ils comparèrent, dans leur exaltation, à celle de *Xénophon*.

(4) Devançant la saison, la neige et les frimas
   Sont venus me surprendre en ces âpres climats.

« On m'accuse, dit-il, d'être resté trop long-temps à Moscou, cela peut être ; mais il faisait beau, la saison a devancé l'époque, et les frimas sont venus me surprendre ; pouvais-je prévoir que, d'un jour à l'autre, il y gèlerait à vingt degrés ?

J'y attendais la paix, c'était un coup de politique; il a manqué, tant pis; qui ne risque rien, n'a rien. »

C'est ainsi qu'il croyait se justifier de son imprévoyance; mais, parce qu'il avait beau jeu, était-ce une raison de jouer le tout pour le tout? Ce Corse imprudent n'était aussi prodigue de la vie et du sang des Français, que parce qu'il n'avait pas une seule goutte de ce sang dans les veines.

(5) *La conduite d'Yorck qui vient de me trahir.*

Le général Yorck venait de joindre les troupes d'Alexandre avec un des principaux corps de l'armée prussienne qu'il commandait en chef. Le roi de Prusse qui craignait le ressentiment de Napoléon, feignit de désapprouver la conduite de son général qui n'agissait que par ses ordres secrets, mais brûlant de reconquérir la portion de ses Etats en Saxe et en Pologne, il publia son manifeste le 31 mars, contre l'usurpateur, et donna le premier signal de l'insurrection. La confédération du Rhin et les autres Etats de l'Allemagne, moins francs dans leur conduite, furent plus long-temps à se déclarer, et attendirent l'instant favorable.

(6) *Et je viens réclamer du fer et des soldats.*

Il fit sanctionner le 10 janvier, par un sénatus-consulte, son décret par lequel 350,000 hommes furent mis de suite et provisoirement à sa disposition. Cette levée extraordinaire fut motivée sur la désertion des prussiens, et Bonaparte fit venir de l'Espagne et de l'Italie les meilleures troupes pour recompléter les cadres de son armée du Nord, dont la campagne de *Moscou* lui avait dévoré les dix-neuf vingtièmes.

(7) *Les cohortes d'Urbains sont aussi réclamées.*

Les cohortes, ainsi que les gardes urbaines ou nationales, réservées au service des places de l'intérieur, étaient composées, en partie, d'hommes mariés et sédentaires; cette espèce de milice bourgeoise fut aussi réclamée, arrachée à ses foyers, et jetée sur les champs de bataille, pour essuyer les premiers feux de l'ennemi, auxquels elle a résisté avec autant de vigueur ainsi que nos vieilles bandes; mais elle a bientôt succombé, que la première levée de conscrits, à laquelle une seconde de 180 mille hommes, et les gardes départementales qui avaient remplacé les cohortes, ne tardèrent pas à succéder. Oh! sénat destructeur! oseras-tu te qualifier encore du nom de père de la patrie, et du titre auguste de *conservateur*, quand tu n'es que le servile agent du bourreau de ma patrie ?

(8) Aux remparts de Mayence aussi prompt que l'éclair.

Les hommes, les chevaux, les convois militaires, les munitions de guerre y arrivaient en poste de tous les points de la France, tandis que le prince d'Eckmühl réorganisait à Hambourg et à Magdebourg les débris de l'armée de Russie, et qu'un corps de 5 à 6,000 hommes de troupes saxonnes, se recomplettait à *Torgau* pour se rallier aux aigles françaises.

(9) Le frappe, sans toucher à son noble laurier.

Le 1.er mai, veille de la bataille de Lutzen, le maréchal Bessières, duc d'Istrie, et colonel de la garde, gravissait les pentes escarpées de *Poserna* occupées par les alliés, et comme il s'avançait en tête d'une compagnie de tirailleurs, un boulet de canon l'atteignit au bas ventre, et l'étendit roide mort sur la place : il mourut comme Turenne en allant observer la position de l'ennemi.

(10) Lauriston son second, en gloire son rival,
Le premier, du combat a donné le signal.

Le 2 mai, le général, comte Lauriston, s'avançait en tête de l'avant-garde et se dirigeait sur Leipsick, où l'on croyait attaquer l'ennemi de front, quand ce dernier déboucha par Zeist et Pégau, et fondit à l'improviste sur le maréchal Marmont, duc de Raguse, qui, au défilé de *Poserna* commandait notre corps de réserve.

(11) Du sang des deux partis est teint également.

Le maréchal Ney, attaqué à Kaïa par Blucher et Yorck qui dirigèrent sur lui leurs forces les plus imposantes, riposta vigoureusement. Les *cohortes*, les *conscrits* nouvellement levés, rivalisèrent de gloire avec les vieux soldats et ceux de la jeune garde qui, excités par l'exemple de leurs chefs, firent des prodiges de valeur ; le village fut disputé avec une égale fureur, et devint le foyer du carnage ; il fut teint du sang des deux partis ; perdu, et reconquis deux ou trois fois par les Français, il finit par rester aux alliés qui écrasaient notre centre par un feu d'artillerie si nourri, qu'il entr'ouvrait nos plus épaisses colonnes, et les forçait de se replier en désordre. Bonaparte, voyant la bataille perdue, et sentant la nécessité de vaincre, rallia les fuyards, et se mit à leur tête. Entraînée par son exemple, ses discours, ses promesses et l'espoir des distinctions, cette belliqueuse jeunesse revola à l'ennemi ; mais, malgré tous les efforts des chefs et des soldats, rien ne se décidait encore, nous étions constamment repoussés.

(12) *Il ressaisit son glaive et vole à l'ennemi.*

Non, répond't ce général blessé, à ceux qui l'invitaient à sortir des rangs, *pour tout Français qui a du cœur, l'instant est arrivé de vaincre ou de mourir.* Il fut tué en combattant à Fleurus contre les Prussiens, le 16 juin 1815, l'avant-veille de la bataille de Waterloo ; il eut du moins la gloire de mourir dans un jour de victoire.

(13) *Les ennemis bientôt vont tomber sous nos coups.*

On ne saurait nier, sans injustice, que si Bonaparte commit, ce jour là, une grande faute militaire, en donnant trop d'extension à sa ligne de bataille, il sut la réparer promptement, en faisant opérer un changement de front à toute l'armée, en refoulant ses ailes pour appuyer son centre qui pliait de toutes parts ; il se porta lui-même au milieu du péril, présida à cette scène de carnage, et partagea la gloire et les dangers de cette journée, où il se montra encore capitaine et soldat : mais s'il eût eu des généraux moins braves, moins habiles que ceux qui l'entouraient ; s'ils n'eussent excité du geste et de l'exemple le courage de cette armée nouvellement recréée, la bataille était perdue ; le Corse fut encore heureux cette fois de commander à des Français. Mérita-t-il jamais ce bonheur, lui qui les sacrifiait sans remords !

(14) *Tels qu'aux champs d'Aboukir, Drouot et Dulauloi*
Dans les rangs ennemis vont reporter l'effroi.

Bonaparte, qui avait perdu presque toute sa cavalerie à *Moscou*, voyant la sienne trop faible pour résister à celle de l'ennemi, avait dit à ses troupes, au moment d'en venir aux mains : « *Mes amis, c'est ici une bataille d'Egypte : une bonne infanterie soutenue d'une bonne artillerie doit se suffire.* » Aussi, voyant la victoire prête à lui échapper, il ordonna promptement au général Drouot de diriger quatre-vingt bouches à feu sur les masses ennemies qui débouchaient de Kaïa, et enfonçaient notre centre ; elles furent elles-mêmes, à leur tour, bientôt écrasées et mises en déroute, et le duc de Trévise, le comte Lobau, avec seize bataillons de la jeune garde achevèrent de les poursuivre, et reprirent Kaïa qui était la clef de leur position. Les généraux Compans, Kellermann, Macdonald, etc., complétèrent la gloire de cette journée; le comte *Wittgenstein* commandait en chef les alliés, et l'empereur Alexandre, ainsi que le roi de Prusse, encourageaient leurs troupes par leur présence.

(15) Ils volent sur son aile aux plaines de Bautzen.

Pour éviter les longueurs et les réminiscences, dans lesquelles entraînent ces récits perpétuels et fastidieux de combats, vû l'extrême rapprochement des journées de *Lutzen*, de *Bautzen*, et de *Wurtchen*, on n'en a fait qu'une seule bataille, puisque la seconde fut la suite et le complément de la première qui ramena la victoire sous les drapeaux français, rendit à notre armée son attitude glorieuse, et à Bonaparte son influence en Allemagne qui allait lui échapper.

(16) Les alliés pleurant la mort de Hesse-Hombourg,
Poursuivis par Colbert avec Latour-Maubourg.

Le prince Léonard de Hesse-Hombourg fut tué à Lutzen; le maréchal Blucher, et plusieurs généraux Russes y furent blessés. De notre côté, le maréchal Ney, les généraux Souham, Gérard et Gruner reçurent aussi d'honorables blessures : mais à Bautzen, le 22 mai, anniversaire de la mort du duc de *Montebello*, Bonaparte, en gagnant la bataille, fit une perte à laquelle il parut on ne peut plus sensible.

Vers les sept heures du soir, un des derniers boulets tirés par l'ennemi, rasa de près le duc de *Trévise*, étendit roide mort le général du génie Kirgener, et ouvrit le bas-ventre au général Duroc, qui ne survécut que douze heures à sa blessure. Le général de division Bruguière venait d'avoir la jambe emportée par un boulet, en chargeant l'ennemi, et d'expirer aussi dans cette journée. Ney, Bertrand, les ducs de Dalmatie, de Reggio, de Trévise et de Tarente, vainqueurs à Wurtchen, poursuivirent constamment les alliés, et les débusquèrent des hauteurs de *Reichenbach* où ils s'étaient retranchés avec une artillerie formidable; chassés de position en position, depuis *Markersdorf*, les généraux Lefebvre-Desnouettes, Colbert, commandant des lanciers polonais et de ceux de la garde, et Latour-Maubourg en tête de la grosse cavalerie, les chargèrent sans relâche jusqu'a *Gorlitz*.

(17) Et Gorlitz a reçu le vainqueur dans son sein.

Le 23 mai, à midi, Bonaparte entra victorieux dans Gorlitz, le quartier-général fut établi à *Buntzlau*; le maréchal Ney poussa jusqu'à Hainau, où la division du général Maison qui formait son avant-garde, éprouva un échec pour s'être avancée témérairement à la poursuite de Blucher. Ce combat fut le dernier jusqu'à l'armistice qui fut conclu le 29 mai. Ainsi, du 20 au 25 nous eûmes une série de victoires stériles entre les mains du vainqueur qui ne sut ou ne voulut pas en profiter pour rendre à l'Europe une paix si nécessaire, si ardemment désirée, et qui pouvait lui être encore si favorable, ainsi qu'à la France épuisée de sang et de larmes.

(18) Yorck, Barclai, Bulow, Blucher et Wittgenstein.

Yorck commandait sous Blucher, général en chef de l'armée prussienne, les autres étaient sous les ordres du comte Wittgenstein, commandant en chef les troupes russes.

(19) François de ce traité se rend médiateur.

Pendant l'armistice conclu à la suite de ces victoires un congrès s'assembla à Prague; l'Autriche fut choisie pour médiatrice; on y discuta les bases d'une pacification générale, Bonaparte pouvait encore, en repassant le Rhin, faire une retraite honorable; mais son insatiable ambition s'étant opposée à ce qu'il fît le sacrifice de la moindre de ses conquêtes, il rejeta avec hauteur les propositions qui lui furent faites, et François II, son beau-père, qui, de son côté, manifestait le désir de reconquérir son influence et ses droits en Allemagne, ne tarda pas à s'unir aux cours de Berlin et de Saint-Pétersbourg, et à rompre tous les liens de famille; le terme de l'armistice expiré au 20 juillet fut prorogé jusqu'au 10 août; et tandis que l'Autriche faisait ses préparatifs de guerre pour entrer dans la coalition, une autre puissance, la *Suède*, par suite du ressentiment qu'elle avait de l'invasion de la Poméranie, devenue province française, se déclarait aussi contre Bonaparte, qui, retiré à *Dresde*, rétablissait ses forces épuisées, augmentait sa cavalerie, et se préparait à soutenir la lutte terrible et inégale qui allait se rouvrir.

(20) A servir son courroux pour dompter l'Angleterre.

Chacun sait que ce fut là son principal grief contre la Russie, qui crut ne devoir pas, comme lui, prohiber et brûler pour des millions de marchandises anglaises et coloniales, ni remplacer le café par la chicorée, ou autres ingrédiens, et le sucre de *canne* par celui de *betterave*.

(21) Contre son sang lui-même est forcé de s'armer.

J'en ai déduit les motifs, et l'Autriche publia sa déclaration de guerre contre la France le 18 août 1813.

(22) Regagnait, en fuyant, les rives de la France.

Ce fut le 21 juin 1813, tandis que l'on tentait de négocier la paix au congrès de Prague, à la suite des succès obtenus par Bonaparte, que lord Wellington détrônait *Joseph*, et le chassait du royaume des Espagnes, en remportant sur Jourdan une victoire complette et décisive à *Vittoria*. L'intrus s'enfuit de terreur, et faillit d'être pris dans les portes de cette ville, où les dragons qui escortaient sa voiture, firent le coup de sabre avec les hussards Anglais qui le poursuivirent dans la déroute : il n'eut que le temps de s'élancer de la voiture sur un cheval alezan qui, grâce à la vigueur de son jarret, le mit hors d'atteinte, et lui fit remporter le prix de la course jusqu'à *Pampelune*. On voit que la fuite est une maladie de famille, et Joseph, depuis, le prouva mieux encore à l'invasion de Paris par les alliés, car il était déjà arrivé à Blois, au moment où, chargé de la défense de la capitale, on placardait sur ses murs sa dernière proclamation aux Parisiens, qu'il invitait à imiter son courage, et à la tête desquels, comme son frère, il promettait de *vaincre ou de mourir* ; il n'y a qu'une lettre à changer dans cette devise, et nos deux héros auront tenu parole.

(23) On l'a vu de lui-même abandonner le trône.

Louis Bonaparte, le meilleur de la famille et le plus modeste, qui, dénué de santé, n'était ambitieux que de repos, fut nommé, malgré lui, roi de Hollande en 1805. Adoré de ce peuple dont il protégeait l'industrie, il régnait sur les cœurs de ses sujets qu'il avait conquis par la justice et la bonté ; mais entravé par son frère Napoléon, dans le dessein qu'il avait d'être l'ami, le protecteur, le père d'une nation industrieuse, dont une armée de douaniers français et d'inquisiteurs, paralysaient les relations commerciales, il abdiqua volontairement en 1809 un sceptre qu'il ne pouvait plus porter qu'en en faisant retomber le poids sur ce peuple opprimé. Bonaparte, n'ayant point ratifié cette abdication, arracha ce sceptre des mains débiles de son neveu, et donna au jeune enfant le grand duché de Berg, en échange de la Hollande, qu'il réunit à son funeste empire.

(24) *Ce jeune souverain aussi juste que brave.*

On se rappelle que Gustave, roi de Suède en 1806, comptant sur la protection du cabinet britannique et sur l'appui de ses voisins, osa se déclarer et s'armer contre la puissance dévastatrice de Bonaparte : l'Angleterre fit, pour le soutenir, d'inutiles efforts; mais ses voisins paisibles, et indifférens spectateurs d'une lutte aussi inégale et aussi courageuse, laissèrent écraser, de sang-froid, ce jeune roi par celui qui, depuis, devait les accabler tour à tour. Gustave fut renversé du trône, et déposé par le tyran des nations, qui le fit remplacer par son oncle Charles XIII, beaucoup plus soumis à ses volontés inflexibles.

Le maréchal Bernadotte, alors prince de *Pontecorvo*, fut soudain envoyé par Bonaparte pour organiser ce royaume. Ce général français capta la bienveillance du nouveau monarque et du peuple dont il finit par conquérir *l'amour*. Il fut proclamé *prince royal*, et héritier présomptif de la couronne de Suède, qu'il a constamment et vaillamment défendue depuis, contre toute aggression ; et en janvier 1818, par les lois constitutionnelles de l'Etat, lois qu'il a organisées dans ce pays régénéré par lui, il succéda à Charles XIII, mort sans enfans, et règne aujourd'hui sous le nom de *Charles XIV Jean.*

FIN DES NOTES DU LIVRE ONZIÈME.

NOTES DU DOUZIÈME LIVRE.

(1) *Un des corps de l'État a le noble courage....*

Le corps législatif ; il fut annulé pour prix de la noble résistance qu'il fit à l'oppression.

(2) *Ce peuple existe en moi ; c'est moi qui suis le trône.*

Ce sont les propres expressions dont il se servit au sein de ce corps assemblé qui lui fit des représentations sages et courageuses, en lui observant qu'il allait compromettre sa gloire et celle du peuple qui l'avait appelé au trône.
Il répondit : « Le peuple existe en moi, c'est encore moi qui suis
« le trône; la place éminente où je siége pour présider ce peuple,
« quand je cesse de l'occuper, n'est plus qu'une estrade entourée
« de gradins en bois et recouverts de velours ».

(3) *De Berlin à grands pas se rouvraient le chemin.*

Le maréchal Oudinot et le général Bertrand qui s'étaient avancés à grands pas vers Berlin, après quelques avantages obtenus sur Bernadotte, furent ramenés vigoureusement, et éprouvèrent des pertes notables, ainsi que le général Reynier qui fut contraint d'évacuer le village de *Grosbeeren* dont il venait de s'emparer. Bernadotte ayant été secondé des Prussiens et des Russes, les Français se replièrent en désordre, et le général Gérard qui commandait à Magdebourg, étant sorti de cette place pour venir au secours du duc de Reggio (Oudinot), fut rencontré par un corps considérable de l'armée alliée ; battu, et grièvement blessé, il se replia sur *Ziezer*, et Oudinot sur *Wittemberg*.

Bonaparte, peu satisfait des opérations de ce dernier, et ne désespérant pas de prendre Berlin, le fit remplacer par le maréchal Ney, Duc d'Elchingen, qui ne réussit pas davantage, et fut obligé de se replier sur l'*Elbe*. Davoust, opposé au comte Walmoden dans les environs de Hambourg, battit et poursuivit son adversaire l'épée aux reins jusqu'à *Grabow*, croyant seconder les opérations du maréchal Oudinot ; mais ayant appris le mauvais succès de cette expédition, il se retira dans Hambourg, quand tous les alliés marchaient sur *Dresde* à grandes journées, et venaient investir cette capitale de la Saxe, l'arsenal de Bonaparte, et d'où il croyait pouvoir encore foudroyer le Nord de l'Europe.

(4) Que le brave Puthod succombait à Plawitz.

Le 25 d'août, au moment où le duc de Tarente éprouvait un revers sur la Katzbach et se repliait en désordre, le général Puthod qui avait été envoyé à *Schœnau* et *Jauër* pour se porter sur les derrières de l'ennemi, apprenant la perte de la bataille, tenta inutilement de passer la Bober ; il voulut percer par Buntzlau ; il n'était plus temps, cerné de toutes parts, il se prépara à vendre chèrement sa vie, et se retira sur les hauteurs de Plawitz, où il prit position ; mais accablé par le nombre, après avoir en vain signalé son courage, il capitula, et se rendit prisonnier avec les trois mille hommes qu'il commandait, et qui s'illustrèrent en résistant à trente mille alliés réunis contre lui dans ces nouvelles Thermopyles.

(5) De rapides torrens dans les airs suspendus.

Le jour de la bataille de Dresde, la pluie tombait par torrens.

(6) Alexandre soudain le reçoit dans ses bras.

Il fut frappé sous les yeux et à côté d'Alexandre qui le reçut en effet dans ses bras ; lord *Cathcart*, et sir Robert *Wilson* étaient aussi près de lui ; il causait avec eux derrière une batterie prussienne, sur laquelle se dirigeaient deux batteries françaises.

(7) D'un rival mutilé dont les membres épars.

Il eut les deux jambes emportées par le boulet qui traversa le ventre de son cheval ; quand il fut atteint, il poussa un soupir et tomba évanoui ; revenu à lui, il demanda une cigare ; des cosaques le portèrent dans une chaumière voisine du champ de bataille, où il supporta une double amputation, avec autant de sang froid que de courage, et mourut à Laun le 2 septembre suivant, conservant jusqu'à la fin l'espérance de reparaître dans les rangs alliés, et d'y combattre de tête.

(8) Dans les rangs d'Ostermann il porte le trépas.

Le général Vandamme, qui était la veille dans les environs de

Pirna, coupait la retraite aux alliés qui se retiraient en désordre vers la Bohême ; il battit Ostermann, et le poursuivit avec fureur jusqu'à Tœplitz. Ce dernier, sentant l'importance de conserver cette ville, s'y défendit vigoureusement, et s'y maintint en perdant beaucoup de monde, et eut lui-même un bras emporté ; mais pendant que Vandamme accablait son ennemi, le corps de Kleist fondait sur ses derrières et lui coupait le passage. Le général français avec ses trois divisions, se fait jour à travers les rangs ennemis, les culbute, les met en fuite, s'empare de leurs caissons, de leur artillerie. Mais bientôt Vandamme est obligé de les rendre ; cerné de toutes parts, il succombe sous le nombre ; il capitule avec armes et bagages, lui, les siens : les généraux Haxo et Juyot pris entre deux feux, sont faits prisonniers à *Kulm*.

(9) Contre moi Benigsen arrivera trop tard.

Les Russes attendaient Benigsen avec un corps de soixante mille hommes de renfort, et l'arrivée de ce général fut le signal de la reprise des grandes opérations, et amena les affaires des 16, 17, 18 et 19 dans la plaine de Léipsick.

(10) Fait Meerfeld prisonnier, et poursuit Bianchi.

Dans la journée du 16 octobre, tandis que Bonaparte dirigeait ses principales forces sur Wachau, défendue par toutes les armées alliées, et que les deux partis rivaux combattaient avec une égale fureur, Poniatowski, en tête des lanciers polonais, interdisait le passage de la Pleisse aux Autrichiens ; beaucoup d'entr'eux furent précipités dans la rivière par la vieille-garde, commandée par le général Souham, qui appuyait le prince polonais ; ce dernier se couvrit de gloire et combattit avec tant de valeur, qu'il fit le général Meerfeld prisonnier, et fut fait maréchal sur le champ de bataille ; et le 18, veille de sa mort, avec un petit corps de cinq mille hommes réduit à deux mille sept cents, après avoir perdu quinze officiers de son état-major, et reçu deux blessures, il combattit encore avec une bravoure admirable, et, soutenu du maréchal *Oudinot*, il poursuivit le général Bianchi qui voulait le débusquer de la position qu'il avait à défendre, et le chargea avec tant de vigueur, que ce dernier laissa en fuyant un grand nombre des siens étendus sous nos batteries.

(11) *Sur les Français vaincus tournent aussi leurs armes.*

Les habitans, imitant la garnison, tiraient des fenêtres, lucarnes et soupiraux de leurs maisons sur nos soldats en désordre et débandés, qui, la plupart, abandonnaient leurs armes, pour se jeter à la nage, ou escalader une muraille, et se dérober à la mort qui se présentait à leurs yeux sous mille formes horribles; vingt-trois mille malades étaient dans les hôpitaux exposés à périr victimes des événemens de la guerre dans ces murs pris d'assaut.

(12) *Disparaît à leurs yeux avec un bruit terrible.*

Tout le monde a eu connaissance de la méprise d'un caporal qui, sur l'ordre verbal d'un officier supérieur, mit trop tôt le feu aux fougasses du pont de Lindenau sur la Pleisse, que venait de franchir Bonaparte en tête de sa garde, et dont l'explosion compromit le salut du reste de l'armée. Bientôt une centaine de voitures et quatre-vingt bouches à feu en encombrèrent les avenues, un cri de stupeur se propagea de rang en rang, *nous sommes coupés, et l'ennemi est sur nos derrières.* Des milliers de soldats périrent en se précipitant dans les flots, d'autres furent pris avec notre parc d'artillerie, et Bonaparte, en fuyant son armée pour la quatrième fois, survécut encore à la honte de cette journée, et courut réclamer à Paris de nouvelles victimes, après avoir immolé son arrière-garde à sa sûreté personnelle.

(13) *De l'ennemi vainqueur repoussait les assauts,*
Et scellait de son sang l'honneur de nos drapeaux.

Il combattit jusqu'au dernier moment, ainsi que Bertrand et le duc de Raguse, pour protéger la retraite des Français; mais se voyant entouré d'alliés, quoique blessé dans les divers combats qu'il avait eu à soutenir la veille, il dit à ses officiers, « Messieurs, quand on ne peut plus vaincre, il faut savoir au moins mourir glorieusement ». A ces mots, il se fait jour à travers les rangs ennemis, reçoit un coup de feu à la hanche, franchit la Pleisse, gagne les bords de l'Elster, s'élance dans le fleuve avec le duc de Tarente et le comte *Lauriston*; mais entraîné par un cheval fougueux qui veut prendre terre, le prince roidit la bride et disparaît sous les eaux de cette rive vaseuse. Ainsi périt ce guerrier valeureux neveu de Stanislas-Auguste, dernier roi de Pologne, et qui avait embrassé la cause de la France dont le chef lui avait promis sa puissante protection pour le réintégrer au trône de ses pères. Il fut généralement regretté, et un pêcheur ayant retrouvé son corps le 25, les alliés lui rendirent les honneurs funèbres.

(14) *Ainsi que Lauriston, Bertrand, Aubry, Reynier.*

Tous ces braves furent faits prisonniers dans la journée du 19, ainsi que le général Reynier qui passa, la veille, à l'ennemi avec un corps de Saxons.

(15) *Le rale de la mort s'entend à chaque pas.*

Les hospices étaient dénués de toute espèce de médicamens et de provisions; ils regorgeaient de malades et de blessés qui n'avaient pas été pansés depuis Léipsick. En arrivant à Francfort et à Mayence distante de quatre-vingt-douze lieues, la plupart étaient morts dans les caissons; d'autres étaient expirans dans les chemins, dans les places publiques, ou sur le seuil des maisons, et les vers pullulaient dans leurs plaies gangrenées; cinq cents individus mouraient par jour, dont un huitième des habitans, par le mauvais air qui régnait dans cette ville en proie à une maladie épidémique, résultat des malheurs de la guerre; le Rhin, couvert de nos soldats, pâles, défigurés et souffrans, ressemblait à l'Achéron qui chariait des ombres.

(16) *Et Saint-Cyr, vers Torgau dans sa marche arrêté,*
Eprouve, avec les siens, sa magnanimité.

Le maréchal Gouvion Saint Cyr, actuellement ministre de la guerre, laissé dans *Dresde* avec une garnison de 25,000 hommes, fit, le 15 octobre, une brillante sortie, et mit en déroute les 20,000 assaillans commandés par le comte *Totstoi* qui le tenait investi. Il tenta de se frayer un chemin vers Torgau, et d'aller se joindre à la garnison de Magdebourg; entravé dans sa marche, il rentra dans *Dresde* et s'y maintint jusqu'au 11 novembre. Mais assailli par toutes les armées alliées et victorieuses à Léipsick, réduit à la dernière extrémité, et sans espoir d'être secouru, il capitula avec armes et bagages, et fut conduit à Berlin avec les autres prisonniers, au nombre desquels était le roi de Saxe, qui fut *déposé*, pour avoir armé les Allemands contre les Allemands, qui combattaient pour la délivrance de leur pays. Alexandre usa de clémence envers ls habitans et la garnison française.

(17) Font encore une longue et noble résistance,
Retranchés dans les murs conquis par leur vaillance.

Erfurt, Torgau, Stettin, Magdebourg, Wurtzbourg, Custrin, Hambourg, Dantzick et plusieurs autres places fortes de la Prusse et de la Pologne, étaient encore occupées et défendues par les troupes françaises, au moment où la France allait être investie.

(18) Cherche sa garnison quand elle est devant elle.

Dantzick capitula le 18 novembre, vingt-six jours après la tranchée ouverte; la défense de cette place était confiée aux généraux Rapp et Campredon qui commandait le génie. Le général russe, duc de Wurtemberg, entrant dans cette place qu'évacuait Rapp à la tête d'une poignée de braves qui la défendaient, crut que ce n'était qu'un simple détachement de la garnison qui défilait devant lui; admirateur de la valeur française, il accorda une capitulation honorable à ces vaillans héros qui avaient si constamment repoussé ses nombreuses phalanges, et leur permit de revenir en France; mais l'empereur Alexandre n'ayant pas ratifié ce traité, Rapp et les siens furent conduits prisonniers en Russie.

(19) Quand nous sommes vaincus nous proclament vainqueurs.

La plupart des bulletins et des extraits, relatés au moniteur, étaient rédigés par Bonaparte lui-même, qui, gardant jusqu'au bout son système de dissimulation, nous cacha toujours ses revers et ses pertes immenses, ainsi que les forces que nous avions à combattre. Vaincu, humilié, il reçut encore le 14 novembre les complimens du sénat, quand il venait exiger de nouveaux et d'inutiles sacrifices; et le 19 mars, sortant d'être battu dans la Champagne, il annonçait une victoire, et l'on chantait un *Te Deum* dans toute la France, quand l'ennemi vainqueur s'avançait sur la capitale.

(20) Le profane a remis son triple diadème.

En janvier 1814, frappé de terreur à l'approche des alliés, d'après ses revers en Espagne et en Italie, il rendit le Pontife romain aux Etats de l'Eglise, et le roi Ferdinand VII à son peuple. M. le maréchal, duc d'Albufera, le vainqueur de la Catalogne, s'acquitta de cette mission, et opéra sa retraite sans perdre un homme ni un caisson, emportant l'estime et les bénédictions de ce peuple, qui, sans lui, aurait pu franchir les Pyrénées, et ravager le

Roussillon par droit de représailles ; mais la sage conduite du maréchal fut une puissante barrière à ses intentions hostiles.

(21) Sur leurs intentions répand la calomnie.

Pour organiser, comme en Espagne, une guerre nationale, il imputait des vexations inouies aux puissances alliées ; « Les habi-
« tans de Paris, disait-il dans son bulletin du 23 février, devaient
« s'attendre aux plus grands malheurs si l'ennemi pénétrait dans
« leurs murs ; le viol, le pillage et l'incendie auraient fini les des_
« tinées de cette belle capitale ».

(22) Et nous faire passer sous les fourches caudines.....

(Expressions empruntées d'un de ses discours.)

(23) Sont traînés en triomphe au sein de nos remparts.

Le général, comte Alsufief, fait prisonnier par Bonaparte, avec deux mille des siens, le 10 février, au combat de Champ-Aubert, fut traîné dans Paris en pompe triomphale à la parade des Tuileries et sur les Boulevards, dans l'intention de soulever d'indignation les habitans de la capitale contre ces malheureux étrangers ; mais l'attente du gouvernement d'alors fut trompée : le Français, naturellement humain et généreux, incapable d'insulter au malheur, ne vit, dans les vaincus, que des frères captifs et désarmés ; il leur prodigua tous les soins de l'hospitalité.

(24) Celui qui tant de fois viola la victoire,
A Brienne brûla le berceau de sa gloire.

Le 29 janvier, l'armée française commandée par Napoléon en personne, parut devant *Brienne*, où son chef avait fait, en partie, son éducation militaire.

Tandis que ce même général Alsufief qui s'était emparé de cette ville, la défendait avec vigueur, le prince Blucher attaquait notre gauche, très-faible en cavalerie ; mais le feu redoublé de notre artillerie incendia la place dont Bonaparte s'empara, ainsi que du château, où le chef d'état-major du duc de Bellune parvint à s'introduire, à la faveur de la nuit. Après un horrible carnage, on parvint à débusquer l'ennemi de ce poste qui resta au pouvoir des Français.

(25) Pour la dernière fois il refusa la paix.

A Craone, après un léger avantage qu'il venait d'obtenir, il refusa la paix qui lui fut proposée pour la dernière fois, moyennant qu'il se bornerait à régner sur la France, telle qu'elle est aujourd'hui; mais celui qui trouvait le vaste continent trop étroit, rejettant avec hauteur toutes les propositions, répondit *qu'il ne capitulait pas avec ses prisonniers;* alors les princes alliés s'assemblèrent à *Châtillon,* et consolidèrent les nœuds de cette ligue européenne qui jura de le renverser et qui tint son serment.

(26) Sont tombés, par Blucher mortellement frappés.

Le Corse qui trouvait que le mot *impossible* n'était pas français, après de vaines tentatives pour débusquer Blucher des positions qu'il occupait, finit par dire, en se retirant, que « les hauteurs de Laon étaient inabordables ».

(27) Elle arbore soudain le pavillon des lis.

Toute la France a été témoin du royalisme anticipé de M. le comte Linck, alors maire de Bordeaux, aujourd'hui pair de France. M. Lecomte l'aîné, et plusieurs notables, communiquant la commotion électrique à tous les habitans de cette cité, en firent ouvrir les portes, le 12 mars, aux armées du lord Wellington, présidées par S. A. R. Mgr. le duc d'Angoulême. A l'aspect de ce prince, les Bordelais firent retentir les airs des cris *Vive le Roi! Vivent les Bourbons!* En arborant ainsi le pavillon du lis, ils donnèrent, les premiers, le signal de l'insurrection et de la restauration; Marseille et toutes les autres villes du midi et de l'ouest s'empressèrent de répondre à ce royal appel.

(28) Et lui font annoncer que son règne est passé.

Ce fut le maréchal Ney qui lui annonça le premier à Fontainebleau, que le sénat venait de prononcer sa déchéance, et qui l'engagea à se résigner en donnant son abdication, qui eut lieu le 11 avril.

(29) D'Artois, de ce concert prélude les accords.

On n'oubliera jamais combien les cœurs furent profondément émus à l'aspect de ce prince aimable, qui procéda aux préliminaires de la paix sous le titre de lieutenant-général du royaume; on se rappèle les paroles qu'il adressa à la foule qui le comparait à Henri IV. « Mes amis, répondit ce prince, *si je n'en ai pas les talens, j'en ai le cœur.* »

(30) *Rugissent, et vers Blois fuyant d'un vol agile.*

Toute la famille de Bonaparte et ses adhérens, à l'approche des alliés, s'enfuirent à Blois, où ils s'arrachèrent et se partagèrent les débris de l'empire.

(31) *De la terre natale il aborde la plage.*

Ce fut à Calais que Louis XVIII débarqua le 24 avril 1814, au milieu des acclamations de tout un peuple enivré de joie et d'espérance. S. A. R. *Madame*, le feu prince de Condé, Mgr. le duc de Bourbon, accompagnaient l'auguste monarque, et l'on a cru devoir compléter ce groupe, en y faisant figurer Mgr. le duc de Berry, qui, seul, manquait à ce tableau.

(32) *Son vrai titre de gloire à la postérité.*

Propres expressions dont se servit S. M. en présentant sa charte aux Français.

FIN DES NOTES DU LIVRE DOUZIÈME ET DERNIER.

ERRATA ET VARIANTES.

Livre II, page 27, ligne 30.

Lisez : A Jacquelin uni d'une amitié si pure...
A Jacquelin unis, etc.

Livre II, page 29, ligne 26.

Lisez : Proclamant hautement.
Proclament.

Livre III, page 37, lignes 11 et 12.

Ajoutez Le n.º 6 des notes.

Livre III, page 38, ligne 6.

Lisez : C'est pour les reforger qu'il vient briser, etc.
.... Qu'il vint briser.

Livre III, page 42, ligne 27.

Lisez : Mais tel au champ de Mars sait combattre ou mourir.
.... Sait combattre et mourir

Livre IV, page 49, ligne 13.

Ajoutez Ils conçoivent sur lui de violens soupçons.....
Le n.º 1 des notes, qui a été oublié.

Livre IV, page 50, ligne 30.

Ajoutez Il semble dans Paris avoir transporté Rome.
Le n.º 2.

Livre IV, page 51, ligne 27.

Lisez : Muse de l'Histoire.
O Muse de l'Histoire, etc.

Livre IV, page 52, ligne 3.

Lisez : Retraçons du Tyran, dans ses divers tableaux.
.... Dans ces divers tableaux.

Livre IV, page 52, ligne 21.

        Tous ceux qu'avait choisi, etc.
Lisez :   Tous ceux qu'avait choisis, etc.

Livre IV, page 53, ligne 24.

        A ce cri, ces guerriers que le courage enflamme.
Lisez :   A ce cri, ses guerriers, etc.

Livre IV, page 61, ligne 21.

        Lannes, D'Aupoult, Bourrier,
Lisez :   Lannes, D'Hautpoult, Boursier, etc.

Livre IV, page 63, ligne 27.

        Napoléon et lui cessant d'être adversaires.
Lisez :   Napoléon et lui cessent d'être adversaires.

Livre V, page 70, ligne 20.

        Que Ferdinand venait d'obtenir de son père.
Substituez Le n.° 3 des notes au n.° 2, qui s'y trouve par duplicata.

Livre V, page 78, ligne 11.

        Qui presse, mais trop tard.
Lisez :   Qui pressent, mais trop tard.

Livre VI, au Sommaire.

        François II indigné, etc.
Lisez :   François I indigné, etc.

Livre VI, page 92, ligne 1.

        Le Pontife sacré, dans un calme trompeur.
Ajoutez   Le n.° 13, oublié aux notes.

Livre VI, page 93.

        Abdiquez tous vos droits à ses possessions.
        Et dans Rome, restez à ces conditions.
Ajoutez   Le n.° 14 des notes.

Livre VI, page 98, ligne 2.

        Les sanglots dans la bouche.
Lisez :   Les sanglots à la bouche.

VARIANTES.

Livre VI, page 98, ligne 20.

   Du soin de son troupeau doit se charger lui-même.
Lisez : Du soin de son troupeau veut se charger lui-même.

Livre VII, page 105, ligne 22.

   Il n'a point de modèle, il servira d'exemple.
Lisez : ....Et servira d'exemple.

Livre VII, page 107, après la ligne 4.

   Aux regards de l'Europe, avait osé prétendre.
Ajoutez ces deux vers oubliés :

   Croyant par le présent enchaîner l'avenir.
   A la fille des Czars il désirait s'unir.

Livre VII, page 107, ligne 27.

   Au faîte des gradeurs.
Lisez : Au faîte des grandeurs.

Livre VII, page 113.

   Et rassemblant en vain leurs bataillons épars.
Lisez : Et rassemblent en vain, etc.

Livre VII, page 115, ligne 13.

   Tes soldats combattaient une armée invincible.
Lisez : Tes soldats combattaient une armée invisible.

Livre VIII, page 127, ligne 18.

   Vers les murs, en grondant, précipiter leurs flots.
Lisez : Vers les mers, etc.

Livre VIII, page 129, ligne 8.

   A l'Ibère opprimée.
Lisez : A l'Ibère opprimé.

Livre VIII, page 132.

Supprimez Les n°ˢ. 10 et 40.

Livre VIII, page 134, ligne 20.

   Voit de Napoléon flotter les étendards.
Ajoutez Le n.° 13, oublié.

Livre IX, page 140, ligne 11.

   L'ennemi repoussant sa valeur indomptable.
Lisez : L'ennemi déployant un courage indomptable.

Livre XI, au Sommaire, ligne 13.

   François II.
Lisez : François I.

Livre XII, page 210, ligne 26.

   Beningsen contre moi arrivera trop tard.
Lisez : Contre moi Beningsen arrivera trop tard.

Livre XII, page 212, ligne 12.

   Kellermann, Augereau, secondant leur vaillance.
Lisez : Kellermann, Augereau, redoublant de vaillance.

Livre XII, page 213, ligne 3.

   Déserte son parti, de ses soldats suivi,
   Et va grossir celui de ses fiers ennemis.
Lisez : Cesse, avec ses soldats, de combattre pour lui;
   Napoléon, en vain, compte sur son appui :

Livre XII, page 223, ligne 8.

   Perce le voile obscur qui le cachait aux yeux.
Lisez : .... Qui la cachait aux yeux.

Livre XII, page 224, lignes 11 et 12.

   Louis le désiré aborde le rivage,
   De la terre natale il touche enfin la plage.
Lisez : Louis le désiré touche enfin le rivage,
   De la terre natale il aborde la plage.

C'est par erreur que dans le cours des notes, on a quelquefois désigné l'Empereur d'Autriche sous le nom de François II; on prie le lecteur de lire François I.

FIN DE L'ERRATA ET DES VARIANTES.

www.ingramcontent.com/pod-product-compliance
Lightning Source LLC
Chambersburg PA
CBHW071337150426
43191CB00007B/767